Hans-Peter Förster

Texten wie ein Profi

Hans-Peter Förster

Texten wie ein Profi

Ob 5-Minuten-Text oder überzeugende Kommunikationsstrategie – ein Buch für Einsteiger, Könner und solche, die den Kopf hinhalten müssen.

Mit über 5000 Wort-Ideen zum Nachschlagen!

Frankfurter Allgemeine Buch

Bibliografische Information der Deutschen Nationalbibliothek
Die Deutsche Nationalbibliothek verzeichnet diese Publikation
in der Deutschen Nationalbibliografie; detaillierte bibliografische
Daten sind im Internet über http://dnb.d-nb.de abrufbar.

Hans-Peter Förster
Texten wie ein Profi
Ob 5-Minuten-Text oder überzeugende Kommunikations-
strategie – ein Buch für Einsteiger, Könner und solche,
die den Kopf hinhalten müssen.
Mit über 5000 Wort-Ideen zum Nachschlagen!

Frankfurter Societäts-Medien GmbH
Frankenallee 71–81
60327 Frankfurt am Main
Geschäftsführung: Oliver Rohloff

13. Auflage
Frankfurt am Main 2016

ISBN 978-3-95601-166-5

Markenrechte: Corporate Wording® ist eine in D-A-CH registrierte
Wortmarke von Hans-Peter Förster

Frankfurter Allgemeine Buch

Copyright	Frankfurter Societäts-Medien GmbH
	Frankenallee 71–81
	60327 Frankfurt am Main
Umschlag	Julia Desch, Frankfurt am Main
Satz	Jan Walter Hofmann, Frankfurt am Main
Titelbild	Montage von Hans-Peter Förster (Fotolia © Petr Vaclavek und Shutterstock © Pressmaster)
Druck	CPI books GmbH, Leck

Alle Rechte, auch die des auszugsweisen Nachdrucks, vorbehalten.

Printed in Germany

Inhalt

Vorwort zur 13. Auflage	9
Vorweggenommen	11
Terminologie	14
Texter gesucht ...	15
Crashkurs mit 4 Farbstiften	16
Der Rotstift hat drei Geschwister bekommen	16
Wörter in Werbetexten beurteilen	18
Werbetexte im Kontext beurteilen	21
Brieftexte beurteilen	22
Wettbewerber beurteilen	23
Wörterbuch der Adjektive	24
Crashkurs kurz zusammengefasst:	25
Zeitsprünge	26
ALSO wirklich ...	27
Sprachreichtümer	28
Alpha Omega	29
1 Textideen Schlag auf Schlag	**31**
In 10 Sekunden eine neue Grußformel gestalten	32
In 15 Sekunden ein treffendes Wort wählen	35
In 5 Minuten eine Anzeige entwerfen	37
Vergleichen mit Ähnlichkeiten	38
Vergleichen mit Situationen	38
Texte neu wahrnehmen	39
Texte durch die Brille des Lesers sehen	39
Konzept entwickeln	41
In 10 Minuten 48 treffende Argumente sammeln	46
In 15 Minuten 54 Slogans Schlag auf Schlag texten	48

2 Gebrauchsanleitungen für Texter · 53

Textanleitung zu Grundsatzfragen	54
Briefing für Texter	62
Leitlinien für Qualitätsbriefe	67
Grundsätze	68
Stil	70
Wie profitabel sind Texte?	75
Anleitung zum Stil	76
Sachlich texten	77
Texte sachlich in Szene setzen (✎ blau)	79
Konservativ texten	85
Texte konservativ in Szene setzen (✎ grün)	88
Erlebnisreich texten	98
Texte erlebnisreich in Szene setzen (✎ gelb)	100
Emotional texten	108
Texte emotional in Szene setzen (✎ rot)	111
Anleitung zur Ideenfindung	117
Anleitung zur Schlusskorrektur	158

3 Text-Strategie für Unternehmen · 163

Identität braucht eine kundennahe, markenstarke Sprache	164
Best Practice Report: Texten wie ein Profi mit Corporate Wording® in der Österreichischen Post AG	165
Die 4-Farben-Sprache in Unternehmungen	175
Gibt es eine „4-Farben-Gesellschaft"?	176

4	„Wörterbücher" für Texter	189
	Kompass für den nüchternen Sprachstil	191
	Kompass für den konservativen Sprachstil	208
	Kompass für den erlebnisreichen Sprachstil	224
	Kompass für den emotionalen Sprachstil	240
	Bücher zum Thema von Hans-Peter Förster	256
	Online-Lösungen nach der Methode von Hans-Peter Förster	256
	Gastbeiträge in Büchern von Hans-Peter Förster	257
	Empfehlenswerte Klassiker rund um die Sprachkultur	258
	Nützliche Nachschlagewerke für die Theorie und Praxis	259

Vorwort zur 13. Auflage

Als belesener Professor für Kommunikation in der Wirtschaft an einer technischen Hochschule habe ich bisher noch kein Buch entdeckt, mit dem auf derart zugängliche Art und Weise professionelles Schreiben gelingt. In diesem Bestseller führt Hans-Peter Förster den Stift seiner Leser für ein wirkungsvolleres Schreiben: für Manager, Leitende und Mitarbeitende aus Marketing, Presse, PR, Werbung, Personal- und Kundenkommunikation. Aber auch empfehlenswert für Lehrende und Studierende, sowie für alle, die ihre Botschaft überzeugend an ihre Zielgruppe vermitteln möchten.

Hier finden Sie wertvolle Anleitungen zum Schreibstil und zur Ideenfindung, Strategien für Texter und ein Wörterbuch mit über 5.000 Wortideen zum Nachschlagen. Wer zielgruppennahe Textideen zum Storytelling sucht, taucht hier in Wörterwelten ein, mit denen es sicher funktioniert, Produkte und Leistungen aller Art zu emotionalisieren, mit Kopfbildern in Szene zu setzen und mit markanten Attributen aufzuwerten.

Sie profitieren Seite für Seite von der Kompetenz und Erfahrung eines Autors, der über 40 Bücher verfasst hat. Mit seiner konstruktiven Methode bringt der Begründer des Corporate Wordings Farbe auf Ihre Tastatur. Sie erfahren, worauf es zwischen den Zeilen ankommt, erhalten Anleitung für außergewöhnliche Themenführung und lernen, wie Sie Ihren Inhalten einen markenstarken Anstrich geben. Auf diese Weise ragen Ihre Texte aus dem sprachlichen Einerlei heraus.

Gleich zu Beginn üben Sie, durch die Brille des Adressaten zu texten. Ist man auf Seite 182 angekommen, gehört die Angst vor dem weißen Blatt Papier (oder leerem Monitor) der Vergangenheit an. Ein Workshop-Beispiel schließt mit der Erkenntnis ab, warum es besser ist, erst zu denken, dann zu texten.

Die aktualisierte 13. Auflage liefert die von Zehntausenden erprobten Übungen auf dem Weg zum Profitexter. Aus zig Seiten heraus sprudeln Quellen der Inspirationen, angereichert mit stilistisch sortierten Werbe-Klassikern. Ein aktueller Best-Practice-Report gibt in der Neuauflage erstmals Einblick, wie es möglich ist „Texten wie ein Profi" konzernweit umzusetzen. Ein Highlight am Ende: Die Sammlung ausdrucksstarker, wirkungsvoller Wörter, mit der Sie Ihren aktiven Wortschatz Tag für Tag bereichern können.

Als Fachbuchautor gefällt mir besonders die Praxisnähe. Das garantiert Textergebnisse, die Menschen lesen wollen. Deshalb steht das Buch als ständiger Wegbegleiter auf meinem Schreibtisch.

Viel Erfolg bei der Auswahl wirkungsvoller Wörter wünscht Ihnen

Dr. Christian Zielke
Professor für Kommunikation in der Wirtschaft
(Technische Hochschule Mittelhessen)

Vorweggenommen

Kurt Weidemann hat sich in seinem Buch „Wortarmut – im Wettlauf mit der Nachdenklichkeit" über die Hohldonnerei in Werbung und Politik, über die Abkürzungsexorzisten und andere Unkulturen und Sprachmetastasen bestens ausgelassen, so dass mir an dieser Stelle nur bleibt, Ihnen diesen Geheimtipp weiterzureichen: Lesen!

Wolf Schneiders hervorragende Lektüre über all das, was die Schule zu lehren vergaß, Stemmlers „Kleine Stillehre", Glunks „Schreib-Art", Urbans „Pointierte Werbesprache", nicht zu vergessen die Praxisreihen für Journalisten und – um im Verlagshaus zu bleiben – Rudolf Gerhardts „Lesebuch für Schreiber" und Dagmar Gaßdorfs „Zeug zum Schreiben". All diese Werke rangieren in meiner Bewertungsskala zwischen eindrucksvoll und lehrreich.

Meine besten Empfehlungen, denn wozu bereits Geschriebenes wiederholen?

Spielregeln für dieses Buch:

- Sprache nicht dem Zufall überlassen;
- Einmaligkeiten auf den Punkt bringen;
- Und vor allem: Authentisch bleiben!

Wenn Unternehmen die Floskel *kundenorientiert* benutzen, dann sollte die Kundenorientierung auch konsequent und in allen Bereichen gelebt werden: in einer sympathischen Korrespondenz, in übersichtlichen Formularen oder auch in verständlichen Gebrauchsanleitungen. Wer lebhafte Worte wie *Dynamik* und *Frische* in seiner Werbung verwendet, hat dafür zu sorgen, dass diese durch dynamische und frische Worte über alle Ebenen im Unternehmen kommuniziert werden.

Sollten Sie eher konservativ denken und handeln (was ja kein Fehler ist), dann verzichten Sie auf jeden süßlichen Gag. Seien Sie dann aber auch im sprachlichen Auftritt betont konservativ. Viel Wertvolles ist dem Land entschwunden. E-Mails sorgen dafür, dass die Wertigkeit eines Briefes enorm steigen wird. Wenn das so ist: Warum nicht im klassischen Stil auf Büttenpapier schreiben und somit die Tradition Ihrer Vorfahren in Ihrem Hause weiter pflegen? Das stünde manch altem Hamburger Handelshaus besser, als sich von postmodernen Agenturen affige Auftritte verschreiben zu lassen.

Produkte und Dienstleistungen werden immer vergleichbarer; umso wichtiger ist es, in der Informationsflut die Einmaligkeiten und Besonderheiten in einfachen Worten herauszustellen. Differenzierung wird für den Konsumenten zunehmend schwieriger.

Früher hatten es Texter leichter: Da stand die Marke Volvo für das Sicherheitsauto, BMW für die Sportlichkeit, Mercedes für die höchste Qualität, Audi für das gute Mittelklasseauto und VW für das zuverlässige Jedermann-Auto. Und heute? Mercedes baut Kleinwagen, die Marke „Volkswagen" jetzt auch Luxusklasse. Fast jeder produziert fast alles! Glauben Sie mir und bereiten Sie sich schon darauf vor: Nicht nur Texter, das gesamte Marketing wird es künftig schwer haben, das in die Köpfe der Öffentlichkeit klar und einleuchtend zu transportieren!

Die Texter der Bankenbranche stehen vor dem gleichen Dilemma, Einmaligkeiten des Unternehmens mit den richtigen Worten hervorzuheben. Für den Kunden sehen 100 € in einer Volksbank nicht anders aus als die in der Deutschen Bank. Kernkompetenzen verwischen. Jeder meint, alles kopieren und jeder mit jedem fusionieren zu müssen. Öde! Wie langweilig. Ein Trost: Je mehr in Bewegung gerät, desto deutlicher wird Beständigkeit wahrgenommen! Willkommen in der Welt der Wörter!

Auf die Frage nach dem Erfolgsgeheimnis dieses Buches verweist der Verlegte gern auf seinen geschätzten Verleger. Ich füge hier ein Adjektiv hinzu: nachhaltig. Denn mit dieser trefflichen Vokabel gelingt es, den roten Faden für dieses Vorwort zu spinnen.

Nachhaltigkeit steht für:

- längere Zeit anhaltende Wirkung,
- für ein forstwirtschaftliches Prinzip.

Der Förster fällt nicht mehr Holz, als jeweils nachwachsen kann ... Wirtschaftsleute haben daraus einen Plan abgeleitet: qualitatives Wachstum.

Schaffen Sie wachsende Güte in der schriftlichen Kommunikation durch geplante Griffe in unseren Wortschatz. Reichlich konstruktiv-kreativ nach einer zwar dem Wandel unterlegenen, aber beständigen Methode. Frei von verheißungsvollen Patentrezepten oder Modegags, die da und dort präsentiert werden. Kein Förster verspricht, dass Bäume unendlich in den Himmel wachsen! Dieses Buch ist deshalb länger stark auswirkend.

Das Rezept: Theorie in dem Maße, wie es die Lesernatur verträgt; so viel Inhalt, dass fortschrittliche Entwicklungen möglich sind.

So wächst mit jeder Auflage stetig die Fangemeinde, während sich die Jahresringe aller Bäume mehren.

Hans-Peter Förster
Herrischried, 2016

Nachwort

In der Cambridge Enzyklopädie der Sprache wird vor Wortspielen gewarnt. Die Liebhaber verbaler Wortstreiche sollten sich davor in Acht nehmen, dass das Spielen mit Wörtern zum Zwang wird. Dieses Phänomen wurde erstmals 1939 von einem deutschen Chirurgen konstatiert und heißt seither „Förster-Syndrom".

Terminologie

Auftraggeber

steht entweder für Vorgesetzte, Kollegen oder Abteilungen, für die Sie als Mitarbeiter Texte schreiben sollen, dürfen, wollen oder müssen; steht aber auch für Kunden von Agenturen oder freien Textern.

Kunden

steht auch für Interessenten, Abnehmer, Mandanten, Klienten, Mitglieder, Patienten usw.

Unternehmen

steht auch für Institutionen, Behörden, Kommunen, Kanzleien, Verbände, Werkstätten, Handwerksbetriebe, Manufakturen usw.

Texter

steht auch für Briefeschreiber, Werbetexter, Schriftleiter, Sekretärinnen, Bearbeiter, Journalisten, Betriebsredakteure, Terminologen usw.

Leser

steht auch für Interessenten, Kunden und die allgemeine Öffentlichkeit.

Texter gesucht ...

Textprofi mit Pfiff gesucht ...
Suche Journalisten, der gern schreibt ...
Texter mit Berufserfahrung gewünscht ...
Texter/in: Haben Sie Spaß an griffigen Headlines und spannenden Long-Copies?
„ähh... emmh... eeh... ähhh..." Wir suchen Texter, die sich ausdrücken können.

Typische Zitate der Stellengesuche namhafter Agenturen in Fachzeitschriften. Das sind also die Eigenschaften, die den Texter als Profi auszeichnen ...

Garantiert uns die Quadratmeterzahl des Foyers einer Edel-Werbeagentur hohe Textqualität? Wie textet ein Profi-Texter? Kommen die Wörter aus seinem Bauch, schüttelt er sie aus dem Ärmel? Oder fallen sie gar vom Himmel? Gibt es eine Black Box geheimer Schreibtechniken? Es heißt so schön: Durch die Brille des Lesers schreiben. Bei welchem Optiker gibt es die zu kaufen?

Was heißt „professionelles" Texten? Wer sagt uns, wodurch sich gute und schlechte Texte unterscheiden? Wer garantiert uns, dass ein Text, den wir für gelungen halten, auch bei den Lesern ankommt?

Da stehen wir und sehen betroffen
den Vorhang auf und viele Fragen offen ...

Crashkurs mit 4 Farbstiften

Wörter haben, genau wie Farben, sinnliche Wirkung. Sie werden als angenehm oder unangenehm empfunden, sie lösen Lust- oder Unlustgefühle aus, sie werden als sympathisch bewertet oder als unsympathisch abgelehnt. Hinter Wörtern verbergen sich Farben und Farben sind die Symbolträger vieler Wörter.

Der Rotstift hat drei Geschwister bekommen

Auf den nächsten Seiten lernen Sie ein hilfreiches Instrument für Texter kennen — in Seminaren und etlichen Workshops über Jahre in Deutschland, in Österreich und in der Schweiz erprobt. Ein Seminar-Echo steht stellvertretend für Hunderte: „So einfach, dass man denkt, man hätte selbst draufkommen müssen."

Skeptiker lade ich ein: Testen Sie selbst, ob Sie sich mit dieser Methode anfreunden möchten. Wenn ja, dann achten Sie in diesem Buch immer auf dieses Symbol: ✎

Allen anderen rate ich, die Farbstifte einfach zu ignorieren. Springen Sie gleich ins nächste Kapitel.

1. Lektion:

4 Farbstifte stehen symbolisch für vier Funktionen, die Texte erfüllen können:

- ✎ blau   Informationsfunktion
- ✎ grün   Garantiefunktion
- ✎ gelb   Erlebnisfunktion
- ✎ rot   Kontaktfunktion

Zu welchem Farbstift Sie beim Texten greifen, hängt davon ab, in welchem Sprachstil ein Unternehmen betont auftreten will. Ein paar Beispiele:

Beim Auto argumentiert ein Texter über Hubraum und Drehzahlen, bei einer Hi-Fi-Anlage wird mit Klirrfaktor und Sinus-Wattleistungen geprotzt, bei einem Beteiligungsangebot an Containerschiffen stapeln sich die nüchternen Zahlen über steuerliche Verlustanteile und Kapitalrückfluss, und ein Holzblockhaus wird mit dem günstigen k-Wert von nur 0,28 W/m² und einem 100 mm Blockbalkenprofil beim Bauherren umworben. Typisch für ein blaues Sprachklima, das nüchterne Informationsfunktion hat: *Zahlen, Daten und Fakten stehen im Vordergrund.* **Der blaue Stift war aktiv.**

In einer Chevrolet-Anzeige heißt es: 1912 — eine Legende beginnt. „Sehr gut" laut Stiftung Warentest belegt der Texter dem Leser in einem Prospekt über eine Hi-Fi-Anlage. Im Emissionsprospekt der Schiffbeteiligungen erfährt die Leserschaft, dass der Hauptgesellschafter einer Familie entstammt, die seit über 150 Jahren mit eigenen Unternehmen in Schifffahrt und Handel tätig ist. Und schließlich erfährt der interessierte Bauherr, dass die ältesten bewohnten Häuser Blockhäuser sind, die über 700 Jahre alt und noch voll funktionsfähig sind. **Typisch für ein grünes Sprachklima,** das sachliche Nachweisfunktion hat: *Garantie, Tradition und Qualität stehen im Vordergrund.*

Ein anderer Texter greift zum gelben Stift: Fahrspaß. Musikfreude, bei der die Post abgeht. Schiffsbeteiligungen? Man gönnt sich ja sonst nichts. Und das Blockhaus: Ausdruck individuellen Lebensstils! **Typisch für ein gelbes Sprachklima,** das (scheinbar intuitiv getextet) Erlebnisfunktion hat: *Ideen, Visionen und Begeisterung stehen im Vordergrund.*

Der Rotstift streichelt die Seele der Leser und kitzelt an ihren Gefühlen: Das Auto wird zur schützenden Haut des Menschen, Hi-Fi zum Ohrenschmaus, die Beteiligungsgesellschaft zum Partner und das spürbar warme Holz des Blockhauses weckt die Sinne. **Typisch für ein rotes Sprachklima,** das Kontaktfunktion hat: *Sympathie, Emotion und Herz stehen im Vordergrund.*

Sie sehen: 4 Stifte, 4 Möglichkeiten, eine Sache zu beschreiben.

Übung: Nehmen Sie bitte einen x-beliebigen Anzeigentext. Lesen Sie ihn Wort für Wort und unterstreichen Sie die Wörter, die eine der folgenden Bedingungen erfüllen:

1. ✎ blau unterstreichen, wenn ...

... ein Wort nüchterne Informationen, Zahlen, Daten und Fakten vermittelt. Achten Sie darauf, ob das Wort hart klingt oder in irgendeiner Form sehr technisch auf Sie wirkt.

2. ✎ grün unterstreichen, wenn ...

... das Wort irgendwelche Sachverhalte belegt, traditionelle Werte oder Ordnungsprinzipien vermittelt, dem Leser Sicherheiten garantiert oder ob es konservativ klingt.

3. ✎ gelb unterstreichen, wenn ...

das Wort Ideen und Visionen beschreibt, Spaß, Unterhaltung und Witz liefert oder es sehr bildhaft ist und Sie es förmlich „sehen" können.

4. ✎ rot unterstreichen, wenn ...

das Wort sympathisch klingt, die Emotionen anspricht, die Seele des Lesers streichelt oder Gemüter erhitzt.

Zu welchem Farbstift haben Sie beim Unterstreichen am meisten gegriffen?

Welcher Stift blieb ungenutzt? Was sagt Ihnen diese kurze Analyse?

Wörter in Werbetexten beurteilen

Noch eine Übung:

Konzentrieren Sie sich bitte auf die unterstrichenen Wörter oder Wortkombinationen. Der Text ist einem Renault-Prospekt entliehen – aus einer Zeit, in der die Autoindustrie mit Ausnahme von Renault noch über die Technik argumentierte. Markieren Sie bitte die Unterstreichungen mit den vier Farbstiften. Zur Erinnerung:

✎	blau	Informationsfunktion	Zahlen, Daten, Fakten
✎	grün	Garantiefunktion	Nachweise, Traditionen, Ordnung
✎	gelb	Erlebnisfunktion	Visionen, Ideen, Begeisterung
✎	rot	Kontaktfunktion	Sympathie, Emotionen, Herz

Power für den Prima:

Unter dem charmanten Blechkleid schlägt ein robustes Herz. Das 40 kW (55 PS)-Triebwerk mit geregeltem 3-Wege-Kat und Fünf-Gang-Schaltgetriebe sorgt für erstklassige Fahrleistungen. Die von innen verstellbaren Außenspiegel machen den Clio Prima auch rückblickend zu einem wirklich sehenswerten Auto. Die bildschönen Stahlfelgen runden den prima Eindruck ab, den dieser kleine Verführer gerade bei Clio-Einsteigern hinterlässt. Ganz bestimmt wird dieser freche Franzose viele Herzen im Sturm erobern. Erstaunlich, dass so viel Autospaß nicht so kostspielig ist, wie Sie vielleicht glauben. Der Einstieg ins Clio-Vergnügen hat einen erfreulich günstigen Preis. Komfort und Sicherheit bringt der neue Prima prima unter einen Hut. Junge, flotte Sitzbezüge erfreuen das Auge. Die attraktive Mittelkonsole macht Ordnung halten leicht. Analoguhr und Tageskilometerzähler zeigen klar, was Sache ist.

Wie bewerten Sie das gesamte Farbklima?
Häufigste Antwort in Workshops: *bunt*.

Was hat der Texter mit der Wortwahl beabsichtigt?
Häufigste Antwort in Workshops: *möglichst alle vier Funktionen anwenden*.

Lösung

In diesem kleinen Test gibt es natürlich kein „richtig" oder „falsch". Hier die Farben, die in Seminaren mehrheitlich den Wörtern zugeordnet werden:

Unterstrichenes Wort	✎ Farbstift
Power	gelb
charmant	rot
Herz	rot
40 kW (55 PS)-Triebwerk	blau
geregelt	grün
Fünf-Gang-Schaltgetriebe	blau
rückblickend	grün
sehenswert	gelb (visuell)/rot (empfindend)
bildschön	rot (empfindend)/gelb (visuell)
Stahlfelgen	blau
runden	rot (empfindend)/blau (geometrisch)
Verführer	rot (empfindend)/gelb (visuell)
freche	rot (empfindend)/gelb (visuell)
Autospaß	rot (empfindend)/gelb (begeisternd)
Vergnügen	rot (empfindend)/gelb (begeisternd)
erfreulich	rot (empfindend)/gelb (begeisternd)
Komfort	rot (empfindend)/grün (konservativ)
Sicherheit	grün
neue	gelb
jung	gelb
flott	gelb
attraktiv	rot (empfindend)/gelb (visuell)
Ordnung	grün
Analoguhr	blau
Tageskilometerzähler	blau

Wer mehr über diese Methode erfahren möchte, ist als Leser eingeladen, an einem Webinar mit meinem Web-Trainer Klaus Lehmann teilzunehmen. Dort erhalten Sie einen Gast-Zugang zum Online-Tool für typologische Textanalysen, wie auf den nächsten Seiten erläutert. Weitere Infos: www.texten-wie-ein-profi.de

Werbetexte im Kontext beurteilen

Noch eine Übung:

Konzentrieren Sie sich nun bitte auf die ganzen Sätze. Kreuzen Sie diese einfach mit einer Farbe oder mit mehreren passenden an.

☐ Das Gefühl von Geborgenheit.	Volvo
☐ Meine klare Entscheidung: Candy.	Candy
☐ Feel Free!	Benger Sportswear
☐ Bestleistung mal zwei. Shell TMO -synthetic-.	Shell
☐ „Art Frankfurt ist die Kunstmesse, die nicht das Alte bekannt, sondern das Riskante interessant macht."	Messe Frankfurt
☐ Die Haut: Spiegel der Seele.	Cosewa Cosmetic
☐ Wo ist der Frosch noch König?	Strässle
☐ Aufregend anders.	Wienerwald
☐ Beruhigend zu wissen, dass Briefträger Hansen gerade die aktuellen Sondermarken nach Hause bringt.	Postdienst
☐ In der Schule war er ein kleiner 1stein, später ein großer 2fler, doch heute bekennt er sich 3st zu den Trockenen. Der andere Rote.	Viala

Lösung

Auch hier gibt es kein „richtig" oder „falsch". Hier die Farben, die in Seminaren mehrheitlich den Werbetexten von oben nach unten zugeordnet werden:

✎ rot, blau, gelb, blau, gelb, rot, gelb/grün, gelb, grün, gelb

Brieftexte beurteilen

Vier Brieftexte mit sinngemäß gleichem Inhalt — trotzdem unterscheiden sie sich erheblich. Welche Farbe dominiert in welchem Brieftext? Markieren Sie die vier Umschläge mit dem jeweils passenden Farbstift! Achten Sie auf die unterstrichenen Wörter, die Ihnen bei der Lösung helfen sollen.

✉ Brief A
Danke für die Antwort. Die <u>Zahlen</u> und <u>Fakten</u> sind für die Entscheidung wichtig. Ihre <u>konkrete</u> Strategie überzeugt.

✉ Brief B
Über Ihre <u>nette</u> Antwort habe ich mich gefreut. Sie stimmt mich sehr <u>zufrieden</u>. Ihre <u>beherzte</u> Anregung wird unsere Eindrücke nachhaltig beeinflussen. Gerne greife ich Ihren <u>gut gemeinten</u> Vorschlag auf. Diese <u>Hilfestellung</u> ist für das weitere Vorgehen sehr <u>entgegenkommend</u>. <u>Herzlichen</u> Dank!

✉ Brief C
Mit Ihrer <u>sachlichen</u> Nachricht habe ich mich auseinandergesetzt. Der Inhalt ist übersichtlich <u>strukturiert</u> und von hoher <u>Qualität</u>. Ihr Hinweis ist für die weitere <u>Planung</u> sehr wichtig. Besten Dank.

✉ Brief D
Welch eine <u>Freude</u>, Ihre Post liegt schon auf meinem Schreibtisch! Das hilft mir <u>enorm</u>. Ihre Ansicht — <u>ganz offen</u> gesagt — hat <u>völlig neue Impulse</u> geweckt. Ihre <u>einfallsreichen</u> Ideen stehen bei uns im Mittelpunkt. Danke!!!

Lösung

Hier die Farben, die in Seminaren mehrheitlich den Briefen zugeordnet werden:

✎ blau, rot, grün, gelb

Wettbewerber beurteilen

Ein Beispiel aus der Bankenbranche: Welche Farbsymbolik versteckt sich hinter den vier Aussagen: Kreuzen Sie die Kästchen einfach mit einer oder mit mehreren passenden Farben an.

Aus der Werbung

- ☐ Warum kaufen Sie zur Abwechslung kein Unternehmen?
  Bundesverband Deutscher Banken

- ☐ Gemeinsam kümmern wir uns jetzt um alles.
  Aber vor allem um Sie!
  Alte Leipziger

- ☐ Als eine der führenden Geschäftsbanken konzentrieren wir uns auf die speziellen Anforderungen professioneller Kunden.
  Und arbeiten wie Sie: professionell.
  WestLB

- ☐ Das ist Walter Treutner von der HYPO-Bank, kompetent in allen Fragen rund um die Immobilie. Eine Bank — ein Wort.
  HYPO-Bank

Lösung

✎ gelb, rot, blau, grün

Aus Jahresberichten

- ☐ Der persönliche Kontakt zu Ihnen ist nicht zu ersetzen.
- ☐ Die Zahl der Mitglieder stieg auf 14,2 Millionen.
- ☐ Kooperation macht stark.
- ☐ Aus „Muss-Arbeit" „Lust-Arbeit" machen.

Lösung

✎ rot, blau, blau, gelb

Wörterbuch der Adjektive

Für alle, die in der Schule mal gelernt haben, Adjektive zu verbannen, vorab folgendes Zitat aus der Stilkunde „Schreib-Art" von Fritz R. Glunk: „Hätten wir die Abmahnungen früherer Stilkritiker befolgt, so wäre die Wortart schon ausgestorben. Es mag eine Zeit des überzogenen Zierstils gegeben haben, die ist aber mit Kaiser Wilhelm II. zu Ende gegangen. Seitdem befleißigt sich das Deutsche eines zunehmend nüchternen, sachlichen Stils. Bis heute."

Wissenschaftlich belegt: ==Adjektive stimulieren emotional, während Substantive und Verben mehr bildliche Assoziationen auslösen==. Wer der Kundenansprache mehr Emotion einhauchen will, kann sich dieser Wortgattung bestens bedienen.

Adjektiv-Beispiele	Funktion	
differenziert, exakt, erfrischend, genau, rein	Informationfunktion (nüchtern)	✎ blau
anerkannt, beständig, erfahren, geordnet, korrekt	Garantiefunktion (konservativ)	✎ grün
aktiv, bunt, frech, impulsiv, quirlig	Erlebnisfunktion (lebendig)	✎ gelb
abgerundet, angenehm, gemütlich, hilfsbereit, nah	Kontaktfunktion (emotional)	✎ rot

Ab Seite 191 finden Sie das Adjektiv-Wörterbuch nach den Farbstiften in vier farbige Register unterteilt.

Crashkurs kurz zusammengefasst:

1. Wörter und Farben sind miteinander verwandt. Vier Farbstifte helfen, Texte auf ihre Funktion hin zu überprüfen.
2. Adjektive sind die Träger der Emotionen. Das Adjektiv-Wörterbuch hilft, wenn Sie betont nüchtern, konservativ, lebendig oder emotional texten wollen.

✎ ROT
Die Emotionalen
Sympathien, Emotionen, Herz
Texte mit Kontaktfunktion

✎ BLAU
Die Perfektionisten
Zahlen, Daten, Fakten
Texte mit Informationsfunktion

✎ GELB
Die Impulsiven
Visionen, Ideen, Begeisterung
Texte mit Erlebnisfunktion

✎ GRÜN
Die Konservativen
Nachweise, Tradition, Ordnung
Texte mit Garantiefunktion

Temperamentenrose Goethe/Schiller 1799 und die Original CW-Farbstifte zur Textanalyse – Bestandteil aller „Texten wie ein Profi"-Seminare

Auch auf den nächsten vier Seiten geht es um das Thema Sprache, mit vier Farbstiften betont unterschiedlich umgesetzt:

- grün — Zeitsprünge — historisch
- gelb — Also wirklich ... — eher locker
- blau — Sprachreichtümer — faktisch
- rot — Alpha Omega — emotional

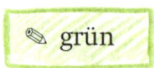

Zeitsprünge

Gefühle — Hippokrates von Kos, 460–370 v. Chr., (Ärzte schwören heute noch auf den hippokratischen Eid) war EQ nicht fremd: Das Gehirn ist die Quelle der Gefühle. *Wann setzen wir die Masken der Vernunft im Business endlich ab?*

Typen — Aus dem Altgriechischen stammen die vier Temperamente. *Warum tun wir in Mailings so, als gäbe es „den" Kunden?*

Nähe — Luther gab 1534, als er die Bibel übersetzte und die deutsche Sprache reformierte, eine einfache Regel heraus: Dem Volk aufs Maul schauen und danach schreiben — so verstehen sie es! *Können Sie einen Grund nennen, der dagegenspricht, es so zu tun?*

Briefkultur — Christian Fürchtegott Gellert publizierte 1751 die „Schrift vom guten Geschmack in Briefen". Die Briefreform sollte den kanzlistischen, umständlich-zeremoniellen Brief durch den ungezwungenen, natürlichen, freundlichen Plauderbrief ersetzen. Gellert: Der Brief vertritt die Stelle des Gesprächs. *Mit der Bitte um Kenntnisnahme: Haben wir es nötig, heute immer noch beiliegend als Anlage sehr geehrt zu grüßen?*

Technik — Goethe, 1808: Technische Umschreibungen verwandeln das Lebendige in Totes. Bewegliches wird starr, die bildliche Vorstellung verhindert. Könnte man sich jedoch aller dieser Arten der Vorstellung und des Ausdrucks mit Bewusstsein bedienen und in einer mannigfaltigen Sprache seine Betrachtungen überliefern, hielte man sich von Einseitigkeit frei und fasste einen lebendigen Sinn in einen lebendigen Ausdruck. So ließe sich manches Erfreuliche mitteilen! — *Weshalb gönnen so wenige Unternehmen ihren Kunden diese Freude?*

Emotionen — Berggasse 19, Wien: Hier lebte und arbeitete Sigmund Freud. Seine Eisbergtheorie: 90% aller Entscheidungen trifft die

Emotion, nur 10% der Verstand; die Spitze des Eisbergs, die aus dem Wasser ragt. *Weswegen tun die Vorstände so, als sei es bei all ihren Entscheidungen umgekehrt?*

Sprachstil — Die Kennzeichnung neudeutschen Stils beschrieb Kurt Tucholsky im Jahr 1926 so: Überladung mit überflüssigen Fremdwörtern, ausgiebige Verwendung von Modewörtern, die grauenhafte Unsitte, andere zu kopieren und dem Leser die größte Qual zu bereiten. Ungeschriebene Sprache des Alltags! Schriebe sie doch einmal einer! Genau so, wie sie gesprochen wird. Warum tun wir uns damit immer so schwer?

Haben sich Hippokrates, Luther, Gellert, Goethe, Freud und Tucholsky – stellvertretend für alle Mitstreiter genannt – geirrt? Wohl kaum. Auf was, bitte, warten wir dann noch? Tun wir doch endlich all das, was uns geraten!

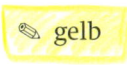

ALSO wirklich ...

„Das König der Biere."
„Da werden Sie geholfen!"

    Während diese Rundfunkspots
    im Vormittagsprogramm der
    Anstalten ausstrahlen, sollen
    irgendwo in Deutschland
    LehrerInnen wie SchülerInnen
    an der deutschen Grammatik
    verzweifeln ...

Was haben die Bahn, der DFB, die Post, die Telekom und das ZDF gemeinsam? Deren Top-Führungskräfte wurden allesamt vom Verein der Deutschen Sprache zum „Sprachpanscher des Jahres" ausgezeichnet:

Ron Sommer (German call ..)
Dr. Johannes Ludewig (Ticket counters ...)
Dr. Klaus Zumwinkel (Postage point, stamp it ...)
Dr. Gerhard Mayer-Vorfelder (Home & Away Shirts ...)
Markus Schächter (Kiddie contests, Webcam Nights ...)
Hartmut Mehdorn (service-point, McClean ...)
u. a.

Die weltweit über 30.000 Mitglieder des Vereins Deutsche Sprache e. V. haben Hartmut Mehdorn, den Vorstandsvorsitzenden der Deutschen Bahn AG, zum Sprachpanscher des Jahres 2007 gewählt. Nach Johannes Ludewig ist Mehdorn damit bereits der zweite Bahn-Chef, dem diese zweifelhafte Ehre zuteil geworden ist. „Leider hat die Deutsche Bahn aus diesem ersten Preis nicht viel gelernt", kommentierte Vereinsvorsitzender Krämer das Ergebnis dieser Wahl. „Noch immer gibt es an deutschen Bahnhöfen counter statt Schalter, einen service-point statt einer Auskunft und zum Pinkeln muss man zu McClean." (Quelle: http://vds-ev.de)

Sprachreichtümer

50 000
Markennamen sollen derzeit etwa beworben werden.

3 500
Wörter etwa umfasst unsere Umgangssprache.

100
zählt der Wörterfundus bei der Hälfte aller Brieftexte.

50
Wörter sind die meistgebrauchten
unserer Sprache,
etwa fünfundvierzig
Prozent jedes Textes.

 rot

Alpha Omega

Wörter haben fühlbare Kraft. Zielgerichtet.
Spannung und Entspannung. Harmonie der Kontraste.
Nichts ist zufällig. Als Texter hast du es in der Hand.

Taste das Rot in deinen Träumen, höre seine süße Farbe

und schmecke seinen wohl klingenden Ton. Rieche das bunte
Abenteuer der Sprache und spüre den Geruch der Letter.
Feine, spitze Serifen kitzeln dich, empfinde die sanften
Rundungen eines „O".

Vertrautes Alphabet – Tag für Tag darfst du es neu erfahren.
Sensible Signale dringen durch die Seele deiner Haut,
umnebeln dein nüchternes Bewusstsein.
Die blanken Nervenenden liegen frei, voller Erwartung.

Wann rückst du die Schwere der Eisenkugeln
und wann rollst du die Kühle toten Betons aus den oberen Etagen?

Texter, begreife! Strecke deine Fühler aus und
spüre die Leichtigkeit einer Feder, den schafweichen Samt.
Tauche in das Wechselbad voller Leidenschaft
zwischen dem zärtlichen Duft eines Dessous
und dem rauen Korn groben Schmirgelpapiers.
Du wirst wach!

Hier und jetzt ab dieser Seite
sollen dich die Worte der Sinne begleiten.
Ich spüre, dass wir uns gerade begegnet sind ...

1 Textideen Schlag auf Schlag

In 10 Sekunden eine neue Grußformel gestalten

Gibt es einen einleuchtenden Grund, weshalb Unternehmen, während sie Millionen ausgeben, um ihre Einmaligkeit in der Werbung hervorzuheben, zeitgleich in der Korrespondenz genau das tun, was auch ihr härtester Wettbewerber praktiziert? Ein Beispiel nur: Fast alle Briefe schließen mit der Allerweltsfloskel „Mit freundlichen Grüßen"!

Wortarmut. Nachlässigkeit. Gewohnheit. Alles keine einleuchtenden Gründe, dies 365 Tage im Jahr zu tun. Diese Tabelle schafft Abhilfe. Mit 7 x 7 x 7 Grußkombinationen liefert sie Ihnen 343 Ideen. Das sollte fürs Erste reichen, schließlich haben Sie sich ja auch ein paar Tage Urlaub im Jahr verdient. Wenn Sie Lust haben: Ergänzen Sie die Spalten. 10 Minuten nachdenken und schon liefert Ihnen die Tabelle 1000fach Alternativen zu *MfG!*

MfG-Baukasten

1	Bunte	Frühlings-	Tage
2	Sonnige	Sommer-	Zeit
3	Kurzweilige	Herbst-	Stunden
4	Spannende	Winter-	Erlebnisse
5	Frohe	Fest-	Wochen
6	Besinnliche	Urlaubs-	Augenblicke
7	Schöne	Oster-	Zeiten
8			
9			
10			

Meist reicht der Blick aus dem Fenster, um Wörter, die vom Himmel fallen, aufzufangen. Schon der schlichte Austausch des *MfG* durch ein „Sommergrüße aus dem Süd-Schwarzwald" bewirkt ein Echo: „Herzliche Grüße aus einem stürmischen Hamburg! In der Speicherstadt stehen die ersten Kontore bereits unter Wasser." Absender: Eine Unternehmensberatung.

Jeder Brief ohne das öde *MfG* weckt die Chance zu einem Dialog. Probieren Sie es aus — in allen Hierarchien und Berufsständen funktioniert das. Echos aus meiner Briefesammlung:

Brau AG Generaldirektor	*Mit herzlichen Grüßen aus der Bierwelt*
ComTel	*Mit freundlichen Grüßen aus der Geburtsstadt des Telefons*
Die Pfütze — Das überraschende Theater Nürnberg	*Ich ver-backschiede mich mit crossen Grüßen Bis bald*
Haufe Presse-Info	*Jetzt sage ich erst einmal Tschüss, bis demnächst Ihr*
Hauptkirche St. Petri Hauptpastor	*Beste Grüße aus Hamburg, das sich von seiner besten Seite zeigt: Schmuddelwetter, Nieselregen, verhangener Himmel, alles grau.*
RAG Deutsche Steinkohle AG	*Mit freundlichem Glückauf*
Volkswagen Bank direkt	*Herzlichst: Volkswagen Bank direkt*

Fragen an Querdenker

1. Wer sagt denn, dass Sie Briefe einspaltig schreiben müssen?

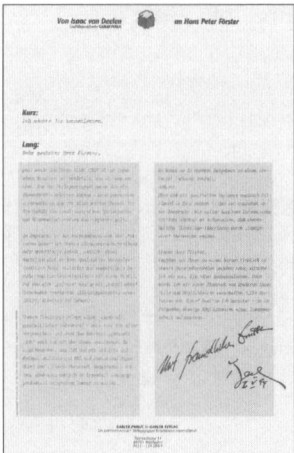

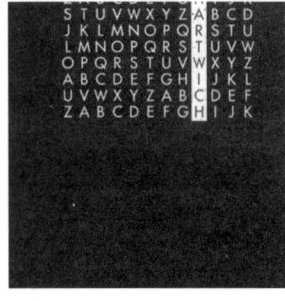

2. Warum die Brief-Rückseite in ödem Weiß gähnen lassen? Eine Modedesignerin setzte ABC-Kontraste.

3. Jedes Unternehmen hat seine Geschichte. Novum: Hapag-Lloyd Kreuzfahrten druckte ihre auf jeden Briefumschlag. Briefbogen: Sinnliches berührt den Leser.

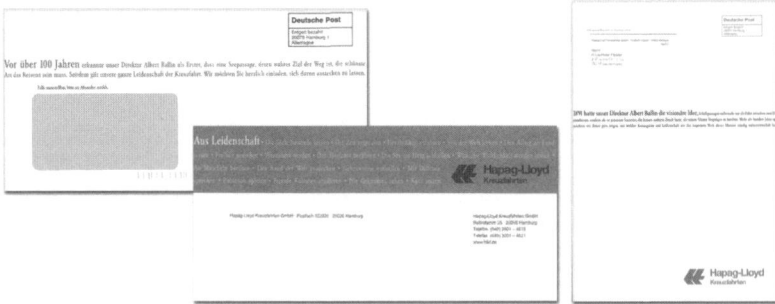

Warum schreiben Sie einen Pressetext nicht mal quer? Orell Füssli hat einmal quer gedacht, als man der Presse das Buch „Chancen für Querdenker" vorstellte.

In 15 Sekunden ein treffendes Wort wählen

Vor einigen Jahrzehnten las ich in einem Beitrag über den Missbrauch des Wörtchens „interessant". Wie war's im Kino? Interessant. Was sagst du zum neuen Simmel-Roman? Interessant. Wie war's heute bei der Arbeit? Interessant. Wie war der Vortrag? Interessant. Alles um uns herum war zu jener Zeit und ist heute noch interessant. An jenem Tag beschloss ich, nie wieder dieses Wort zu schreiben. Ein kleiner Merkzettel neben meiner Schreibmaschine sollte mich fortan täglich daran erinnern.

Ein Blick in den Duden, Band 8 „Das Synonymwörterbuch" zeigt die Vielfalt der deutschen Sprache.

Wann immer Sie eine treffende Eigenschaft für eine Beschreibung brauchen, benutzen Sie den Thesaurus Ihrer Textverarbeitung. Ein Novum finden Sie auf der nächsten Seite.

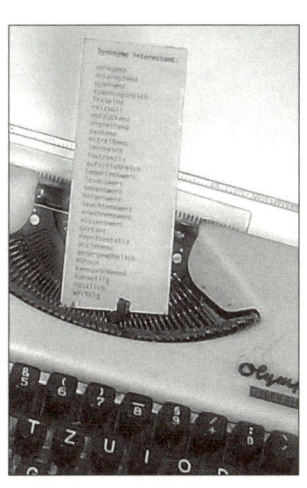

Foto: Helge Kummert

Mit einem Mausklick ein markantes Wort finden

Fallbeispiel Personalanzeigen: Lässt sich das Bewerber-Echo durch gezielten Einsatz treffender Worte beeinflussen? Ein Energietechnik-Konzern schrieb die Stelle eines „Strategischen Einkäufers" aus. Der Rücklauf war spärlich. Daraufhin wurde das Inserat neu getextet. Jetzt wurde der „Mister 1000 Volt" gesucht, jemand mit Power, der ständig unter Wechselstrom steht und dessen Funken auf das Team überspringen. Resultat: qualitativ hochwertige Bewerber-Resonanz, darunter zwei Spitzenkandidaten, von denen einer sofort eingestellt wurde.

Der Anzeigentext wurde nach meiner Methode der 4-Farben-Sprache erstellt. Für „blaue" Rationalisten wird auf Karriereweg, finanzielle Extras wie Spesen oder Firmenfahrzeug abgezielt. Wunschprofile wie belastbar, sich durchsetzen, entscheidungsstark oder am Ergebnis orientiert. Möchte man die „roten" Emotionalen rekrutieren, muss Freude auf künftige Mitarbeit geweckt werden. Profil: Empathie, geschickt im Umgang mit Menschen, in einer Equipe etwas gemeinsam erreichen oder die Nähe zum Kunden.

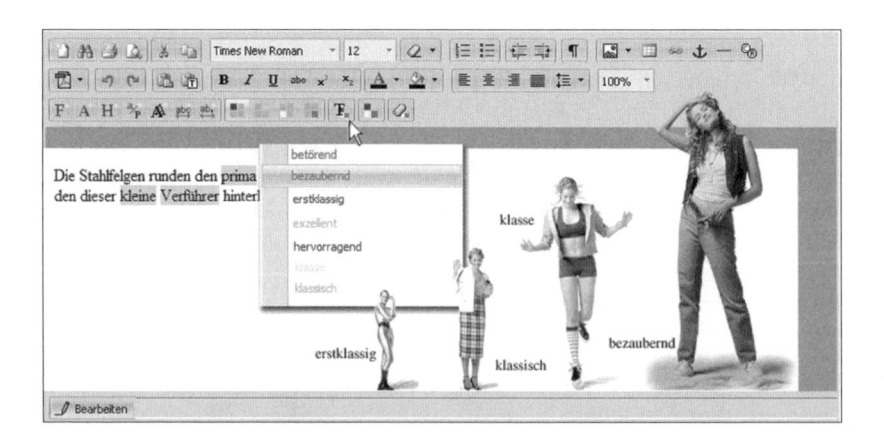

Aus dem einstigen Spickzettel für meine damalige Reiseschreibmaschine (Seite 35) ist der 4-Farben-Thesaurus mit 28.000 Schlüsselwörtern und rund 190.000 Synonymen entstanden. Das entspricht einem fast 800-seitigen Wörterbuch. Die Besonderheit: Jedes Wort ist nach der 4-Farben-Sprachmethode farbig codiert.

Sie als Leser sind eingeladen, die Online-Version auszuprobieren. Mehr dazu im Webinar mit meinem Web-Trainer Klaus Lehmann (Seite 20).

In 5 Minuten eine Anzeige entwerfen

Stellen Sie sich vor: Sie sind Werbeleiter in einem Konzern. Die F.A.Z. ruft bei Ihnen an. Der Anzeigenauftrag für eine ganzseitige Anzeige in der morgigen Ausgabe ist geplatzt. Konkurs — des einen Leid ist Ihre Freud. Sie können ein kostenloses, ganzseitiges Inserat schalten. Bedingung: Sie müssen das Aufmacherfoto aus einem vorhandenen Bilderfundus wählen und sollen dazu eine markante, kurze Aussage texten.

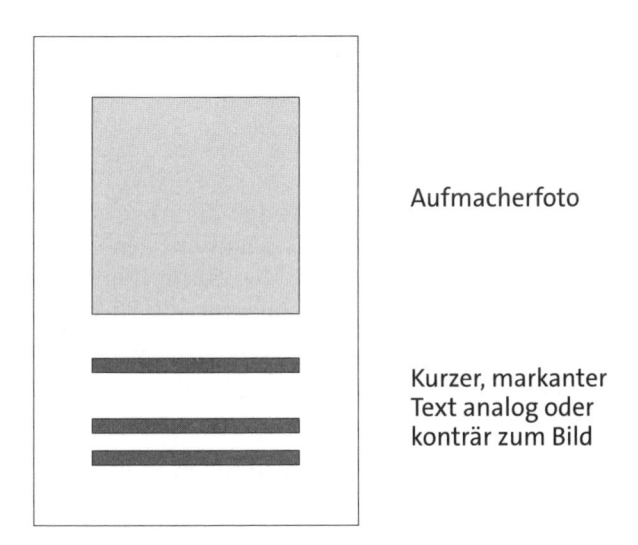

Aufmacherfoto

Kurzer, markanter
Text analog oder
konträr zum Bild

Einziger Haken: Es ist bereits Anzeigenschluss. In 5 Minuten muss der Entwurf stehen. Geht nicht? Geht doch! Wetten? Ein beliebtes Spiel in Wording-Seminaren mit erstaunlich guten Ergebnissen. 4 Teilnehmergruppen erhalten 4 Briefumschläge mit verschiedensten Textschnipseln und willkürlich gemixten Bildkärtchen aus dem Ravensburger Gesellschaftsspiel „Lifestyle". Zigfach bewiesen: Innerhalb 5 Minuten liegen mindestens 4, ja meist noch mehr exzellente Ergebnisse auf dem Tisch! Steigerung: Die Bildkarten werden mit der Nachbargruppe getauscht, die Textschnipsel bleiben. Die Kreativität sprudelt. Ich bin so gemein und unterbreche nach

3 Minuten. Erneut liegen erstklassige Ergebnisse vor. Also – geht doch: Anzeigen in 5 Minuten – wo ist das Problem?

Probieren Sie es aus: Auf den Seiten 42 bis 45 finden Sie vier Tafeln mit Bildkärtchen und Textschnipseln.

Ein Wort sagt mehr aus als 1000 Bilder. Überlegen Sie, ob Sie das Foto weglassen können und ob Sie es durch ein Substantiv ersetzen können, das die Headline bildet. Produzieren Sie beim Leser „Kopfkino", das erspart jede Menge Foto-, Lizenz- und Produktionskosten!

Wählen Sie ein beliebiges Thema. Beim Brainstorming ist alles erlaubt. Texten Sie mit Unterstützung eines beliebigen Textschnipsels oder eigenen Stichworten sowie aus den Bildtafeln eines Fotos Ihrer Wahl eine Überschrift und eine Einleitung (max. 2-3 kurze Sätze). Die hier genannten Beispiele sind sicher zu toppen. Es kann vorkommen, dass Ihnen diese Übung zunächst einem Kaktus gleicht. Die Ergebnisse haben viele Stacheln und dann und wann zeigen sich schöne Blüten.

Vergleichen mit Ähnlichkeiten

Suchen Sie zu dem ausgewählten Bild, das Sie für die Anzeige verwenden wollen, nach einem zweiten Foto, das schon auf den ersten Blick Gemeinsamkeiten hat – durch Farbe, Größe, Form, Prinzipien oder Funktionen. Entwickeln Sie daraus eine Aussage, die zu Ihrem Thema passt. Beispiel:

- Welche Analogien bilden die Blitze auf Tafel 1, Seite 42, mit den Kaktusdornen auf Tafel 2, Seite 43?
- Was hat das Schneckenhaus auf Tafel 1 mit dem rohen Ei auf Tafel 2 zu tun?
- Was hat der ICE auf Tafel 2 mit dem Schiffswrack auf Tafel 1 gemeinsam?

Vergleichen mit Situationen

Werfen Sie erneut einen Blick auf Ihr favorisiertes Bild. Suchen Sie nun zwei weitere Abbildungen, die zu der gezeigten Situation passen.

Schnecke (Tafel 1, Seite 42) – Motor (Tafel 3, Seite 44) – Himmel (Tafel 4, Seite 45)?

Daraus ließe sich eine redaktionell gestaltete PR-Anzeige zum Thema Tempolimit, PS-starke Motoren und deren Auswirkungen auf das Ozonloch schreiben.

Überlegen Sie, ob Sie ein Foto durch ein Substantiv mit hohem Bildgehalt austauschen können. Beispiel für die Überschrift der PR-Anzeige:

> **Schneckentempo oder Himmelsstürmer?**
> Über Bleifuß-Choleriker unter unserem Himmel ...

Texte neu wahrnehmen

Steht Ihr Anzeigentext fürs Erste? Dann lesen Sie sich jetzt Ihren Text durch. Schließen Sie einige Sekunden die Augen und werfen Sie erneut einen Blick auf den Text. Richten Sie Ihre Aufmerksamkeit nur auf die Substantive. Augen wieder kurz schließen. Jetzt den Text wieder mit „anderen Augen" betrachten: Konzentrieren Sie sich nur auf die Verben. Wieder kurz die Augen schließen. Schenken Sie jetzt allen Adjektiven nacheinander einen „Augenblick". Sie werden Ihren Text jedes Mal mit einer anderen Wahrnehmung sehen und nach der Übung verspüren, noch da und dort feilen zu wollen.

Texte durch die Brille des Lesers sehen

Betrachten Sie Ihr ausgewähltes Bild und die Kernaussage Ihrer Headline. Stellen Sie sich selbst kritisch folgende Fragen:

1. Für welche Leser verbinden sich positive Wertvorstellungen?
2. Für welche Leser und unter welchen Umständen könnte Ihre Aussage negative Assoziationen auslösen?

Beispiel: Imageanzeige der Buchbranche

> **Lesen bildet!**

Reaktion A: Stimmt – ich könnte mal wieder ein Buch kaufen.

Reaktion B: Was fällt denen denn ein? Für wie dumm halten die mich?

Nehmen Sie einen Zahlenwürfel zur Hand. Würfeln Sie viermal und notieren Sie sich die jeweilige Augenzahl, zum Beispiel 3 – 1 – 5 – 6.

Bitte die Fotos auf den vier Bildtafeln gedanklich so durchnummerieren:

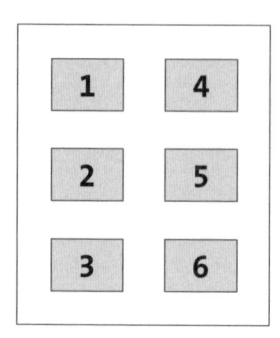

```
1  4
2  5
3  6
```

Ihr Würfelergebnis bedeutet: Schauen Sie sich das Foto Nr. 3 auf Tafel 1, Seite 42, das Foto Nr. 1 auf Tafel 2, Seite 43, das Foto Nr. 5 auf Tafel 3, Seite 44, und das Foto Nr. 6 auf Tafel 4, Seite 45, an:

Gewitter – Kaktus – Motor – Müllhalde

Orientieren Sie sich an der Abfolge der Abbildungen und versuchen Sie aus dieser Folge eine kleine Geschichte zu texten.

Der Donner tobt. Blitze so spitz wie die Stacheln der Kakteen.
Der Motor streikt. Er spürt es: sein Weg zum Autofriedhof ist nicht mehr weit. Morgen kauf' ich mir den Beetle.

Wenn Sie die Kartenfolge ändern, entstehen neue Storys.

5 - 2 - 4 - 3

Straßenmusik - Nilpferd - Brutkasten - Windenergie

Er hört die Musik der Straße. Erst leise und zart, dann lauter mit Wucht. Wie ein gähnendes Nilpferd überrennen ihn die Töne. Er fühlt sich klein und schwach, schutzbedürftig wie ein Baby im Brutkasten. Er geht weiter, kommt zur Ruhe, atmet tief.. er spürt den frischen Wind und tankt Energie.

Konzept entwickeln

Nehmen Sie erneut einen Zahlenwürfel zur Hand. Würfeln Sie wieder viermal und notieren Sie sich die jeweilige Augenzahl, zum Beispiel 2 – 4 – 6 – 3.

Weinbergschnecke – Autobahnkreuz – Adler – Windenergie

Entwickeln Sie daraus ein ganzes Konzept für eine Branche, in der Sie nicht tätig sind. Nehmen wir mal das Auto als Beispiel:

> Schneckentempo.
> Stau auf der Autobahn.
>
> XY
> der Verkehrspilot mit Adleraugen.
> In Windeseile am Ziel.

6 - 4 - 5 - 2 Kosmetik

Brücke → Verbindung Alltag + Night
Autobahn → schnell
Motor → stark
Himmelsrichtung → jegliches Event

Das Konzept steht? Prima. Jetzt versuchen Sie, die gleiche Konzeption auf Ihren Anzeigenauftrag bzw. auf Ihre Branche anzuwenden. Durch den Blick über den Tellerrand kommen Sie hoffentlich auf Ideen, die in Ihrer Branche in dieser Form in der Regel noch nicht angewendet wurden. Beispiel: Übersetzung in die Optiker-Branche:

Schmuck

> Schneckentempo.
> Stau auf der Autobahn.
> Das Schild mit der Umleitung übersehen ...
>
> XY
> die Einweg-Kontaktlinsen sind Adleraugen.
> In Windeseile auf dem Weg zum Ziel.

- Verbindung
  - mit Freunden
  - Erinnerungen

- verschiedene Kombinationen

- Glücksbringer, Stein
  - Antrieb / Motivation für Tag und Ziele

- Für jeden Anlass und Stil

Rettet die ...

Schiffswrack

Baustelle

Wir machen Ihren ... zum ...

Weinbergschnecke

Straßenmusik

Männer ab ...

Gewitter

Europabrücke

Sage nie, was du ...

Tafel 1

Tafel 2

Tafel 3

Haben Sie schon ...

Wolkenhimmel

Erwachsen sein ist ...

Clown

Der Himmel über ...

Der Lauf der ...

Windenergie

Müllhalde

Tafel 4

Machen Sie noch einen Test: Bringen Sie die Textschnipsel auf Tafel 1 mit den Bildern auf Tafel 4, die von Tafel 2 mit den Fotos auf Tafel 3 usw. in Verbindung. Jetzt fallen garantiert neue Ideen vom Himmel. Vielleicht ist das ja das Geheimnis der Agenturen ...

Sehen Sie selbst: Fällt Ihnen etwas auf?

In 10 Minuten 48 treffende Argumente sammeln

Noch eine simple Übung: In der Tabelle stehen links typische Allerweltsformulierungen, die Sie nach Ihrem Bedarf austauschen können. Durch Einfügen eines treffenden Adjektivs bekommt ein und dieselbe Aussage eine neue Gewichtung. Ergänzen Sie die leeren Spalten mit Adjektiven unterschiedlichster Bedeutung (keine Synonyme suchen!). Jede Zeile enthält bereits einen Vorschlag, ergänzen Sie die jeweils drei fehlenden Felder.

Wann immer Sie treffende Eigenschaften für eine Beschreibung suchen, werfen Sie einen Blick in das Adjektiv-Wörterbuch ab Seite 191.

Argument	nüchtern (blau)	konservativ (grün)	lebendig (gelb)	emotional (rot)
eine ... Umsatzsteigerung	starke			
... dazu bieten wir an	parallel			
unsere ... Technik	robuste			
... blicken wir nach vorn	entschlossen		freudig	gerührt
... bleiben wir an der Sache		beharrlich		
das ... Design		traditionelle		
unser ... Service		gewissenhafter		
im ... Stil wollen wir		klassischen		
ein ... Produktprogramm			farbiges	
ein ... Outfit			freches	
unser ... Engagement			vitales	
ein ... Motor			spritziger	
eine ... schöne Oberfläche				sinnliche
unsere ... Beratungsstelle				fürsorgliche
wir gehen ... mit der Umwelt um				feinfühlig
ein ... Angebot				verführerisches

Tipp: Erarbeiten Sie für Ihren Bereich eine ähnliche Wörterkarte und legen Sie diese griffbereit an Ihren Schreibplatz.

In 15 Minuten 54 Slogans Schlag auf Schlag texten

Blicken Sie in die Werkzeugkiste der Agenturen. Lernen Sie eine Technik, mit deren Hilfe Sie einprägsame Werbeslogans, Überschriften für PR-Infos oder eine lebhafte Schlagzeile für ein Mailing anfertigen können. Übrigens: Grundsätzlich kann jeder Slogans entwickeln, der die Schule besucht hat!

In die Felder „Adjektiv", „Verb" und „Substantiv" tragen Sie jeweils ein zum Thema passendes Wort ein. Zwei völlig frei erfundene Beispiele zeigen jeweils, wie es geht. „XY" ergänzen Sie durch die Firmen- oder Produktbezeichnung oder durch die Marke, die Sie bewerben wollen. In den Spalten ist Platz für drei Vorschläge. 54 Vorschläge für Ihren Auftraggeber sollten fürs Erste genügen. Oder?

Der verblüffende Effekt in Workshops: Allein durch die Tatsache, sich auf diese Weise zu beschäftigen, werden zigfach neue und meist noch viel bessere Ideen ausgelöst — ein Ideenzünder par excellence!

Name + Adjektiv + Adjektiv

Windows: erfolgreich und unentbehrlich
Südkurier: aktuell und fundiert

XY	Adjektiv	und	Adjektiv
	individuell	und	leicht
	schlicht	und	elegant
	zart	und	edel

Adjektiv + Name + Adjektiv + Adjektiv

Fröhlich mit Clausthaler, kühl und klug!
Kunstvoll mit Villeroy & Boch, brillant und edel.

Adjektiv	mit	XY,	Adjektiv	und	Adjektiv
individuell	mit		leicht	und	tragbar
feminin	mit		sinnlich	und	andersartig
	mit			und	

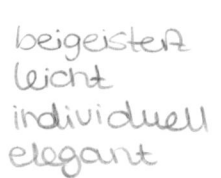

begeistert
leicht
individuell
elegant

Adjektiv + Adjektiv + Name + Verb

Antik bleibt antik: Und Hülsta belebt!
Frech bleibt frech: Und Viala zähmt.

Adjektiv	bleibt	Adjektiv	Und	XY	Verb
	bleibt		Und		
	bleibt		Und		
	bleibt		Und		

Adjektiv + Adjektiv + Name + Adjektiv + Substantiv

Stark und zufrieden. Mit O2. Ein billiges Vergnügen!
Barfuß und bildhübsch. Mit Efasit. Ein behütetes Geheimnis.

Adjektiv	und	Adjektiv	Mit	XY	ein	Adjektiv	Substantiv
Modern	und	klassisch	Mit		ein	sinnliches	Erlebnis
Leicht	und	schön	Mit		ein	stilsicheres	Auftreten
	und		Mit		ein		

Adjektiv + Adjektiv (1. Steigerung) + Name + Verb + Verb

Clever? Cleverer als Strom? Glauben und Testen!
Alt? Älter als Großvater? Freuen und Ausprobieren!

Adjektiv	Adjektiv	als	XY	Verb	und	Verb
		als			und	
		als			und	
		als			und	

Name + Adjektiv + Substantiv + Verb

Dunlopillo Matratzen — die beste Art zu schlafen.
Mon Chéri — die schönste Art zu lieben!

XY	die	Adjektiv	Substantiv	zu	Verb
	die			zu	
	die			zu	
	die			zu	

Adjektiv + Substantiv + Verb + Substantiv

Taffe Grübchen braucht das Land: Seniorenpartei!
Verlässliche Daten verlangt das Börsengeschäft: DataBase.

Adjektiv	Substantiv	Verb	Artikel	Substantiv:	XY
				:	
				:	
				:	

Name + Adjektiv + Verb

Tirol — herrlich mehr, als man erwartet.
Arte — sehenswert, mehr als man erlebt.

XY	Adjektiv	mehr als man	Verb

Name + Adjektiv + Substantiv

Sonnenenergie: natürliche Lichter.
Fürstenberg: kühle Versuchung.

XY:	Adjektiv	Substantiv

Name + Adjektiv + Substantiv

Bluna, so gelb wie die Sonne.
Lufthansa, so frei wie die Vögel.

XY,	so	Adjektiv	wie die	Substantiv
	so		wie die	
	so		wie die	
	so		wie die	

Name + Adjektiv + Substantiv

Mit Ikea. Ein freches Wohnen!
Mit Krügerrand. Ein sicheres Leben.

Mit	XY.	Ein	*Adjektiv*	*Substantiv*
Mit		Ein		
Mit		Ein		
Mit		Ein		

Name + Adjektiv + Substantiv

Santorin — welch traumhafter Gedanke ...
Nivea — welch zartes Erlebnis.

XY	– welch	*Adjektiv*	*Substantiv*
	– welch		
	– welch		
	– welch		

Name + Adjektiv + Substantiv

Swatch — welch eine bunte Lust!
Leitz — welche eine bleibende Ordnung.

XY	– welch eine	*Adjektiv*	*Substantiv*
	– welch eine		
	– welch eine		
	– welch eine		

Name + Adjektiv + Substantiv

Ein erfreulicher Gedanke: Familienkreuzfahrt.
Ein gewagter Schritt: Oben ohne! (Cabrio)

Ein	*Adjektiv*	*Substantiv*	XY

Substantiv + Verb + Name + Adjektiv

Die Lust zu leben! Marlboro light. Weiblich.
Die Freude zu rennen: Nike, blitzartig!

Die	Substantiv	zu	Verb	XY	Adjektiv
Die		zu			
Die		zu			
Die		zu			

Name + Verb + Verb

Langnese: lutschen — schmelzen!
Baden-Baden: hören — genießen!

XY	Verb	Verb

Verb + Adjektiv (1. Steigerung) + Verb + Name

Sparen ist angenehmer als murren! Sparkasse.
Garen ist gesünder als kochen. Silit.

Verb	ist	Verb	als	Verb	XY
	ist		als		
	ist		als		
	ist		als		

Name + Verb + Verb + Adjektiv (1. Steigerung)

Porsche fahren!? Nur fliegen ist schneller.
Renault kaufen!? Nur leasen ist besser.

XY	Verb!?	Nur	Verb	ist	Adjektiv
	!?	Nur			
	!?	Nur			
	!?	Nur			

2 Gebrauchsanleitungen für Texter

Ob Sie Texte für ein Kleininserat in den Gelben Seiten, eine ganze Seite in der F.A.Z., eine 64-seitige PR-Schrift, einen kleinen Leporello-Folder im A4-Format, ein Mailing an Millionen oder einen Pressetext an 100 Journalisten schreiben wollen: Gehen Sie systematisch vor. Überlassen Sie nichts dem Zufall.

Textanleitung zu Grundsatzfragen

Welche Aufgabe soll der Text erfüllen?

Werbung und PR sollen den Verkauf unterstützen. Das heißt, vor dem Verkauf das Vertrauen der Öffentlichkeit gewinnen, Wünsche beim Konsumenten wecken und nach dem Kauf die Kaufentscheidung bestätigen. Mit Werbe- und PR-Texten ist die Bekanntmachung einer Veränderung bei Produkten oder Dienstleistungen möglich. Texte können auch die Aufgabe haben, den Umsatz zu steuern — zeitlich, geografisch oder zielgruppenorientiert.

Welche Dominanz soll der Text haben?

- Inhalt zum Lesen
- Text zum Anschauen

✎ _____

In welchem Verhältnis sollen Text und Bild zueinander stehen?

✎ _____

Welchen Zweck soll der Text verfolgen?

- eine Leistung anbieten?
- eine Leistung suchen?
- etwas Neues bekanntgeben?
- Mitarbeiter, Partner oder Aktionäre suchen?
- an etwas appellieren?
- zu einer Spende aufrufen?
  etc.

✎ _Sympathie, Nähe schaffen_

Zu welchem Anlass soll der Text erscheinen?

- Messe
- Saison
- Jahreszeit
- Ereignisse
  etc.

✎

In welchen Bereichen soll der Text erscheinen?

- regional?
- bundesweit?
- international?
  etc.

✎

Wie soll der Leser auf den Text reagieren?

- Coupon ausfüllen
- anrufen und Informationen einholen
- anschreiben
- zum Fachhandel gehen
- via Internet bestellen
  etc.

✎ _____

Außergewöhnliche Texte helfen dem Unternehmen, sein Angebot vom Wettbewerb deutlich zu differenzieren. Verständliche Texte liefern dem Leser mehr Markttransparenz und ermöglichen bessere Vergleiche bei der Auswahl. Erlebnisreiche Texte liefern Unterhaltungswert. Texte, die ankommen, können neben aller Sachlichkeit Emotionen und Freude vermitteln.

Welche Absichten stehen hinter dem Text?

Ökonomische Absichten

- Umsatz erhöhen
- Werbekosten vermindern
  etc.

✎ _____

Nichtökonomische Absichten

- Unternehmen oder Produkt bekanntmachen
- Bekanntheitsgrad erhöhen
- Image verbessern
- neue Kunden gewinnen
- Stammkunden binden
- Sympathie wecken
  etc.

Der beste Text nützt nichts, wenn Produkt, Preis und Vertrieb nicht stimmen. Nur authentische Texte können verkaufen. Erst durch das Zusammenspiel mit dem gesamten Marketing kann es gelingen, mit guten Texten solide Voraussetzungen für einen Erfolg zu schaffen. Texte sollen im positiven Sinne den Verbraucher beeinflussen, Wünsche wecken und zu einer Handlung führen. Jedes Versprechen muss auch eingelöst werden. Ausschlaggebend sind die Inhalte, die ein Text transportieren kann: Information, Bekanntmachung, Imagebildung, Handlungsauslösung.

Über welche Objekte soll getextet werden?

Der Auftraggeber muss vorgeben, über welche Objekte geschrieben werden soll und in welchem Umfang. Mehrere Möglichkeiten der Gewichtung bieten sich an:

- Über das gesamte Unternehmen soll geschrieben werden (Image).
- Das gesamte Sortiment an Produkten/Dienstleistungen soll vorgestellt werden.
- Es sollen nur einzelne Produkt- oder Dienstleistungsbereiche forciert werden.
- Nur ein Produkt oder eine Dienstleistung soll stark im Vordergrund stehen.

Wer soll mit dem Text erreicht werden?

Die Zielgruppe kann nach verschiedenen Kriterien bestimmt werden:

- nach der Demografie:
  Geschlecht, Alter, Einkommen, Beruf, Single, Familie etc.
- nach der Psychologie:
  Einstellungen zur Lebenshaltung, Kauf- und Besitzverhalten etc.

Auch beim kleinsten Etat kommt es darauf an, die richtigen Werbemittel zur passenden Zeit am richtigen Ort mit dem treffenden Inhalt einzusetzen. Eine Anzeige muss nicht vierfarbig oder ganzseitig gestaltet sein, um Wirkung zu erzielen. Die wichtigsten Werbemittel sind Flugblatt, Anzeige, Beihefter, Beilage, Prospekt, Kundenzeitschrift, Broschüre, Katalog, Plakat, Leuchtschrift, Hörfunkspot, Fernsehspot, Kinospot, CD-ROM/Multimedia, Internet (vom Banner bis zur Homepage). In vielen Werbemitteln können – ganz abgesehen vom Text – Sinne auf verschiedenen Wegen angesprochen werden: Geruchssinn (Duftstoffe im Papier, Parfümprobe etc.), Geschmackssinn (Kostproben), Tastsinn (raue oder glatte Papiere, Stanzungen, Prägungen, Foliendruck, mehrdimensionale Falttechniken, Warenproben, Werbegeschenke etc.). Das oberste Gebot bei allen Werbemitteln: Kontinuität! Das gilt besonders für den Text.

Anzeigen texten

Texten Sie die Headline so, dass der Leser zum „Anhalten" motiviert wird.

1. Animieren Sie zum Weiterlesen.
2. Machen Sie deutlich auf die Vorteile des Angebots aufmerksam.
3. Argumentieren Sie mit dem Nutzen.
4. Bevorzugen Sie einfache, verständliche Wörter.
5. Erklären Sie Fachbegriffe.
6. Verwenden Sie bildhafte Substantive und aktive Verben.
7. Setzen Sie sparsam, aber gezielt Adjektive ein.
8. Gliedern Sie Aussagen in einzelne Textblöcke.

9. Fassen Sie sich kurz. Weniger, aber treffender ist mehr.
10. Heben Sie wichtige Aussagen stilistisch hervor.
11. Nennen Sie nur die wichtigsten Angebotsinformationen.
12. Fordern Sie deutlich zum Handeln auf.
13. Beschreiben Sie verständlich, wo der Leser das Angebot erhalten kann.
14. Formulieren Sie positiv und aktiv.
15. Nennen Sie Firmenname, Adresse, Ansprechpartner, Telefon, Fax, Homepage und E-Mail-Adresse.

Wichtig bei Coupon-Anzeigen:

1. Coupon so gestalten, dass er schnell und einfach ausgeschnitten oder abgetrennt werden kann.
2. Genügend Freiraum für das Eintragen des Absenders berücksichtigen.
3. An alle für Sie wichtigen Informationen denken: Name, Straße, Ort, Telefon, Alter, Unterschrift etc.
4. Einsendeschluss – wenn erforderlich.

Mailings texten

1. Texten Sie einen Betreff, der den Leser zum „Anhalten" motiviert.
2. Starten Sie mit einem Sachverhalt, den der Empfänger nicht verneinen kann.
   Womit befasst sich der Brief?
   Warum wurde der Brief geschrieben?
3. Liefern Sie im Anschluss Ideen und Visionen.
4. Legen Sie Fakten nach und führen Sie den Leser zu einer Entscheidung.
   Wofür soll er sich entscheiden?
   Wie soll er jetzt handeln?
   Was soll er tun?
5. Kitzeln Sie am Ende des Mailings am Gefühl! Wecken Sie neue Dialoge mit einem außergewöhnlichen Schlusssatz anstelle von „Mit freundlichen Grüßen".

Tipp: Beim Mailing empfiehlt sich — orientiert am Leserverhalten und unter Berücksichtigung einer heterogenen Zielgruppe — die Reihenfolge grün — gelb — blau — rot.

Broschüren texten

1. Texten Sie für die Umschlagseite eine Headline, die den Leser zum „Anhalten" motiviert. Auch ein einzelnes Wort kann Neugierde wecken.

2. Je nach Umfang der Broschüre auf dem Titel oder auf der Innenseite (am besten rechts auf Seite 3): Liefern Sie Stichworte, die etwas konkretes über den Inhalt der Broschüre aussagen.

3. Starten Sie mit einem Sachverhalt, den der Empfänger nicht verneinen kann.
   Womit befasst sich das Thema?
   Warum wurde die Broschüre herausgegeben?

4. Liefern Sie im Anschluss Ideen und Visionen.

5. Legen Sie Fakten nach und führen Sie den Leser zu einer Entscheidung.
   Wofür soll er sich entscheiden?
   Wie soll er jetzt handeln?
   Was soll er tun?

6. Kitzeln Sie am Ende der Broschüre (letzte Seite oder Rückseite) am Gefühl. Wecken Sie neue Dialoge mit einem außergewöhnlichen Schlusssatz.

Tipp: Teilen Sie die Seiten in die 4 Farbbereiche auf. Notieren Sie sich zu jedem Abschnitt ein Stichwort für eine kurze Zwischenüberschrift. Die erste Seite ist für den Titel, eventuell auch mit Bild und vier kurzen Aussagen analog zu den Zwischenüberschriften reserviert. Bei einem 4-seitigen Flyer verbleiben Ihnen noch drei Seiten, bei einem zweifach gefalzten Leporello noch fünf Seiten. Empfohlene Reihenfolge: grün vor gelb, gelb vor blau und blau vor rot. Bei einer umfangreichen Druckschrift bilden Sie mit den Farben die Kapitel. Mein Buchtipp zum Thema: „Flyer optimal texten, gestalten, produzieren" von Annja Weinberger (München: Stiebner, 2011).

Presseinfos texten

Pressetexte sind keine Werbetexte. Vermeiden Sie Übertreibungen, Superlative und wiederholte Nennung von Produktmarken oder Firmennamen.

1. Texten Sie einen Betreff, der den Journalisten zum „Anhalten" motiviert.
   Denken Sie daran:
   Redakteure suchen nach lesenswerten Themen und nicht nach Neuheitenbrei!

2. Starten Sie mit einem Sachverhalt.
   WAS
   ... ist der Informationsgegenstand?
   ... kann mit dieser Sache/mit dem Ereignis erreicht werden?
   (Ergebnis, Nutzen)
   ... ist an der Sache/dem Ereignis erprobt?

3. Liefern Sie im Anschluss Ideen und Visionen.
   WO
   ... ist die Sache (künftig) einsetzbar? (Beispiele, Ideen)
   ... findet das Ereignis statt? Was erwartet den Besucher?

4. Legen Sie Fakten nach und führen Sie den Leser zu einer Entscheidung.
   WIE
   ... wird die Sache/das Ereignis realisiert?
   (Technik, Umsetzung, Einführung, Eröffnung etc.)
   WELCHE
   ... Vorteile, Differenzierungen werden angeboten?

5. Sprechen Sie Persönliches oder Emotionales an.
   WER
   ... steht hinter der Sache? (welche Personen?)
   WARUM
   ... ist die Sache so und nicht anders?
   WELCHE
   ... Auswirkungen hat die Sache auf die Gesellschaft?

Tipp: Auch hier empfiehlt sich die Reihenfolge grün — gelb — blau — rot.

Briefing für Texter

Vor dem Texten sollte immer erst das Briefing stehen — eine Art Situationsanalyse mit genauen Angaben über Unternehmen, Produkt und ganz wichtig: konkreten Zielvorgaben. Eine wertvolle Arbeitsanleitung, nach der sich der Texter und der Auftraggeber orientieren sollten.

Vorrangige Aufgaben für den Texter

Beispiele: *Bekanntheitsgrad erhöhen, Markenaktualität schaffen, Preis legitimieren, Image schärfen, korrigieren, Neuheit ankündigen, Kundenbindung festigen, Kaufaktion stimulieren etc.*

Bedingungen: *ethische, firmenpolitische, internationale, wettbewerbsrechtliche etc.*

Leitbild/Philosophie

Was sagt das Leitbild oder die Firmenphilosophie des Unternehmens über den Sprachstil aus?

Beispiele: *Wir pflegen einen den Kunden angepassten, verständlichen Sprachstil. Wir setzen uns aktiv mit ihren Gedanken, Gefühlen und Verhaltensweisen auseinander.*

Schrift erfordert: sich in den Leser hineinzuversetzen und das Leseangebot so leseangenehm wie irgend möglich aufzubereiten.

Notieren Sie Stichworte und versuchen Sie die Inhalte auf die vier Funktionen der Sprache und verschiedene Leser-Erwartungen zu „übersetzen".

Information:	Erlebnis:
Garantie:	Emotion:

Enthält der jüngste Geschäftsbericht Kernaussagen, aus denen sich natürliche Konsequenzen für die Schreibkultur ergeben?

Beispiele: *Für Veränderung offen, wir betreiben eine aktive, auf Vertrauenswürdigkeit gerichtete Kommunikation, Präzision und Sorgfalt sind unsere Wertmaßstäbe, im Mittelpunkt unserer Arbeit steht die Kundenzufriedenheit etc.*

Stichworte aus Leitbild und/oder Geschäftsbericht:

Information:	Erlebnis:
Garantie:	Emotion:

Das stellt folgende Ansprüche an die Textarbeit:

Information:	Erlebnis:
Garantie:	Emotion:

Texte für Kunden

Kunden klagen häufig über geringe Kenntnis der Leistungen, die ein Unternehmen bietet, und beanstanden aufdringliches Werbematerial und unverständliches Infomaterial (vom Prospekt bis zur Gebrauchsanleitung).

Suchen Sie nach Antworten für Ihren Textauftrag. Sprechen Sie mit Ihrem Auftraggeber darüber. Legen Sie konkrete Ziele fest.

Welchen Kommunikationsbedarf haben die Kunden?

Information:	Erlebnis:
Garantie:	Emotion:

Welche Kommunikationsziele sollten Sie für Ihre Texte daraus ableiten?

Information:	Erlebnis:
Garantie:	Emotion:

Welche Kommunikationsbotschaften sollten zur Erfüllung dieser Zielsetzung an die Kunden gerichtet werden?

Information:	Erlebnis:
Garantie:	Emotion:

Welches Medium ist für den Transport der Informationen am besten geeignet?

Information:	Erlebnis:
Garantie:	Emotion:

Texte für die Presse

Journalisten werfen Unternehmen häufig werbliche Produktinformation in Pressetexten vor. Sie vermissen aktuelle Berichte über Projekte und bemängeln die Darstellung der Leistungsvielfalt.

Suchen Sie nach Antworten für Ihren Textauftrag. Sprechen Sie mit Ihrem Auftraggeber darüber. Legen Sie konkrete Ziele fest.

Welchen Kommunikationsbedarf haben Journalisten?

Information:	Erlebnis:
Garantie:	Emotion:

Welche Kommunikationsziele sollten Sie für Ihre Texte daraus ableiten?

Information:	Erlebnis:
Garantie:	Emotion:

Welche Kommunikationsbotschaften sollten zur Erfüllung dieser Zielsetzung an die Journalisten gerichtet werden?

Information:	Erlebnis:
Garantie:	Emotion:

Welches Medium ist für den Transport der Informationen am besten geeignet?

Information:	Erlebnis:
Garantie:	Emotion:

Texte für den Arbeitsmarkt

Stellensuchende, Bewerber, Arbeitsämter und Personalberater klagen über die Unkenntnis der Leistungsvielfalt, Größe und Bedeutung eines Unternehmens, das aus einem Stellenangebot nicht hervorgeht. Vielfach vermissen sie den Namen und die Funktion eines Ansprechpartners. Angefordertes Informationsmaterial erscheint zu dürftig. Korrespondenz seitens der Personalabteilungen wirkt standardisiert bis arrogant. Absagefloskel „zu unserer Entlastung zurück" sind an der Tagesordnung.

Suchen Sie nach Antworten für Ihren Textauftrag. Sprechen Sie mit Ihrem Auftraggeber darüber. Legen Sie konkrete Ziele fest.

Welchen Kommunikationsbedarf hat der Arbeitsmarkt?

Information:	Erlebnis:
Garantie:	Emotion:

Welche Kommunikationsziele sollten Sie für Ihre Texte daraus ableiten?

Information:	Erlebnis:
Garantie:	Emotion:

Welche Kommunikationsbotschaften sollten zur Erfüllung dieser Zielsetzung an den Arbeitsmarkt gerichtet werden?

Information:	Erlebnis:
Garantie:	Emotion:

Welches Medium ist für den Transport der Informationen am besten geeignet?

Information:	Erlebnis:
Garantie:	Emotion:

Texte für Mitarbeiter

Mitarbeiter bemängeln die schlechte Information über Ziele, Vorhaben und Probleme ihres Unternehmens. Die linke Hand weiß vielfach nicht, was die rechte macht, da die Abteilungen zu wenig miteinander kommunizieren. Vielfach haben Sie nicht einmal Zugang zum Leitbild oder CI- und CD-Manuals.

Frauen reklamieren, dass grundsätzlich nur männliche Formulierungen angewendet werden („Liebe Mitarbeiter...").

Welchen Kommunikationsbedarf haben Mitarbeiterinnen und Mitarbeiter?

Information:	Erlebnis:
Garantie:	Emotion:

Welche Kommunikationsziele sollten Sie für Ihre Texte daraus ableiten?

Information:	Erlebnis:
Garantie:	Emotion:

Welche Kommunikationsbotschaften sollten zur Erfüllung dieser Zielsetzung an alle Mitarbeitenden gerichtet werden?

Information:	Erlebnis:
Garantie:	Emotion:

Welches Medium ist für den Transport der Informationen am besten geeignet?

Information:	Erlebnis:
Garantie:	Emotion:

Nun folgt die Faktensammlung. Nicht alle Punkte werden stets die gleiche Rolle spielen. Viele der hier beispielhaft genannten Punkte sind branchenabhängig.

Tipp: Erarbeiten Sie für Ihre Textarbeiten ein eigenes Faktenbuch.

Service

Kundendienstleistungen

Beispiele: *Installation, Montage, Anpassung, Pflege, Wartung, Reparatur, Ersatzteile etc.*

Information:	Erlebnis:
Garantie:	Emotion:

Leitlinien für Qualitätsbriefe

Qualität

Unsere Produkte tragen unser Markenzeichen.
Sie müssen deshalb alle von gleich guter Qualität sein.

Qualitätsbriefe

Neben Gespräch, Telefon, Telefax und E-Mails ist der Brief ein besonders wichtiges und persönliches Kommunikationsmittel. Briefe, die den Gedanken und den Namen des Unternehmens tragen, sind Zeichen für garantierte Qualität: auf dem Papier und im Text. Jeder einzelne Brief ist ein Sympathieträger. Die Zufriedenheit der Empfänger eines jeden einzelnen Briefes hat Priorität. Das gilt auch bei heiklen Briefen. Für Fehler entschuldigen wir uns.

Jeder, der uns schreibt, ob auf dem Postweg oder per E-Mail, soll sich darauf verlassen können, dass er kurzfristig Antwort erhält. Wo immer möglich und wirtschaftlich sinnvoll, werden wir Briefe persönlich verfassen. Nur in Ausnahmefällen wird mit Standardbriefen geantwortet, die dennoch durch die Wahl unterschiedlicher Fassungen dem Leser eine persönliche Note vermitteln.

Ideen

Wir bieten Ideen. Unsere Produkte sollen gefallen und geschmacksbildend wirken.

Ideenreiche Briefe

Unsere Geschäftsbriefe und E-Mails sind freundlich, anregend und sprechen Geist und Herz an. Sie sollen jedem Leser gefallen und auch als Vorbild wirken. Wir wiederholen keine modischen Floskeln, sondern schaffen uns ein Vokabularium, das auf den Unternehmensgrundsätzen beruht. Wir informieren und motivieren unsere Leser verständlich, einsehbar, anregend, unterhaltsam, glaubwürdig, geschmackvoll, überdurchschnittlich, intelligent, emotional, fortschrittlich, natürlich, fröhlich, optimistisch, locker und sympathisch.

Zukunft

Wir bejahen Gewinne und Wachstum und wollen langfristige Stabilität und Sicherheit.

Zukunftsorientierte Korrespondenz

Jeder Brief und jede E-Mail sind Werbung. Gute Werbung fördert Gewinn und Wachstum. Die neue Briefkultur ist somit ein wesentlicher Beitrag zur langfristigen Stabilität und Sicherheit des Unternehmens.

Grundsätze

Umgangssprache

Mitarbeiterinnen und Mitarbeiter kommunizieren im Auftrag des Unternehmens und nicht persönlich. Dennoch soll die Authentizität jedes Einzelnen im Schriftverkehr bewahrt bleiben, wobei Jargon und Floskeln nicht angebracht sind. Bei aller Individualität sollten Briefe und E-Mails stets im Geist des Hauses geschrieben werden. Umgangssprache kann Schriftsprache erfrischen, Dialekt kann beleben. Nachlässige Umgangssprache und Volkstümelei sind in der Korrespondenz unerwünscht. Ebenso Modewörter und Allerweltsadjektive, die das Ziel einer fortschrittlichen Briefkultur negativ beeinflussen könnten und nur Platzhalter treffenderer Wörter sind. Bleiben Sie also gelassen statt cool! Unerwünscht sind Wörter, die kriegerische Assoziationen wecken (attackieren, bombenmäßig, fanatisch, erbarmungslos, feindselig, militant, radikal und andere). Auch eine Wortwahl wie „Unsere Waffe gegen die Konkurrenz" soll nicht verwendet werden.

Fremdwörter

Eine Unsitte ist, mit Fremdwörtern renommieren oder durch Fachchinesisch sein Spezialwissen unter Beweis stellen zu wollen. Interesse oder Intelligenz gehören zu unserer Alltagssprache und werden nicht mehr als Fremdwörter empfunden. Chance, durch Möglichkeit oder Gelegenheit ersetzt, trifft vielleicht um eine Nuance nicht das, was gemeint ist. Statt Engagement lässt sich auch Einsatz sagen. Hier ist das deutsche Wort nicht unbedingt treffender, denn mit Einsatz meinen wir nicht ausschließlich eine emotionale Haltung, sondern auch den Gebrauch einer Maschine. Fremdwörter können das Gemeinte manchmal präziser ausdrücken. In der Kommunikation zwischen Fachleuten dienen Fachausdrücke der leichteren Verständigung. Wer aber viele und häufig dieselben Fremdwörter benutzt, hat einen begrenzten Sprachschatz. Die deutsche Sprache ist abwechslungsreich. Wir suchen deshalb nach einem deutschen Ausdruck, bevor wir gedankenlos ein Fremdwort schreiben. Vor allem berücksichtigen wir, welchem Empfänger wir schreiben.

Frauengerechte Sprache

1. Wir stellen Frauen in der geschriebenen und gesprochenen Sprache grundsätzlich als selbstständige und gleichwertige Personen dar. Wir wenden Personenbezeichnungen für Frauen und Männer formal gleich an. Wenn wir Männer in ihrer Funktion mit Titel oder mit Vor- und Nachnamen bezeichnen, so schreiben wir auch Frauen einschließlich Titel sowie mit Vor- und Nachnamen an. Formulierungen, die die traditionellen Rollenzuschreibungen weiter transportieren, vermeiden wir ganz. Frauen dürfen durch die Sprache nicht diffamiert und nicht auf körperliche Merkmale reduziert werden. Ausdrücke und Sprichwörter, die Frauen als Geschlecht abwerten, streichen wir aus dem Sprachgebrauch ersatzlos.

2. Beide Geschlechter sind in unserer Korrespondenz sichtbar und hörbar. Frauen und Mädchen nennen wir ausdrücklich. Allgemeine Funktionsbezeichnungen verwenden wir in der öffentlichen Sprache grundsätzlich in der weiblichen Form (Beispiel: Lehrerinnen und Lehrer, Bürgermeisterinnen und Bürgermeister).

3. Unsere Sprache soll eindeutig sein. Sie kann dann als eindeutig bezeichnet werden, wenn wir Personenbezeichnungen verwenden, durch die deutlich wird, ob es sich um Personen weiblichen oder männlichen Geschlechts handelt oder ob wir mit der jeweiligen Bezeichnung Frauen und Männer meinen. Wenn wir zum Beispiel von „vierzig Seminarteilnehmern" schreiben, so bleibt unklar, ob tatsächlich nur Männer das Seminar besuchten oder ob auch Frauen daran teilnahmen. Handelt es sich aber auch um Frauen, so ist es notwendig, von „vierzig Teilnehmerinnen und Teilnehmern" zu schreiben, um eine Eindeutigkeit zu erzielen.

4. Eine konsequent frauengerechte Sprache muss auch dem Grundsatz der Lesbarkeit genügen. Abwechslung im Gebrauch von weiblichen und männlichen Personenbezeichnungen ist notwendig. Um Wiederholungen zu vermeiden, kann — unter Wahrnehmung der ersten drei Grundsätze — auf geschlechtsneutrale Begriffe zurückgegriffen werden.

Stil

Ein guter Text zeichnet sich dadurch aus, dass er sich flüssig lesen lässt und aus einem Guss erscheint, knapp und klar, ohne überflüssige Wortwiederholungen und umständliche Formulierungen. Sprachliche Knappheit ist nicht unbedingt mit kurzen Texten gleichzusetzen, sondern meint das Verhältnis zwischen Inhalt und Länge. Die Aufnahmefähigkeit von Lesern ist begrenzt. Die Aufmerksamkeit nimmt im Laufe des Lesens ab. Deshalb gilt die allgemeine Regel: je kleiner der Sprachaufwand in Bezug auf den Inhalt, desto größer die Wirkung.

Die Klarheit eines Textes schlägt sich im sprachlichen Aufbau nieder. Da keiner zwei Gedanken auf einmal denken kann, sollten auch nicht zwei Gedanken auf einmal ausgesprochen oder ausgeschrieben werden. Das Verschränken verschiedener Gedanken macht einen Text schwer verständlich. Der Leser muss in der Lage sein, den Gedankengang der Verfasserin oder des Verfassers nachzuvollziehen.

Wortwahl

Fach- und Fremdwörter

Verwenden Sie nur Fach- und Fremdwörter, die der angeschriebenen Zielgruppe geläufig sind. Es ist ein besonderes Merkmal vieler Fachsprachen, dass sie in zunehmendem Maße von der englischen Sprache beeinflusst werden. Achten Sie darauf, dass Sie nur solche Ausdrücke verwenden, von denen Sie sicher sein können, dass sie von den Lesern auch verstanden werden. Erläutern Sie Fachwörter, von denen Sie annehmen, dass die angesprochenen Leser sie nicht verstehen. Wenn sich ein für den Leser unbekannter Ausdruck nicht vermeiden lässt, dann erläutern Sie das Wort beim ersten Auftreten im Text. Dies gilt auch für Fälle, in denen Sie einen bestimmten Begriff im Sinne des Unternehmens prägen möchten.

Achten Sie auf eine durchgängige Verwendung von Fachwörtern. Es ist sonst recht verwirrend, wenn innerhalb eines Textes ein und derselbe Sachverhalt oder Vorgang auf verschiedene Weise bezeichnet wird. Gerade in sehr technischen Texten ist die Eindeutigkeit sehr wichtig. In Marketingtexten ist die Wiederholung von Fachausdrücken ein beliebtes Mittel, um die Leser mit einem neuen Sachverhalt, einer neuen Technologie oder einem neuen Produkt vertraut zu machen. In Briefen ist es besser, Wiederholungen zu vermeiden und stattdessen Synonyme zu verwenden. Natürlich müssen Sie dann die Beziehung zwischen den unterschiedlichen Wörtern, die denselben Sachverhalt ausdrücken, deutlich machen.

Terminologie

Benutzen Sie Fachwörter und firmeninterne Bezeichnungen so, wie sie im Unternehmen definiert sind. Zu allen relevanten Themen sollte eine standardisierte Terminologie in der Form eines Glossars oder einer Terminologieliste im Unternehmen an alle MitarbeiterInnen herausgegeben werden. So wird sichergestellt, dass Fachausdrücke nur in der Bedeutung verwendet werden, wie sie dort definiert sind.

Abkürzungen

Hier gilt die gleiche Regel wie bei Fremdwörtern. Abkürzungen, die der angesprochene Leserkreis nicht kennt, müssen beim ersten Auftreten zunächst in ausgeschriebener Form erscheinen, die Abkürzung wird in Klammern dahinter gesetzt. Im nachfolgenden Text wird dann ausschließlich die Abkürzung verwendet.

Beispiel: Die aus der PC-Welt bekannten Graphical User Interfaces (GUIs) haben auf breiter Front Einzug in die Büros gehalten. GUIs ...

Wortungetüme

Es ist eine Besonderheit der deutschen Sprache, dass Substantive beinahe unbegrenzt aneinander gehängt werden können. Auf dieses Phänomen der Komposita oder Wortzusammensetzungen hat bereits Mark Twain in seinen „Bemerkungen über die schreckliche deutsche Sprache" hingewiesen. Wenn die Deutschen etwas sagen wollen, ohne einen Satz zu bilden, schreibt Twain, so „pressten sie sechs oder sieben Wörter ohne Naht und Saum in eins". Machen Sie von dieser Möglichkeit sparsamen Gebrauch! Für das Verständnis von Texten ist es besser, Wortzusammensetzungen aus drei und mehr Teilen aufzulösen und somit die Beziehungen zwischen den einzelnen Bestandteilen explizit zu formulieren. Lassen Sie Selbstverständlichkeiten weg, indem Sie Formulierungen wie „erzielte Ergebnisse", „aufgetretene Störungen", „gemachte Erfahrungen" vermeiden: Es versteht sich von selbst, dass Erfahrungen gemacht worden sind, ehe sie etwas zeigen können.

Flickwörter

Verwenden Sie Flickwörter sparsam. Solche wie gänzlich, durchaus, vielleicht, eben, doch, entsprechend, jeweilig, selbstverständlich, natürlich können dazu beitragen, den Lesefluss eines Textes zu verbessern.

Sie sollten jedoch als Adverbien sparsam eingesetzt werden, da sie sonst genau das Gegenteil bewirken.

Verben

Verwenden Sie aktive Verben und vermeiden Sie Ausdrucksweisen wie: zum Einsatz kommen, zur Anwendung kommen, zum Abschluss bringen, Mitteilungen machen, in Wegfall kommen.

Überlegen Sie stets, ob ein Sachverhalt nicht mit einem einfachen Verb statt mit einem Funktionsverbgefüge (Substantiv plus Verb) ausgedrückt werden kann.

Nicht so: Im Rahmen der Zuordnung von Kosten auf individuelle Kostenstellen kommt das Kostenumlageverfahren zur Anwendung.

Sondern: Das Kostenumlageverfahren regelt, wie Kosten auf individuelle Kostenstellen zugeordnet werden.

Satzbau

Sätze müssen übersichtlich sein. Das bedeutet nicht, dass alle Sätze kurz sein sollen. Auch lange Sätze können, sofern sie logisch und klar strukturiert sind, verständlich sein.

Hauptsatz

Teilen Sie wichtige Informationen in einem Hauptsatz mit. Jeder Hauptgedanke erfordert einen Hauptsatz. Der Hauptgedanke sollte im Text möglichst weit vorne stehen.

Nicht so: Das Jahr 2000 war für uns ein erfolgreiches Jahr, da wir eine Umsatzhöhe von 712 Millionen erzielen konnten.

Sondern: 2000 war für uns ein erfolgreiches Jahr: Wir erzielten 712 Millionen Umsatz.

Substantive

Vermeiden Sie das Aneinanderreihen von Substantiven (Nominalstil). Durch die übermäßige Verwendung von Substantiven werden Texte schwerfällig und somit auch schwer verständlich. Ersetzen Sie, wo immer möglich, Substantive durch Verben.

Nicht so: Ziel war die Schaffung eines EDV-Systems für die Übermittlung und Verarbeitung des warenbezogenen Informationsflusses.

Sondern: Die Aufgabe lautete, ein EDV-System zu schaffen, das den warenbezogenen Informationsfluss übermittelt und verarbeitet.

Einschübe

Hauptfeinde der Verständlichkeit sind lange Einschübe: Sie überlasten den „Arbeitsspeicher" der Leser und führen oft zu falschem inhaltlichen Bezug. Vermeiden Sie derart überladene Sätze. Teilen Sie den Inhalt in mehrere Sätze und lassen Sie unnötige Informationen einfach weg.

Nicht so: Indem die Computer – in Form vernetzter Komponenten – in die Abteilungen, an den Arbeitsplatz vorstoßen, verlassen sie ihren Sockel und verlieren ihren mysteriösen Touch (der von manchen Herstellern nur zu gern genährt wurde), werden sie handhabbar – die beste Eigenschaft guter Werkzeuge.

Sondern: Fast überall steht ein Computer am Arbeitsplatz und wirkt vernetzt mit anderen zusammen. Längst kein Gerät mehr mit mysteriösem Touch, sondern ein nützliches, praktisches Werkzeug.

Schachtelsätze

Vermeiden Sie Schachtelsätze, also solche mit zu vielen Nebensätzen. Am Ende des Satzes wissen die Leser nicht mehr, womit der Satz begonnen hat und was er aussagen will. Stellen Sie die Hauptaussage voran und formen Sie die Nebensätze so weit wie möglich in Hauptsätze um.

Nicht so: Dieser Leitfaden hat zum Ziel, Verfassern von Texten, die möglichst leserfreundlich schreiben wollen, aber bisher noch keine Stilkunde konsultiert haben, ein Hilfsmittel an die Hand zu geben, das knapp geschrieben ist, aber dennoch verständlich bleibt.

Sondern: „Firmenautoren" müssen nicht gleich Stilkunde studieren, um leserfreundliche Texte zu gestalten. Für sie gibt es jetzt einen Leitfaden mit kurzen, verständlichen Tipps.

Umklammerungen

Das Hauptverb steht im Deutschen in der Regel am Ende eines Satzes. Das kann zu langen Einschüben kommen: entweder zwischen Hilfs- und Hauptverb oder zwischen den einzelnen Bestandteilen trennbarer Verben. Das erschwert das Verständnis von Sätzen. Hier ein Beispiel aus dem Bereich Kundenservice:

Nicht so: Das Decodergatter muss bei Eingabe der Festadresse des Speicherlokalisierungsprogramms und des Fehlerprogramms, bei Schaltstellenbefehlen und beim linearen Auslesen gesperrt werden.

Sondern: Sperren Sie das Decodergatter, wenn Sie die Festadresse des Programms zur Speicherlokalisierung oder die des Fehlerprogramms eingeben. Sperren Sie es auch für Befehle an den Schaltstellen und beim linearen Auslesen.

Partizipialkonstruktionen

Gehen Sie sparsam mit Partizipialkonstruktionen um. Die deutsche Sprache bietet bessere Möglichkeiten.

Nicht so: Die vom Glück begünstigte Konkurrenz hat diesmal den Zuschlag bekommen.

Sondern: Die Konkurrenz war vom Glück begünstigt. Diesmal hat sie den Zuschlag bekommen.

Oder: Die Konkurrenz hat den Zuschlag bekommen.
War sie vom Glück begünstigt?

Aufzählungen

Wählen Sie in Aufzählungen parallele Strukturen: entweder Substantive oder Verben aneinander reihen. Nicht miteinander mischen!

Nicht so: Von Luzern aus erfolgt die Verwaltung von Stammdaten, Erfassung von Aufträgen, werden Kundendokumente versandt und Finanzbuchungen durchgeführt.

Sondern: Von Luzern aus erfolgen die Verwaltung von Stammdaten, Erfassung von Aufträgen, Versand von Kundendokumenten und Finanzbuchungen.

Oder: Von Luzern aus werden die Stammdaten verwaltet, Aufträge erfasst, Kundendokumente versandt und Finanzbuchungen durchgeführt.

Zeichensetzung

Auch durch Zeichensetzung kann der Stil eines Textes gestaltet werden: Doppelpunkt, Gedankenstrich, Semikolon.

Verwenden Sie einen Doppelpunkt, um Bindewörter wie *nämlich* oder *denn* einzusparen.

Beispiel: Ein Kriterium macht unser Produkt unschlagbar: die hohe Zuverlässigkeit.

Verwenden Sie einen Doppelpunkt, um bestimmte Satzteile zu betonen.

Beispiel: Mit dem Bundes-Telefonbuch auf CD-ROM stehen dem Anwender Adressen von über 2 Millionen Unternehmen, Verbänden und Behörden zur Verfügung: schnell und zuverlässig durch Suche nach Name, Postleitzahl, Ort, Telefonnummer und Bezugsquelle.

Verwenden Sie Gedankenstriche, um komplexe Sätze übersichtlicher zu machen.

Beispiel: Gedankenstriche machen das Satzgefüge durchsichtiger, wenn ein Satz — und das lässt sich nicht immer vermeiden — zwischengeschaltet werden muss.

Verwenden Sie ein Semikolon statt eines Kommas, um Ihren Lesern eine Pause zu gönnen, oder auch statt eines Punktes, um die Verbindung zwischen Hauptsätzen zu betonen.

Beispiel: Sie können sofort bestellen; doch besser ist es, unser Angebot abzuwarten. Die Sache ist erledigt; darum wollen wir nicht länger diskutieren.

Wie profitabel sind Texte?

Lohnt es sich, in professionelle Text-Qualität zu investieren? Diese Frage wird häufig gestellt. Im Direkt-Marketing gibt man sich mit Response-Quoten von fünf bis zehn Prozent zufrieden. Darum meine Gegenfrage: Ist es effizient und akzeptabel, wenn bis zu 95 von 100 Werbemitteln im Papierkorb landen? Wollen und können sich das Unternehmen wirklich leisten?

(Schrift-)Sprache ist ein lebendiges, sich wandelndes Medium. Ist es richtig, wenn man in Mailings noch „Sehr geehrt" in der Anrede verwendet? „Sollte man wirklich jeden Idioten mit sehr geehrt anschreiben?", fragte mich vor Jahren ein angesehener Verleger.

Die ROLAND Rechtsschutz-Versicherungs-AG in Köln hat im Rahmen eines mehrjährigen Projekts einen Großteil der Kunden- und Dienstleisterkorrespondenz neu aufgelegt. Das Ziel: eine einheitliche, für den Kunden verständliche Sprache, die gleichzeitig die zentralen Werte des Unternehmens transportiert. Kunden wünschen sich von ihrem Versicherer verständliche und aussagekräftige Briefe.

Nicht immer führt das Streben nach verständlicheren Versicherungstexten auch zu wirkungsvollen Worten, die glaubwürdig sind und zugleich die Handschrift des Unternehmens tragen. Deshalb hat das Unternehmen in einem alle Bereiche umfassenden Projekt eine einheitliche, verständliche Sprache geschaffen, die als kommunikative Visitenkarte die zentralen Markenwerte des Unternehmens transportieren soll. Über 60 Prozent der circa fünf Millionen standardisierten Briefe, die der Rechtsschutzversicherer pro Jahr an Kunden, Bewerber und Vertriebspartner verschickt, wurden auf der Basis eines sprachlichen Leitbilds (CW-Manual) überarbeitet. Die neue Kundenkorrespondenz wurde vorab getestet. Der Pretest durch ein Marktforschungsinstitut bestätigte die Neuausrichtung.

Anleitung zum Stil

==Kreativität entsteht durch systematisches Handwerk.== Hinter jedem guten Konzept steckt Methode, vergleichbar mit der Systematik erfolgreicher Filme und Bühnen. Das bis ins Kleinste strukturierte Drehbuch, die sorgfältige Auswahl der Rollenbesetzung, stures Auswendiglernen der Texte, der Mimik und der Gestik, eine perfekte Regie − bis hin zur Ausleuchtung, Requisite, Maske, Ton- und Kameratechnik. Erst die Summe all dieser rationalen Teile führt zum kreativen Ganzen. In den Kritiken der Rezensenten heißt es später dann: „ein phantastischer Film", „ein bewegendes Stück".

Bevor Sie mit dem Texten beginnen: Entscheiden Sie zuerst, in welchem Stil Sie den Empfänger ansprechen wollen: betont sachlich, konservativ, erlebnisreich oder emotional? Welcher Stil passt zum Unternehmen, zum Anliegen und zur Zielgruppe?

Sie lernen hier vier Stilrichtungen und jeweils verschiedene Strategien sowie deren Vor- und Nachteile am Beispiel von Klassikern und zeitlosen Werbe-Inszenierungen kennen:

Sachlich texten

Informationsfunktion (✎ blau)

Alleinstellung

Beschreiben Sie die Vorzüge und Leistungen eines Unternehmens, einer Marke, eines Produkts oder einer Dienstleistung, die besser sind als alles, was auf dem Markt ist.

Vorteile: Klare, geradlinige, überzeugende Botschaft.
Demonstriert Konkurrenzfähigkeit.

Nachteile: Die besseren Eigenschaften und Vorteile müssen einleuchtend und relevant für den Leser beschrieben sein, sonst leidet die Glaubwürdigkeit.

✎
_____

Information

Kennzeichnen Sie den Text durch argumentative Sachlichkeit und stützen Sie eine (pseudo-)rationale Entscheidung.

Vorteile: Starke persönliche Relevanz für den Kunden.
Überzeugungswert durch Information.

Nachteile: Kann leicht belehrend oder kalt wirken.
Weckt oft Skepsis durch unglaubwürdige Information.

✎
_____

Preis/Leistung

Beschreiben Sie die Produktleistung nicht isoliert, sondern in Relation zu ihrem Preis. Stellen Sie dabei die „Ausdauer", mit der ein Produkt seine Leistung vollbringt, in den Mittelpunkt – z.B. „Wäscht eine größere Zahl von Waschmaschinenfüllungen".

Vorteil: Der Preis ist prinzipiell ein sehr wichtiges Argument.

Nachteil: Bei hochwertigen Marken besteht das Risiko eines Image-Verlustes.

Prestige

Laden Sie ein Produkt mit Geltungswerten auf (wichtig bei Produktkategorien mit geringen realen Unterschieden). Beschreiben Sie das Produkt als zu den „wichtigen Dingen im Leben" gehörend. Versprechen Sie sozialen Status und Prestige durch dessen Anwendung.

Vorteil: Kann einem Produkt zusätzlichen Glanz und dem Kunden Prestige verleihen, dessen Vorteile gar nicht existieren oder schwer zu definieren sind.

Nachteile: Ein allzu opulentes Ambiente kann das Produkt erschlagen oder einfach unpassend sein.
Manche Menschen wollen nicht, dass man meint, sie würden Wert auf derlei Aspekte legen.

Technik

Legen Sie das Hauptgewicht auf die definier- und beweisbaren „physischen" Eigenschaften, die das Produkt besitzt.

Vorteil: Wenn die Eigenschaften einleuchtend und relevant für den Leser sind, ist diese Form sehr überzeugend.

Nachteil: Relevante, reale Produktvorteile werden immer seltener.

Texte sachlich in Szene setzen (✎ blau)

Alliteration

Texten Sie einen Stabreim: Gleicher Anlaut der betonten Silben aufeinander folgender Wörter. Beispiele aus der Umgangssprache: bei *W*ind und *W*etter, *L*and und *L*eute

Beispiele:
Automobilbranche:
*M*ensch und *M*otor

Handwerk:
*H*olz und *H*aus

Bankenbranche:
*G*eld und *G*old

Journalismus:
*W*ort und *W*elt

Anwaltskanzlei:
mit *R*at und *R*echt

usw.

Trotz Spiels mit den Buchstaben sehr sachlich in der Aussage bleiben!

Alternative
(auch ✎ gelb und rot)

Bieten Sie dem Leser die Wahl zwischen zwei Möglichkeiten.

Beispiel:
150 Euro. Reicht für ein Wochenende in der Jugendherberge. Andere buchen dafür eine Vier-Sterne-Kreuzfahrt ... (Kinderpreis bei Übernachtung in der Elternkabine)

Analogie
(auch ✎ grün und gelb)

1. Sie schreiben über Entsprechungen, Ähnlichkeiten, Gleichheit von Verhältnissen oder Übereinstimmungen.

Beispiele:
Rasierapparat/Rasenmäher = ähnliche Funktion (funktioniert wie ...)
Scall/Streichholzschachtel = ähnliche Größe (so groß wie ...)
Bumerang/Banane = ähnliche Form (sieht aus wie ...)

2. Sie verwenden Wörter mit gleichen Ableitungen.

Beispiele:
Mann-schaft
Freund-schaft

Leitspruch:
„*Met*all *für über*all"

3. Sie bilden Analogien mit formal ähnlichen Wörtern.

Beispiele:
Diskothek und *Bibliothek*
backen/packen

Anapher

So gestalten Sie prägnante Headlines: Wiederholen Sie ein Wort oder mehrere Wörter zu Beginn aufeinander folgender Sätze oder Satzteile.

Weniger Verbrauch, weniger Emissionen – mehr Fahrspaß. Wir arbeiten dran. Zusammen.

Ich kriege den PC.
Ich kriege die Software.
Ich kriege 5.000 Anbieter.
Und ich kriege die Sicherheit,
dass ich alles kriege.

Mehr Internet. Mehr Kommunikation. Mehr, als Sie erwarten würden. Word Perfect Office 2000 bietet die innovativsten Hilfsmittel, die Sie brauchen, ... Mehr als je zuvor. Für weniger, als Sie denken.

Ankündigung

Früher waren es die Ausrufer mit ihren „Bekanntmachungen". Zur Steigerung des Aufmerksamkeitsgrades können Sie „Achtung", „Neu", „Das müssen Sie wissen" oder Ähnliches vor die eigentliche Bekanntmachung setzen.

Kaufen, kaufen, kaufen! Die neue Vectis 300 ist extrem kompakt, edel und vielseitig. Ihr 3fach-Zoom ...

Appell

Wenden Sie sich im mahnenden Sinne mit einem Aufruf zu einem bestimmten Verhalten an die Leserschaft. Fordern Sie in einem Betreff, in einer Überschrift oder in einer Schlagzeile den Leser in aggressiver Weise zum Handeln auf.

Aufforderung

Provozieren Sie suggestiv mit einem Denkanstoß.

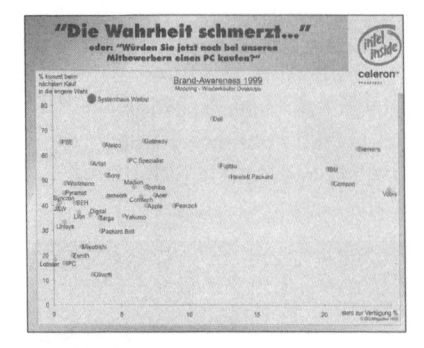

„Die Wahrheit schmerzt..."

oder

„Würden Sie jetzt noch bei unseren Mitbewerbern einen PC kaufen?"

Urteilen Sie selbst:

Waibel hat die höchste Wiederkaufsquote aller PC-Hersteller.

Behauptung

Setzen Sie die Überschrift, den Betreff oder die Headline in direkte Rede. Das wirkt authentisch.

Fließtext

Text dient hier zur reinen Informationsvermittlung, die nur der Interessierte lesen wird. Achten Sie auf Lesefreundlichkeit.

Frage/Antwort

Formulieren Sie eine Frage, mit der Sie gezielt zu einer bereits vorgegebenen Antwort führen.

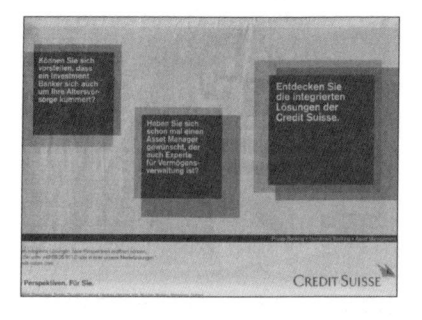

Konsequenz

Beschreiben Sie die Reaktion oder die Folgen einer Handlung.

Beispiel:

wenn ... dann ...

Lexem

Texten Sie im Sinne der Redensart „Von A bis Z", um zum Beispiel ein breites Sortiment oder vielfältiges Spektrum an Dienstleistungen zu verdeutlichen.

Beispiel:

Reiseführer:
von Afghanistan bis Zypern

Masken:
von Atemschutzmaske bis Zorromaske

Reduktion

Textlogik: Erklären Sie mit klaren, kurzen Worten einen komplizierten Sachverhalt.

Konzentrieren Sie sich auf das Wesentliche und vereinfachen Sie schwierige Begriffe. Weniger ist mehr.

Beispiel:

Das erste Hotel ohne Zimmer.
(Suiten zum Preis eines Einzelzimmers, Astron)

Die erste Hochsicherheitszelle mit Telefon.
(Smart: Handy inklusive)

Das erste Auto mit Speisewagen.
(Smart: BahnCard First 1, Jahr inklusive)

Sachinformation

Texten Sie nüchtern in Zahlen, Daten und Fakten. Arbeiten Sie mit Tabellen, in Briefen zum Beispiel mit Einrückungen und nummerierten Aufzählungen.

Verstümmelung

Konzentrieren Sie sich auf kurze Informationen im extremen Telegrammstil. Kürzen Sie so viel, dass der Leser gerade noch versteht, um was es geht.

Beispiel:

- *Halten*
- *Verkaufen*
- *Kaufen*

(Comdirectbank, Seite 107)

Konservativ texten

Garantiefunktion (✎ grün)

Experte

Stellen Sie eine Person, die aufgrund ihres Berufes im Leben Glaubhaftigkeit vermittelt, in den Vordergrund (z. B. Chefredakteur einer Zeitung im Abonnement-Mailing).

Vorteile: Vermittelt Kompetenz und Autorität als wichtige subjektive Werte, die die Produktbotschaft unterstreichen. Erhöht die Glaubwürdigkeit und Überzeugungskraft der Botschaft.

Nachteile: Unglaubwürdigkeit durch übertriebene Versprechungen. Mangel an Verbraucheridentifikation.

Lehrer/Schüler

Lassen Sie zwei „Autoren" agieren. Der eine ist bereits vom hohen Wert des Produkts überzeugt (= Lehrer), der andere skeptisch oder uninformiert (= Schüler). Nach der Argumentation ist Letzterer völlig vom Wert der Botschaft und den Leistungsbeschreibungen überzeugt.

Vorteil: Die Identifizierung des Kunden mit dem Schüler macht diesen Dialog für ihn sehr glaubwürdig.

Nachteile: Dieses Format ist in der TV-Werbung fast zum Klischee geworden.
Der Lehrer kann leicht überheblich wirken, der Schüler dümmlich und ignorant.

Test

Lassen Sie Anwender über ihre persönlichen Erfahrungen mit einem Unternehmen, einer Marke, einem Produkt oder einer Dienstleistung berichten — fiktiv oder reale „Promis". Achten Sie beim Texten darauf, dass Authentizität und Glaubwürdigkeit der Botschaft im Vordergrund stehen („geliehene Autorität").

Vorteile: Verstärkte Autorität beim Profi, Glaubwürdigkeit beim Laien. Gesteigerte Werbeerinnerung und Verbraucheridentifikation. Glamour bei Prominenten.

Nachteile: fiktiv: Die falsche Person zum falschen Argument wirkt unpassend oder lächerlich.
Leistung wird mit einer erfundenen Einzelperson verknüpft.

real: Kosten durch Erwerb von Rechten bei Prominenten. Negativschlagzeilen des Prominenten.

Vorher/Nachher

Beschreiben Sie ein für möglichst viele potentielle Kunden persönlich relevantes Problem. Verleihen Sie der gebotenen Problemlösung durch eine zuvor pointierte Darstellung hohe Bedeutung.

Vorteil: Die Produktleistung gewinnt für den Kunden eine hohe Relevanz, auch wenn sie objektiv klein sein mag.

Nachteil: Es besteht die Gefahr, dass ein Problem konstruiert wird, das gar kein großes Problem ist.

✍ _____

Vergleich

Vergleichen Sie eine Leistung mit der besten für den Kunden vorstellbaren Problemlösung.

Beispiel: „Bester Geschmack durch frisch geerntete Trauben."

Vergleich: Marke X schmeckt „so gut wie frisch gepresst".

Vorteile: Die Botschaft stellt neue Verbindungen her.
Sie liefert überzeugende, abgesicherte Werte.

Nachteile: Unglaubwürdigkeit durch übertriebene Versprechungen.
Möglicherweise rechtliche Probleme.

✍ _____

Texte konservativ in Szene setzen (✎ grün)

Analogie
(auch ✎ gelb)

Sie greifen die Thematik gleicher Funktionen verschiedener entwicklungsgeschichtlicher Herkunft (Technik, Biologie etc.) auf.

Anlehnung

Bilden Sie einen Bezug zu traditionellen Redewendungen, Sprichwörtern, Zitaten oder zu historischen Titeln aus Musik, Theater und Literatur. Übernehmen Sie die Texte entweder wörtlich oder bauen Sie diese verändert in einen neuen Kontext ein.

Wie die neue Iris-Gesichtspflege die Feuchtigkeitsregulation im Gleichgewicht hält und so die natürliche Schönheit Ihrer Haut bewahrt, erfahren Sie in der Weleda Broschüre über ganzheitliche Gesichtspflege. Weleda – Im Einklang mit Mensch und Natur.

Anrede

Sprechen Sie den oder die Leser direkt an.

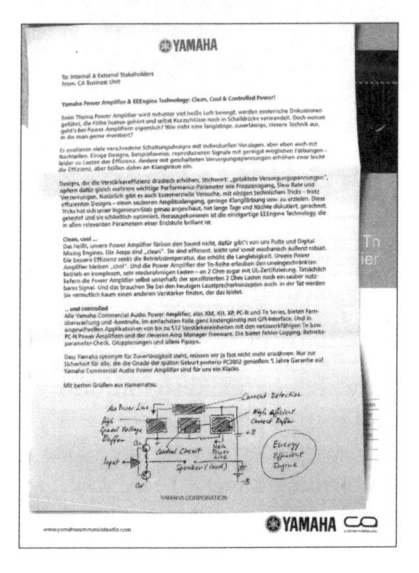

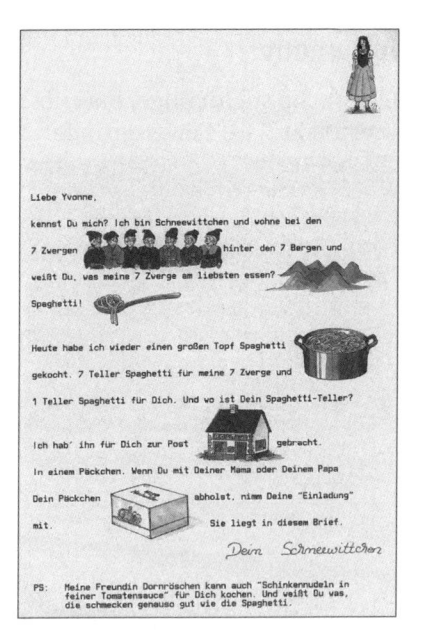

Liebe Yvonne,

kennst du mich? Ich bin Schneewittchen und wohne bei den 7 Zwergen hinter den 7 Bergen und weißt du, was meine 7 Zwerge am liebsten essen? Spagetti!
Heute habe ich wieder einen großen Topf Spagetti gekocht. 7 Teller Spagetti für meine 7 Zwerge und 1 Teller Spagetti für dich. Und wo ist dein Spagetti-Teller?
Ich hab ihn für dich zur Post gebracht. In einem Päckchen. Wenn du mit deiner Mama oder deinem Papa dein Päckchen abholst, nimm deine „Einladung" mit. Sie liegt in diesem Brief.

Dein Schneewittchen

Argument

Liefern Sie stichhaltige, plausible „Zertifikate" als Beweisgründe.

Defätismus

Schwarzseherei, Resignation und Hoffnungslosigkeit im Text suggeriert geistig-seelische Mutlosigkeit. Gehen Sie, wenn überhaupt gewollt, sparsam und sorgsam damit um.

Handschrift

Der Stellenwert handgeschriebener Briefe und Texte steigt im E-Mail-Zeitalter. Läuten Sie die Renaissance der Handschrift ein.

Klassik

Rücken Sie die „gute alte Zeit" in den Vordergrund. Vergleichen Sie Produkte oder Dienstleistungen mit Dingen, die sich durch Qualität für die Zukunft gesichert haben.

Mit Gore-Tex® Produkten können Sie die Natur neu entdecken – bei jedem Wetter.

Name-Dropping

Benutzen Sie bekannte oder berühmte Namen. Sie wecken damit Interesse und vermitteln Erfahrung und Tradition.

Zu Beginn war unser Leben frei. Wir waren den Wäldern, den Bergen, den Meeren ganz nah. Das ist Vergangenheit. Heute leben wir in Städten. Büromenschen, Fernsehgucker, Partygänger. Manchmal sehnen wir uns zurück.

Nostalgie/Tradition

Würdigen und werten Sie Dinge aus der Vergangenheit. Wecken Sie Erinnerungen an alte Zeiten, blicken Sie zurück auf „früher": Mode, Technik, Musik oder was auch immer.

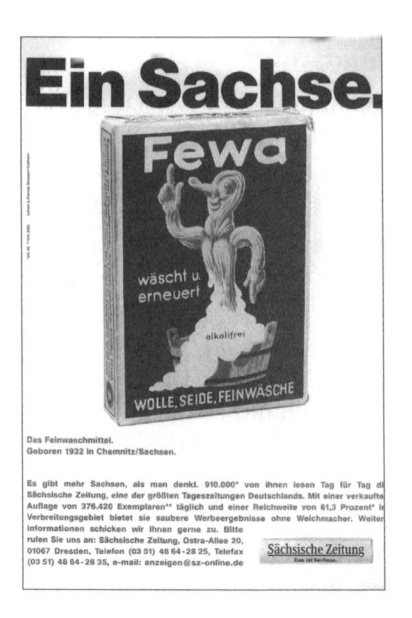

Es gibt mehr Sachsen, als man denkt. 910.000 von ihnen lesen Tag für Tag die Sächsische Zeitung ...

Czerny – ein Familienbetrieb mit Tradition
Tradition verpflichtet – deshalb arbeiten wir seit nunmehr 60 Jahren mit Herz und Hand für unsere gefühlvolle Kollektion. Wissen und Erfahrungen werden von Generation zu Generation weitergegeben.
BASSET

Mehr
als nur irgendein
alter Teddy.
Von klein auf
gute Freunde.
Ehrmann
Almighurt
Erdbeer
Almighurt
Almighurt von Ehrmann.
Die schönste Art, Joghurt und Frucht
zu genießen. In mehr als 30 Sorten.
Ehrmann
Keiner macht mehr an.

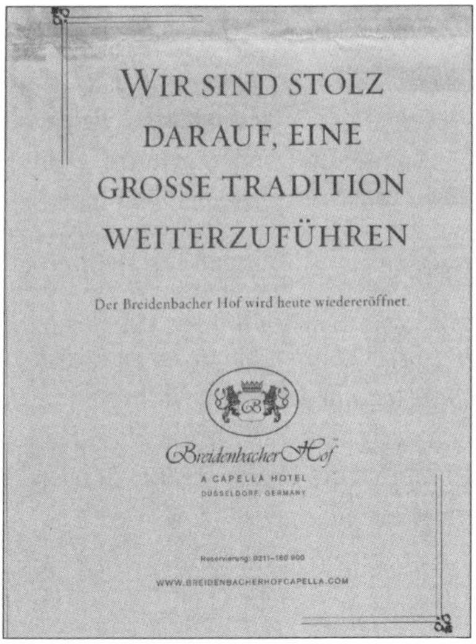
WIR SIND STOLZ
DARAUF, EINE
GROSSE TRADITION
WEITERZUFÜHREN
Der Breidenbacher Hof wird heute wiedereröffnet.
Breidenbacher Hof
A CAPELLA HOTEL
DÜSSELDORF, GERMANY
Reservierung: 0211-160 900
WWW.BREIDENBACHERHOFCAPELLA.COM

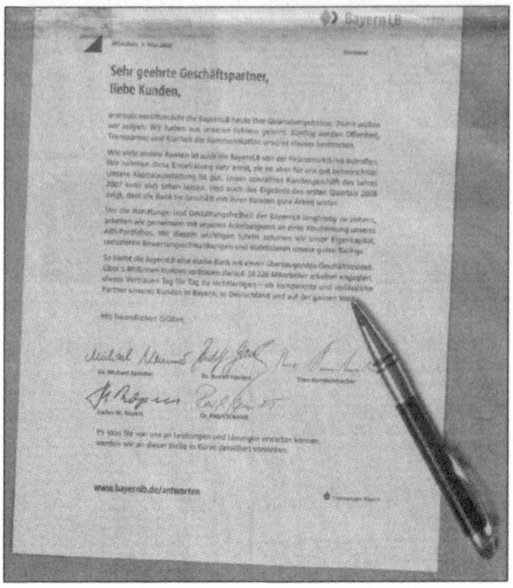
BayernLB
Sehr geehrte Geschäftspartner,
liebe Kunden,
www.bayernlb.de/antworten

Problemlösung

Decken Sie einen Missstand auf und erläutern Sie, wie oder womit Abhilfe geschaffen werden kann.

Beispiele:

AUTO
Auch der sicherste Fahrer eckt einmal an: Wir kümmern uns um den Schaden.

FEUER
Brände sind oft schneller als die Feuerwehr: Wir regulieren den Schaden.

GESUNDHEIT
Krank sein kann teuer werden. Wir übernehmen die Kosten.

Ratschlag

Vermitteln Sie im Text einen ehrlich gemeinten Rat oder geben Sie eine zuverlässige Empfehlung.

Vorsicht: Kein Oberlehrertext!

Risiko falsche Ernährung:
Viele Menschen nehmen beim Essen zu viel Fett und Cholesterin auf.
Problematisch sind dabei besonders die gesättigten Fettsäuren, wie sie vor allem in tierischen Fetten vorkommen.
becel gibt Sicherheit:
Mit becel können Sie sicher sein, sich cholesterinbewusst zu ernähren. Von der guten Margarine über die schmackhafte Wurst bis hin zu becel für Käseliebhaber.

Sachlichkeit

Texten Sie objektiv — frei von Emotionen. Forcieren Sie zutreffende Aussagen, die der Leser intuitiv bejahen wird. Formale Ordnung schaffen Sie durch Gliederung und Einrückungen.

Beispiele:

Guten Tag Herr Maier,
danke für Ihre Anfrage.

Unsere neue Schalterhalle ist in 3 Arbeitsbereiche gegliedert:
1. ...
2. ...
3. ...

Über Details informiert Sie die Broschüre.

Freundliche Grüße aus Lörrach

Guten Tag Herr Maier,

danke für Ihr Interesse. Hier ist Ihre Broschüre. Der klare Aufbau informiert über die drei neuen Arbeitsbereiche.

Grüße aus der Tumringer Straße
Ihre leistungsstarke
Volksbank ...

Sprichwort/Redensart

Zitieren Sie eine alte Lebensweisheit oder Redensarten aus dem Volksmund — auch leicht verändert. Vorteil: Allgemein gültigen Worten wird eher zugestimmt.

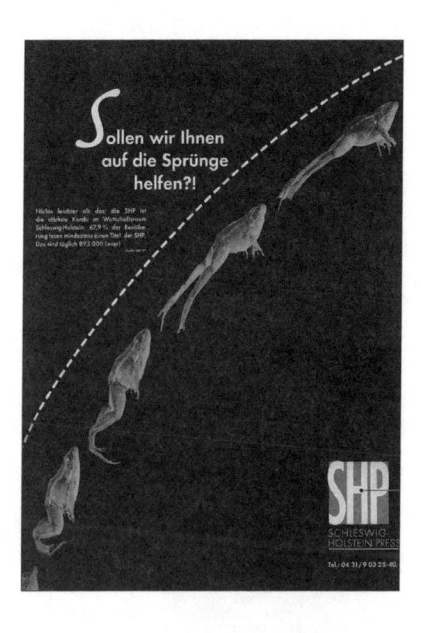

Story

(auch ✎ gelb und rot)

Texten Sie eine Überschrift im Telegrammstil. Benutzen Sie sehr sachliche Wörter.

Beispiel:
Kaugummi gegen Karies und Mundgeruch.

Zitat

Verwenden Sie einen bekannten Ausspruch, setzen Sie diesen in Anführungszeichen, nennen Sie den Urheber und — wenn bekannt — die Belegstelle. Vorteil: ein hoher Wahrheitsgehalt in einem Zitat wird subjektiv auf das Produkt übertragen.

Doppelseitige Anzeige, links der Apfel, rechts der Text = gehirngerechte Aufbereitung.

Versprechen

Liefern Sie einen objektiven, leicht nachvollziehbaren Zusatznutzen.

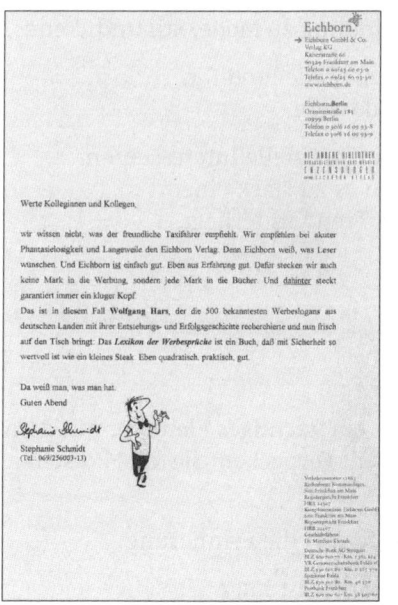

Ein Brief an die Presse.
Hier wird den Journalisten ein „Lexikon der Werbesprüche" vorgestellt:

Wir wissen nicht, was der freundliche Taxifahrer empfiehlt. Wir empfehlen bei akuter Phantasielosigkeit und Langeweile den Eichborn Verlag. Denn Eichborn weiß, was Leser wünschen. Und Eichborn ist einfach gut. Eben aus Erfahrung gut. Dafür stecken wir auch keine Mark in die Werbung, sondern jede Mark in die Bücher. Und dahinter steckt garantiert immer ein kluger Kopf ...
Da weiß man, was man hat.
Guten Abend ...

Aus dem Pressetext:

Als die Menschheit noch auf den Bäumen saß, war das Marketing simpel: einfache Keulenhiebe und markerschütterndes Geschrei. Heutzutage geht der Werbefachmann schon etwas zivilisierter und subtiler vor: Er trägt kein Bärenfell, sondern Krawatte und versucht mit Hilfe „moderner Schlachtrufe" – so genannter Slogans – den Kampf um Käufer und Marktanteile zu gewinnen. Viele dieser Schlachtrufe erhielten inzwischen Einzug in unsere Umgangssprache ...

Erlebnisreich texten

Begeisterungsfunktion (✎ gelb)

Exklusivität

Wecken Sie mit der Beschreibung von Schönheit, Sportlichkeit oder Erfolg und Reichtum beim Leser die Hoffnung, er könne durch die Verwendung des Angebots die gleichen Ziele erleben.

Vorteil: Starke Leser-Identifikation.

Nachteile: Durch den Hauch von Exklusivität kann der Eindruck von hohen Preisen entstehen.

✎

Glamour

Bringen Sie Ihre Texte in direkte Verbindung zu Mode, Stil und Trends.

Vorteile: Macht das Produkt zu einem Mode-Produkt.
            Glamour erhöht den Produktwert.

Nachteile: Beschränkt das Marktziel auf spezielle Interessenten. Überlebt sich schnell, wenn es zu stark einem bestimmten vergänglichen Trend unterliegt.

✎

Humor

Packen Sie Stimulans in Ihren Text — ein wichtiges Element, mit dem Sie die „intuitive Aufladung" steuern. Verpacken Sie die Botschaft witzig.

Vorteil: Schafft Begeisterung und steigert die Erinnerung.

Nachteil: Der Weg vom Lachen zum Spott ist kurz.

✎

Lifestyle

Inszenieren Sie im Text einen Lebensstil, mit dem Kunden positive emotionale Werte verbinden. Platzieren Sie das Unternehmen, die Marke, das Produkt oder die Dienstleistung derart in ein Umfeld, dass positive Erlebniswerte mit dem Angebot assoziiert werden. Stellen Sie die konkrete physische Produktleistung in den Hintergrund.

Vorteil: Die Botschaft wird mit emotionalen Werten aufgeladen, die mit einem bestimmten Lebensstil verbunden sind.

Nachteile: Wenn die Konkurrenz auf den gleichen Zug aufspringt, kann die Produktidentifikation leicht verwässern.
Es kann kurzlebig sein: heute ein Trend, morgen ein Witz.

✍

Textbild

Der Bildgehalt einer Botschaft ist eines der stärksten Mittel in der Textkonzeption. Ein eindrucksstarkes Wort oder eine Umschreibung zeigen kurz und präzise die Kernbotschaft auf. Im Idealfall wird es ausschließlich mit einem Unternehmen, einer Marke, einem Produkt oder einer Dienstleistung identifiziert und vollständig von ihm besetzt werden.

Vorteil: Wenn ein ideales Textbild entwickelt wurde, bleiben der Konkurrenz nur zweitrangige Textbilder.

Nachteil: Das absolut beste Textbild eines Produkts kann schon der Konkurrenz gehören (z. B. Apple, Tiger im Tank).

✍

Texte erlebnisreich in Szene setzen (✎ gelb)

Alternative

(auch ✎ blau und rot)

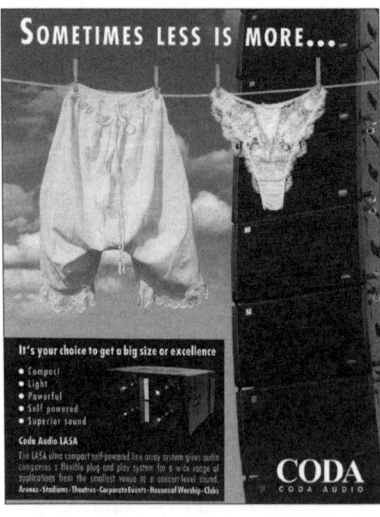

Analogie/Ähnlichkeit

(auch ✎ blau und grün)

1. Schreiben Sie über ein überraschendes oder lustiges gemeinsames Merkmal.

Beispiele:
Kindersitz/Kängurubeutel = ähnliche Funktion

Känguru-Transporte
= semantische Ähnlichkeit
(einer nimmt was anderes mit)

2. Sie bilden Analogien mit formal ähnlichen Wörtern.

Beispiele:
Watt Ihr Volt/
Was Ihr wollt

James Dean/
James DIN

Dinosaurier/
DIN-osaurier

Öko-logisch: Ökologische Papiere, mit denen Sie Ihre Wettbewerbsfähigkeit täglich beweisen!
Ökologie und Ökonomie: Die Verbindung, die Kunden gewinnt.

Anglizismus

Gerne werden Begriffe aus dem Englischen übernommen — nicht nur um ein internationales Image zu signalisieren, sondern auch, um ungewohnte Stimmungsbilder zu erzeugen.

Vorsicht:

1. Das kann auch in die falsche Richtung gehen (siehe Sprachpanscher des Jahres, Seite 27).

2. Manche Texter tappen in die Falle der „falschen Freunde": manche im Englischen und Deutschen ähnlich klingende Wörter haben völlig unterschiedliche Bedeutungen.

Hier wird dem Leser der Mercedes-Coupé in neuer Form schmackhaft gemacht:

Endlich gibt es sie, die Haute Couture für die Straße. In den Ausstattungen „Sport" und „Elegance", ...
Egal, für welches Modell Sie sich entscheiden, dank Sidebags, ... fühlen Sie sich in jeder Saison wohl. Um zu verhindern, dass sich jemand heimlich Ihr Lieblingsoutfit ausleiht, gibt es das neuartige Fahrberechtigungssystem ...

Anlehnung

(auch ✎ grün)

Bilden Sie einen Bezug zu lustigen Redewendungen, Sprichwörtern, Zitaten oder zu aktuellen Titeln aus Musik, Theater und Literatur. Übernehmen Sie die Texte entweder wörtlich oder bauen Sie diese verändert in einen neuen Kontext ein.

Flickschusterei ist Ihnen beim Zusammenschneidern Ihres Mediaplans zu mühsam? ... Mit 17 Titeln erreichen Sie auf einen Streich 1,4 Millionen Konsumenten ...

Antithese

1. Stellen Sie eine Gegenbehauptung auf, die Sie einer These entgegensetzen.

Beispiel:

Und sie steht doch!
(Und sie bewegt sich doch ...)

Ein Wort sagt mehr als 1000 Bilder
(Ein Bild sagt mehr als 1000 Worte)

2. Spielen Sie mit gegensätzlichen Wahrnehmungsebenen.

Beispiel:

Fragen, die von Textern höchst selten beantwortet werden:

Wie klingt ein trockener Martini?
Wie schmeckt Beethovens 9. Sinfonie?
Wie riecht Wien?
Wie fühlt sich Picasso an?

Aufforderung

Provozieren Sie im legeren Sprachstil. Vermitteln Sie eine Idee.

Beispiel:

Mach heute mal, was du willst.
Nichts.

Barbarismus

Formulieren Sie gewollt grobe sprachliche Fehler im Ausdruck.

Sparsam damit umgehen!

Beispiel:

Das König der Biere.
König Pilsner

Da werden Sie geholfen!
Auskunft

Wir können Erdgas.
e.on, Ruhrgas

Humor

Bringen Sie mit lustigen Texten Ihre Leser zum Lachen oder zumindest zum Schmunzeln.

Ironie

Texten Sie mit feinem, verstecktem Spott oder bringen Sie durch übertriebene Zustimmung Kritik zum Ausdruck.

Klimax

Steigern Sie einen ganz gewöhnlichen Ausdruck. Mit dieser Dramaturgie begleiten Sie die Leserschaft vom weniger Wichtigen zum Wichtigeren. Der Höhepunkt erzeugt Aufmerksamkeit.

Konfrontation

Stellen Sie einander widersprechende Meinungen, Sachverhalte oder Personengruppen gegenüber.

Dieses Schiff ist unsinkbar.
Allgemeiner Glaube Anfang 1912.
Anscheinend doch nicht.
15. April 1912.
Machen auch Sie Schluss mit dem Irrglauben, im Web könne man nicht gezielt werben. GMX – One-to-one-Marketing, wie Sie es brauchen!

Lexem

(auch ✎ blau und grün)

Texten Sie im Sinne der Redensart „Von A bis Z", um zum Beispiel ein breites Sortiment oder vielfältiges Spektrum an Dienstleistungen zu verdeutlichen.

Beispiel:

Reiseführer von Afghanistan bis Zypern

Masken von Atemschutzmaske bis Zorromaske

Metapher

Übertragen Sie einen sprachlichen Ausdruck, indem Sie ein Wort oder eine Wortgruppe aus seinem eigentlichen Bedeutungszusammenhang in einen anderen übertragen, ohne dass ein direkter Vergleich zwischen Bezeichnendem und Bezeichnetem vorliegt.

Neologismus

Experimentieren Sie mit neuen Wörtern. Vorsicht: Neuerungssucht!

Sinnergie
Wer heute in der Druckstufe Erfolg haben will, muss Augen und Ohren offen halten, den richtigen Riecher haben, Stellung nehmen und viel Einfühlungsvermögen entwickeln.

Sinnovativ handeln:
Technische Innovation und sinnsible Umsetzung ist das Konzept.

Zwischenüberschriften:

Die Sinnphoniker
Auftragssinnphonie
Sinnthesizer
Die Sinnologen
Die Sinnthese

Neuheit

Betonen Sie im Text klar und deutlich, dass es sich um etwas (sensationell) Neues handelt.

Popularisierung

Nutzen Sie Wörter aus der Umgangssprache. Die Zielgruppe bekommt das Gefühl:

„Der spricht wie wir."

Vorsicht: übertriebene Jugendsprache.

Selbstverständlichkeit

Locken Sie dem Leser unauffällig ein innerliches Kopfnicken heraus.

Direktwerbung wird von vielen Unternehmen oft nur schüchtern eingesetzt. Komisch, eigentlich, denn jeder von uns hat doch schon gespürt, was für einen Erfolg man damit erzielen kann ...

Story

(auch 🖉 grün rot)

Texten Sie eine Bildergeschichte. Produzieren Sie Kopfkino.

> **Manchmal gewinnt man auch grüne Männchen lieb ....**
>
> Angenommen Sie unternehmen einen Einkaufsbummel in einem Shoppingcenter. Flanieren von Geschäft zu Geschäft, kaufen dies und jenes. Frohen Mutes verstauen Sie alles Gekaufte in Ihrem PKW, der in der Tiefgarage steht. Als plötzlich und völlig unerwartet, die Lichter ausgehen. Finsternis. Stromausfall.
> Alle möglichen Dinge gehen einem durch den Kopf. Wegrennen, ja, aber wohin? Man sieht nicht einmal die Hand vor den Augen....
> Genaugenommen laufen diese Dinge in einem Bruchteil von Sekunden ab, denn schon längst ist es wieder hell. Dank der Notlichtanlage. Jetzt lernt man zum ersten Mal die vielen grünen leuchtenden Männchen, die man sonst eigentlich nicht beachtet, zu schätzen. Sie weisen einem nämlich gefahrlos den Fluchtweg.
> Eine Situation, die Gott sei Dank nicht so häufig vorkommt, aber manchmal eben doch. Hätte es keine Notbeleuchtung gegeben, wären mit Sicherheit Personen und Sachwerte zu Schaden gekommen.

Pressetext, herausgegeben von ABB, Österreich:

Grüne Männchen
Angenommen, Sie unternehmen einen Einkaufsbummel in einem Shoppingcenter. Flanieren von Geschäft zu Geschäft, kaufen dies und jenes. Frohen Mutes verstauen Sie alles Gekaufte in Ihrem PKW, der in der Tiefgarage steht. Als plötzlich und völlig unerwartet die Lichter ausgehen. Finsternis. Stromausfall. Alle möglichen Dinge gehen einem durch den Kopf.
Wegrennen, ja, aber wohin?
Man sieht nicht einmal die Hand vor den Augen ...
Genau genommen laufen diese Dinge in einem Bruchteil von Sekunden ab, denn schon längst ist es wieder hell. Dank der Notlichtanlage. Jetzt lernt man zum ersten Mal die vielen grünen leuchtenden Männchen, die man sonst eigentlich nicht beachtet, zu schätzen. Sie weisen einem nämlich gefahrlos den Fluchtweg.

Der Notwendigkeit von Notlichtanlagen gehorchend, entschloss man sich in Österreich, übrigens neben Norwegen der einzige europäische Staat, die Installierung von Notlichtanlagen per Gesetz zu verankern. Es gelten die Vorschriften ÖVE EN 2/1993 und ÖVE EN 60598 ...

Textbild

Produzieren Sie Kopfkino. Textanzeigen können Bildproduktionen ersetzen.

TABU
Was Frauen im Bett tun und lassen. Und wovon sie nur zu träumen wagen. Jetzt in Petra.

Drei Postkarten auf eine Anzeigenseite aufgeklebt, perforiert, zum Abtrennen. Rückseite:

"Ja, ich möchte das kostenlose Info-Paket zum comdirect Discount Brokerage und Optionsscheingeschäft."

Kaufen...

Halten...

Verkaufen...

Brief an Journalisten. Absender: Presseabteilung Haufe-Verlag:

Was für Bergsteiger überlebenswichtig ist, endet für Unternehmen meist tödlich – die Rede ist vom Festhalten. Festhalten an alten Strukturen, festhalten an sturen Machthabern, die sich der Notwendigkeit von Veränderungen nur widerwillig oder gar nicht stellen ...

... Wozu diese Vorrede? Nun, damit will ich Sie schon jetzt auf ein Buch aufmerksam machen, das wir (Lektorate, Redaktionen und Presseabteilungen) aus gutem Grund in mehrfacher Hinsicht als kommenden Hit einstufen ...

Widerspruch

Spielen Sie mit Wörtern, die scheinbar nicht zusammenpassen. Das ermuntert den Leser zur Auseinandersetzung.

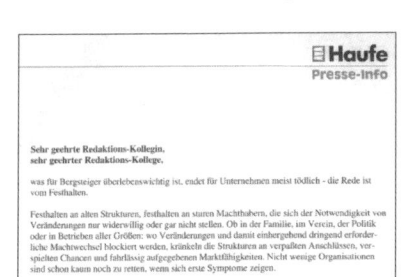

Ohne Werbung wäre ich Millionär!

Paul Getty (Milliardär)

Emotional texten

Kontaktfunktion (✎ rot)

Besonderheit

Das Produkt ist genauso gut wie ein Wettbewerbsprodukt? Dann stellen Sie zusätzlich attraktive Eigenschaften in den Vordergrund, weshalb es in der Summe bevorzugt werden sollte (z. B. signiert, limitiert).

Vorteil: Wenn die zusätzlichen Eigenschaften attraktiv und reizvoll sind, können sie die Produktpersönlichkeit steigern.

Nachteil: Wenn die Produktwerte nur so gut sind, wie die der Konkurrenz, motivieren die zusätzlichen Eigenschaften möglicherweise nicht besonders und der Leser interessiert sich weiter für die Marke, die er kennt.

✎ _____

Erotik

Versprechen Sie dem Leser im Zusammenhang mit dem beworbenen Produkt stärkere Anziehungskraft auf andere, sobald er ein bestimmtes Produkt anwendet.

Vorteil: Wer möchte nicht anziehend auf andere wirken?

Nachteile: Wenn es kein wirklicher oder wichtiger Vorteil des Produkts ist, bleibt es unglaubwürdig.
Fehlende Beziehung zwischen menschlicher Anziehung und Produktleistung.

✎ _____

Schuldgefühl

Beschreiben Sie im Text, dass im Gebrauch eines bestimmten Produkts Gefahr stecken kann und den eigenen Erwartungen des Lesers oder denen Dritter nicht genügt. Schreiben Sie, dass man ohne dieses Produkt nicht das Bestmögliche für sich tut — entsprechend auch für seine Umgebung. Der Leser soll sich „schuldig" fühlen.

Vorteil: Schuld ist eines der stärksten menschlichen Gefühle. Wenn es richtig eingesetzt wird, wie bei der Verknüpfung persönlichen Misserfolgs mit dem Versäumnis, ein bestimmtes Produkt zu kaufen, kann es ausgesprochen motivierend sein.

Nachteil: Diese Art der Beschreibung muss äußerst vorsichtig gehandhabt werden, damit der Leser nicht ausschließlich negative Eigenschaften mit dem Produkt assoziiert.

✎ _____

Sinnlichkeit

Stellen Sie die Attraktivität und die sinnliche Ausstrahlung in den Mittelpunkt. Assoziativ soll der Leser glauben, mit diesem Produkt die gleiche Ausstrahlung zu bekommen.

Vorteil: Sinnlichkeit verkauft sich immer gut.

Nachteil: ... aber nicht unbedingt bei einem Produkt, das keinerlei Sexappeal hat.

✎ _____

Umwelt

Schreiben Sie, dass der Kunde mit dem Gebrauch des Produkts das Richtige für seine Umwelt und die Gesellschaft wählt.

Vorteil: Soziale Themen und Umweltthemen wirken sehr motivierend.

Nachteil: Erfüllt das Produkt nicht die Versprechungen, kehrt sich der Effekt ins Negative.

Texte emotional in Szene setzen (✎ rot)

Alternative

(auch ✎ blau und gelb)

1. Vertreten Sie eine Haltung oder Einstellung, die bestimmte Vorstellungen von anderen, menschen- und umweltfreundlicheren Formen des Zusammenlebens zu verwirklichen sucht.

2. Texten Sie eine Aussage, die im Gegensatz zum Herkömmlichen steht, besonders im Hinblick auf die ökologische Vertretbarkeit.

Appell

(auch ✎ blau)

Wenden Sie sich im mahnenden Sinne mit einem Aufruf zu einem bestimmten Verhalten an die Leserschaft. Fordern Sie in einem Betreff, in einer Überschrift oder in einer Schlagzeile den Leser in aggressiver Weise zum Handeln auf. Provozieren Sie mit einem Denkanstoß.

Ästhetik

Schreiben Sie über die Gesetzmäßigkeit und Harmonie in Natur und Kunst. Stellen Sie das stilvoll Schöne heraus: geschmackvoll, ansprechend.

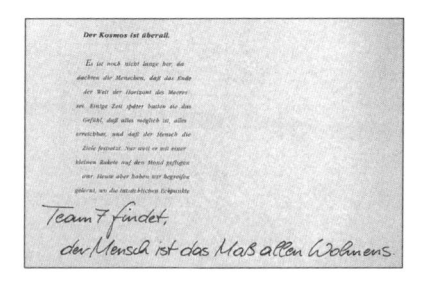

Opus 1
Der Ursprung natürlichen Wohnens in seiner zeitlosen Form.
Der Kosmos ist überall.
Es ist noch nicht lange her, da dachten die Menschen, dass das Ende der Welt der Horizont des Meeres sei. Einige Zeit später hatten sie das Gefühl, dass alles möglich ist, alles erreichbar, und dass der Mensch die Ziele festsetzt. Nur weil er mit einer kleinen Rakete auf den Mond geflogen war. Heute aber haben wir begriffen gelernt, wo die tatsächlichen Eckpunkte unseres Kosmos liegen ... Somit wird Wohnen zum Baustein einer neuen Lebensphilosophie ...

Human Touch

Beziehen Sie den Leser mit ein. Führen Sie mit ihm einen Dialog. Bitten Sie ihn um seine Meinung. Gestalten Sie den Text so, dass er sich unmittelbar angesprochen fühlt. Die direkte Sie-Ansprache verstärkt die Wirkung.

Mutlosigkeit

(auch ✎ grün)

Schwarzseherei, Resignation und Hoffungslosigkeit im Text suggeriert geistig-seelische Mutlosigkeit. Gehen Sie sparsam und sorgsam damit um.

Lieber Esprit-Kunde,
wir möchten in Zukunft wieder unsere Kunden und Mitarbeiter auf den Esprit-Anzeigen darstellen. Wenn Sie einen Wunsch frei hätten, durch den Sie auf dieser Welt etwas ändern könnten, was würden Sie tun? Schreiben Sie uns Ihre Antwort oder auch Ihre Meinung zu den Anzeigenbeispielen.

Die größten Fehler in der Werbung: Mangelnde Kontaktchancen. Wer was zu sagen hat, ist ziemlich aufgeschmissen, wenn ihm keiner zuhört. Und so manche Werbebotschaft verfliegt sang- und klanglos, weil das richtige Publikum fehlt. Mit einer Leserschar von 9 Millionen stehen Ihre Kontaktchancen bei rtv äußerst günstig ...

Projektion

Übertragen Sie Bedürfnisse und Gefühle eines Menschen auf die Leser.

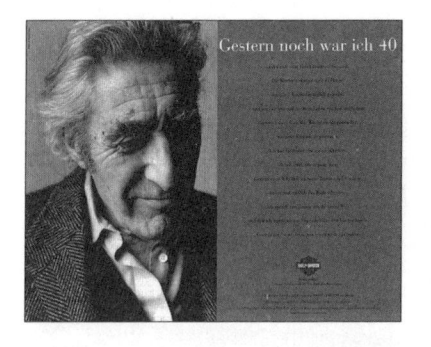

Gestern noch war ich 40 und wurde zum Geschäftsführer ernannt. Die Kinder wohnten noch zu Hause. Ich bin 5 Kilometer täglich gelaufen und war mit mir und meinem Leben rundum zufrieden. Gestern habe ich an den Wochenenden gearbeitet, um neue Kunden zu gewinnen. Ich war fasziniert von meiner Karriere, ich sah mich schon ganz oben. Gestern sagte ich, dass ich mehr Tennis spielen würde, malen und endlich das Buch schreiben. Ich sprach von Reisen um die ganze Welt und dass ich irgendwo am Meer ein Häuschen kaufen würde. Gestern gab es so vieles, was ich morgen tun wollte.
Harley-Davidson

Story

(auch ✎ grün und gelb)

Erzählen Sie eine Geschichte. Benutzen Sie Wörter mit hohem Gehalt an Bildern und Emotionen.

Ein Geistesblitz im Café. Ein paar Notizen auf der Serviette. Das erste Scribble am nächsten Tag in der Agentur. Eine Kampagne ist wie ein Baby. Sie wächst ganz behutsam. Und weil man sie genauso lieb hat, will man sie später auch gut aufgehoben wissen. Zum Beispiel bei den 5,24 Millionen qualitätsbewussten Lesern der neuen TV Hören und Sehen.

Suggestion

Beeinflussen Sie den Leser mit einer Suggestivfrage.

„Unbefangen" Oder wie würden Sie es sehen?
Fünf Millionen Fotos. Fünf Millionen Ideen. Fordern Sie unseren Katalog an. Comstock Fotoagentur.
Meinen Sie nicht auch ... ?

Vorteil: „auch" suggeriert, dass andere Mitmenschen der gleichen Meinung sind.

Sympathie

Texten Sie über gemeinsames Empfinden und Erleben. Durch positive Zustimmung gewinnen Sie die Zuneigung Ihrer Leser. Verwenden Sie angenehme Adjektive und Substantive.

DAK tut gut.
Gerade wenn Sie tagsüber volles Programm haben – auf persönliche Beratung brauchen Sie nicht zu verzichten: Ein Anruf genügt, und wir nehmen uns Zeit für Sie. Und wenn Sie zu Hause mal nicht weg können, kommen wir eben vorbei. So bleibt Ihnen mehr Zeit für die wirklichen Dinge. Noch ein Grund mehr, sich für die DAK zu entscheiden.
Wann wir Feierabend haben, entscheiden jetzt Sie.

WAS WIR IHNEN WÜNSCHEN?

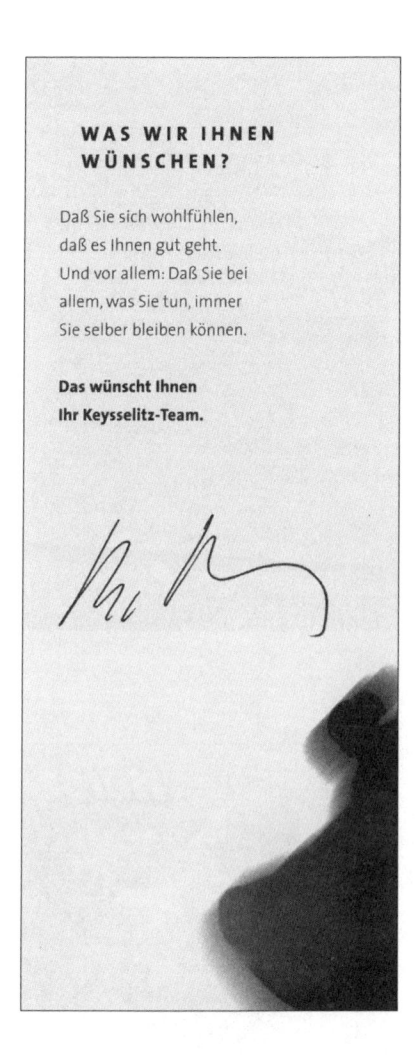

Daß Sie sich wohlfühlen, daß es Ihnen gut geht. Und vor allem: Daß Sie bei allem, was Sie tun, immer Sie selber bleiben können.

Das wünscht Ihnen Ihr Keysselitz-Team.

Temperatur

Wecken Sie Anmutung, tauchen Sie den Leser in ein Wechselbad der Gefühle. Springen Sie vom weichen Samt zum groben Schmirgelpapier, von der leichten Feder zur schweren Eisenkugel, spielen Sie mit Feuer und Eis.

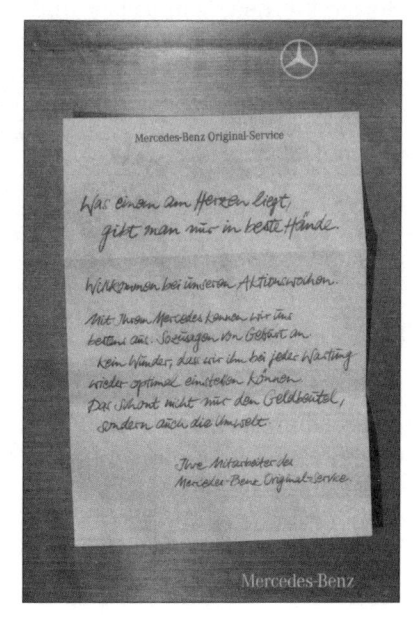

Katalog aus dem Kaufhaus der Sinne, limitierte Auflage, Ringbuch mit einmontierten Gegenständen zum Sehen, Hören, Riechen, Schmecken und Fühlen.

links:
Weniger ist nichts.
Wäsche und Dessous bei Ludwig Beck

(in den Katalog eingelegte Dessousspitze zum Anfassen steigert die Aussage)

rechts:
Rauer Hinweis auf zarte Schönheit

(Kontrast: in den Katalog eingelegtes Schmirgelpapier schafft eine Harmonie und Gleichheit zwischen Text, Bild und Sinneserfahrung)

Anleitung zur Ideenfindung

Auch wenn Sie mit einem Textergebnis schon zufrieden sind: Sie sollten immer versuchen, bessere Alternativen zu finden und damit Fortschritte erzielen. Lassen Sie sich zu völlig neuen, ungewöhnlichen Ideen inspirieren.

Ein sehr gutes Hilfsmittel für die Textrecherche ist die CD-ROM „Die sinn- und sachverwandten Wörter" aus der Reihe Duden PC-Bibliothek des Dudenverlags. Sie finden in diesem Kapitel nach jedem Frageblock ein exemplarisches Recherche-Ergebnis. Das sind nur einige Beispiele, denn Sie entscheiden am Bildschirm per Mausklick, welche Verweise auf weitere sinn- und sachverwandte Wörter Sie verfolgen wollen. Einzelne Einträge können unter neuen Schlagwörtern zusammengefasst werden, die Ergebnisse in eigene Anwendungen kopiert werden. Die Vielfalt der Ergebnisbeispiele auf den folgenden Seiten kann nur einen kleinen Ausschnitt dessen zeigen, was das elektronische Wörterbuch liefert. Ein empfehlenswertes Werkzeug, das jeder Texter nutzen sollte.

Hinweis: Produkt steht auch hier stellvertretend für Dienstleistung, Unternehmen oder für einen Anlass, über den Sie schreiben wollen.

Landschaften

- Mit welchen Landschaften könnten Sie Ihr Produkt in Verbindung bringen?
  (Bergland, Wattenmeer, Wüste ...)
- Welche Farben, Geräusche und Gefühle verbinden sich damit?
- Mit welchen Landschaftsteilen könnten Sie Ihr Produkt in Verbindung bringen? (Berge/ewiges Eis, Meer/Muscheln, Wüste/Sand ...)
- Denken Sie auch an die Formen, Größen, Temperaturen oder auch an bewusste Widersprüche.

Landschaft, Waldlandschaft, Heidelandschaft, Parklandschaft, Moorlandschaft, Wüstenlandschaft, Steppenlandschaft, Tallandschaft, Hügellandschaft, Gebirgslandschaft, Felsenlandschaft, Flusslandschaft, Küstenlandschaft, Uferlandschaft.

Kontinent, Erdteil, Weltteil *(veraltet)*, Subkontinent, Festland · Afrika, Antarktika, Asien, Australien, Europa, Nordamerika, Südamerika.

Firmament, Himmel, Horizont, Himmelsgewölbe, Sternenhimmel, Sternenzelt.

Feld, Ackerland, Land, Grund, *(Grund und)* Boden, Flur; Acker, Bauer, Bodenverbesserung, Erde, Flurbereinigung, Gut, Land, Rabatte.

Berg, Gebirge, Bergmassiv, Bergrücken, Massiv, Hügel, Buckel, Bühel *(oberd.)*, Anhöhe, Steigung, Erhebung, Mugel *(ugs., österr.)*, Höhe; Abhang, Gipfel, Grat; bergig.

Höhle, Grotte, Tropfsteinhöhle.

Bergwiese, Bergweide, Alpweide, Wiese.

Gletscher, Ferner *(oberd.)*, Firner *(oberd.)*, Kees *(oberd.)*; Eisscholle, Gletscherbach.

Eisscholle, Treibeis, Packeis · Eisflarr, Flarr, Eisfeld · Eisberg; Gletscher, Polareis, Schneewehe.

Polareis, Inlandeis, Grönlandeis, Eiskappe, Eisdecke, ewiges/arktisches/antarktisches Eis; Eisscholle.

Schneewehe, Schneewechte, Wechte.

Wald, Waldung, Forst, Hain, Tann, Holz, Gehölz, Nadelwald, Laubwald, Mischwald, Eichenwald, Buchenwald, Kastanienwald, Birkenwald, Kiefernwald, Fichtenwald, Tannenwald.

Urwald, Dschungel, Regenwald, Monsunwald, Galeriewald, Busch, Wildnis; Dickicht.

Steppe, Waldsteppe, Wüstensteppe, Kakteensteppe, Salzsteppe, Grassteppe, Pampa · Kältesteppe, Tundra, Savanne, Feuchtsavanne, Trockensavanne; Einöde.

Einöde, Öde, Einschicht *(südd., österr.)*, Ödland, Wüste, Wüstenei; Oase; Einsamkeit, Kargheit.

Fluss, Wasserlauf, Flusslauf, Strom, Wasserarm, Flussarm, Seitenarm, Nebenarm, Nebenfluss, Grenzfluss, Quellfluss, Bach, Rinnsal; Bach, Kanal, Meer, Pfütze, See, Ufer.

See, Teich, Weiher, Woog *(landsch.)*, Tümpel, Tümpfel *(bayr., österr.)*, Pfuhl; Bach, Bad, Pfütze, Baggersee, Kiesgrube.

Stausee, Talsperre, Staubecken; Staudamm.

Wasserfall, Wassersturz, Kaskade, Katarakt, Stromschnelle; Wirbel.

Meer, die See, Ozean, Weltmeer, der Große Teich *(scherzh.)*; Atlantik, Fluss, Gewässer, Mündung, Meerbusen, Pazifik, Pfütze, See, Strand, Ufer, Welle, Weltmeer.

Strand, Badestrand, Korbstrand, Sandstrand, Meeresstrand, Lido, Teutonengrill *(scherzh.)*; Meer.

Ufer, Küste, Gestade, Kliff, Strand · Felsenküste, Flachküste, Steilküste, Klippenküste, Schärenküste, Fjordküste, Riasküste, Watten- und Fördenküste, Boddenküste, Haffküste.

Damm, Hafendamm, Pier, Mole, Molo *(österr.)*, Kai, Deich; Anlegebrücke, Hafen, Wall, Wehr.

Marsch, Schwemmland, Brackmarsch, Seemarsch, Flussmarsch, Binnengroden, Koog *(nordd.)*, Polder *(nordd.)*.

Fabelland, Wunderland, Märchenland, Utopia, Utopien, Dorado, Eldorado, Arkadien, Schlaraffenland; das Land, wo Milch und Honig fließt; Thule, Atlantis, Orplid; Paradies.

Himmel, Reich Gottes, ewige Seligkeit, Jenseits · *im germanischen Götterglauben:* Walhalla · *im griechischen Götterglauben:* Olymp · *im Buddhismus:* Nirwana; Gott, Paradies.

Paradies, *(Garten)* Eden, Elysium, Gefilde der Seligen; Fabelland, Fegefeuer, Himmel, Tummelplatz · Ggs. Hölle.

Tummelplatz, Spielwiese, Sammelbecken, Auffangbecken, Eldorado, Dorado; Mittelpunkt, Paradies.

Naturphänomene

* Mit welchen Naturphänomenen könnten Sie Ihr Produkt in Verbindung bringen?
* Welche Farben, Geräusche und Gefühle verbinden sich damit?

Wetter, Wetterlage, Großwetterlage, Wettergeschehen, Witterung, Klima, Aprilwetter, Regenwetter, Frostwetter, Tauwetter, Frühlingswetter, Sommerwetter, Herbstwetter, Winterwetter, Erntewetter, Reisewetter, Badewetter · *schlechtes:* Hundewetter, Dreckwetter *(salopp, abwertend),* Sauwetter *(derb, abwertend),* Mistwetter *(derb, abwertend),* Unwetter, Blitz und Donner · *schönes:* Mützenwetter *(landsch.),* Kaiserwetter *(veraltet, aber noch scherzh.);* Eisheilige, Gewitter, Kälte, Klima, Klimazone, Niederschlag, Schlechtwetter, Schönwetter, Wetterbericht, Wetterfront, Wetterumschwung; *(sich)* aufhellen; sonnig.

Morgengrauen, Morgendämmerung, Tagesanbruch, Tagesgrauen, erster Hahnenschrei, Tagesschimmer, Frühlicht, Frührot, Morgenrot, Morgenröte, Sonnenaufgang; Dämmerung, Morgen · Ggs. Abendlicht.

Dämmerung, Dämmerlicht, Dämmergrau, Dämmerdunkel, Halbdunkel, Halblicht, Schummer, Schatten, Zwielicht, Dunkel, Dunkelheit, Düsternis, *(ägyptische)* Finsternis, Finstere *(schweiz.);* Abendlicht, Abendruhe, Morgengrauen; dunkel.

Niederschlag, Regen, Regenfälle, Regentropfen, Tropfen, Schauer, Wolkenbruch, Strichregen, Sprühregen, Nieselregen, Fieselregen *(landsch.)*, Fisselregen *(landsch.)*, Schnürlregen *(österr.)*, Husche *(nordd., ostmitteld.)*, Gutsch *(schweiz.)*, Guss, Platzregen, Gewitterregen, Dauerregen, Landregen, Frühlingsregen, Aprilschauer, Sommerregen, Schneeregen · Schnee, Schneefall, Schneeflocke, Schneetreiben, Schneesturm, Schneegestöber · Hagel, Hagelkorn, Hagelschauer, Schloße, Graupel, Eiskristall · Tau, Tauperle, Reif, Raureif · Feuchtigkeit; Hagel, Regenbogen, Schnee, Wetter.

Nebel, Dunst, Dampf, Brodem, Fog, Smog, Morgennebel, Frühnebel, Abendnebel, Herbstnebel, Sprühnebel, Wasen *(nordd.)*, Wrasen *(niederd.)*, Waschküche, Brühe *(emotional)*, Suppe *(emotional)*; Feuchtigkeit, Rauch.

Lawine, Staublawine, Grundlawine, Schlaglawine, Gletscherlawine, Eislawine, Schneerutsch, Lähne *(schweiz.)*, Lahne *(schweiz.)*, Laue *(schweiz.)*, Lauene *(schweiz.)*, Lahn *(veraltend, bayr., österr.)*; Erdrutsch.

Luft, Lufthauch, Hauch, Äther, Atmosphäre, Seeluft, Landluft, Stadtluft, Bergluft, Höhenluft, Gebirgsluft, Frühlingsluft, Treibhausluft, Morgenluft, Abendluft, Abendhauch *(dichter.)*, Nachtluft · Zimmerluft, Stubenluft · *gute:* frische Luft, Frischluft, Ozon · *schlechte:* verbrauchte/verräucherte/verpestete Luft *(ugs.)*, Stickluft *(ugs.)*, stickige Luft, Mief *(salopp)*, Muff *(ugs.)*, Hecht *(ugs.)*; Firmament, Gas, Umweltverschmutzung, Wind; stickig.

Ortschaften

- Mit welchen Ortschaften oder Alltagsumgebungen könnten Sie Ihr Produkt in Verbindung bringen?

✎

Stadt, Kleinstadt, Provinzstadt, Großstadt, Hauptstadt, Landeshauptstadt, Hafenstadt, Weltstadt, Metropole, Kapitale · *in der das Leben teuer ist:* teures Pflaster *(ugs.)* · *in der es alle Arten von Ausschweifungen gibt:* Sündenbabel, Sodom und Gomorrha, Stätte des Lasters, Sündenpfuhl; Gemeinde, Innenstadt, Ort, Stadtgebiet, Stadtteil; kommunal, städtisch.

Straße, Promenade, Allee, Korso, Ringstraße, Prachtstraße, Avenue, Avenida, Boulevard, Gasse, Durchgangsstraße, Fahrstraße, Autostraße, Highway, Autobahn, Stadtautobahn, Fernverkehrsstraße, Fernstraße, Landstraße, Schnellstraße, Chaussee, Dorfstraße, Geschäftsstraße, Ladenzeile, Spielstraße, Verkehrsstraße, Hauptverkehrsstraße, Verkehrsader, Nebenstraße, Verbindungsstraße, Querstraße, Stoppstraße, Zufahrtsstraße, Zugangsweg, Gebirgsstraße, Hochgebirgsstraße, Passstraße, Alpenstraße, Serpentinenstraße, Uferstraße, Schotterstraße, Asphaltstraße, Hochstraße · *die zur Anschlussstelle einer Autobahn führt:* Zubringerstraße, Autobahnzubringer · *die über andere Verbindungen führt:* Fly-over · *in eine Stadt mündende:* Einfallstraße · *aus einer Stadt führende:* Ausfallstraße · *die eine Stadt nur am Rande berührt:* Umgehungsstraße, Tangente · *die zur Stadtmitte führt:* Radiallinie *(bes. österr.)* · *nur in einer Richtung zu befahrende:* Einbahnstraße · *nicht weiterführende:* Sackgasse · *mit eingeschränktem Verkehr:* verkehrsberuhigte Zone · *für Autos gesperrte:* Fußgängerzone · *gebührenpflichtige:* Mautstraße *(österr.)*; Brücke, Durchfahrt, Durchgang, Fahrbahn, Fußgängerübergang, Gehsteig, Kreuzung, Linienführung, Platz, Umgehungsstraße, Unterführung, Vorfahrtsrecht, Weg.

> Unser Dorf soll schöner werden.
>
> Der New Beetle.

Haus, Gebäude, Bau, Bauwerk, Baulichkeit, Objekt *(österr.)* · Wohnhaus, Appartementhaus, Mietshaus, Mietskaserne *(abwertend)*, Wohnmaschine *(abwertend)*, Wohnsilo *(abwertend)*, Kasten *(ugs., abwertend)*, Zinshaus *(oberd.)*, Zinskaserne *(abwertend, oberd.)*, Renditenhaus *(schweiz.)* · Einfamilienhaus, Reihenhaus, Verbundhaus, Villa, Bungalow, Landhaus, Ansitz *(österr.)*, Ferienhaus, Wochenendhaus, Chalet, Cottage, Datscha, Datsche, Gartenhaus, Gartenlaube, Laube, Pavillon, Salettl *(bayr., österr.)* · *großes:* Hochhaus, Wolkenkratzer, Turmhaus, Wohnsilo *(abwertend)* · *kleines, einfaches:* Hütte, Kate *(nordd.)*, Baude *(bes. ostd.)*, Keusche *(österr.)*, Kaluppe *(abwertend, österr.)*, Blockhaus, Jagdhütte, Skihütte, Schuppen *(ugs., abwertend)*, Bude *(salopp, abwertend)*, Bretterbude *(salopp, abwertend)*, Baracke, Nissenhütte, Unterkunft, Behelfsheim · *oft an einem Hanggrundstück erbautes:* Terrassenhaus · *auf einem ebenen Baugrundstück in Terrassenform erbautes:* Hügelhaus · *mit Innenhof:* Atriumbungalow · *mit einem Durchgang, der zwei Straßen verbindet:* Durchhaus *(österr.)* · *der Eskimos:* Iglu; Besitztum, Giebel, Hinterseite, Mauer, Palast, Seitentrakt, Zelt.

Garten, Schrebergarten, Hausgarten, Gemüsegarten, Obstgarten, Grundstück, Nutzgarten, Ziergarten, Blumengarten, Vorgarten, Schanigarten *(österr.)*, Steingarten, Grotte · botanischer Garten · Schulgarten; Baumschule; Grundstück, Kleingärtner, Treibhaus.

Park, Anlage, Grünanlage, Parkanlage, Garten, Grünfläche, grüne Lunge, Anpflanzung, Schmuckplatz *(landsch.)*, Beserlpark *(österr.)*.

Geschäfte, Boutique, Tante-Emma-Laden, Dritte-Welt-Laden, Kaufhaus.

Menschen/Persönlichkeiten

- Mit welchen Menschen oder Persönlichkeiten könnten Sie Ihr Produkt in Verbindung bringen (König, Sportler, Schauspieler, Bergbauer, Tänzerin, alte Frau, dickbauchiger Mann, Kind mit Sommersprossen ...)

- Denken Sie dabei auch an typische Kleidung, Haartracht, Hautfarbe, Körperformen, Körpergrößen, typische Charaktere oder auch an bewusste Widersprüche.

- Mit welchen Körperteilen könnten Sie Ihr Produkt in Verbindung bringen? (Hand, Mund, Auge, Fuß ...) Denken Sie auch an den Skelettaufbau.

- Mit welchen menschlichen Organen könnten Sie Ihr Produkt in Verbindung bringen? (Herz, Lunge ...) Denken Sie auch an die Muskulatur und an den Blutkreislauf.

- Mit welchen menschlichen Sinnen könnten Sie Ihr Produkt in Verbindung bringen? (Auge, Ohr, Nase, Tastsinn, Zunge ...)

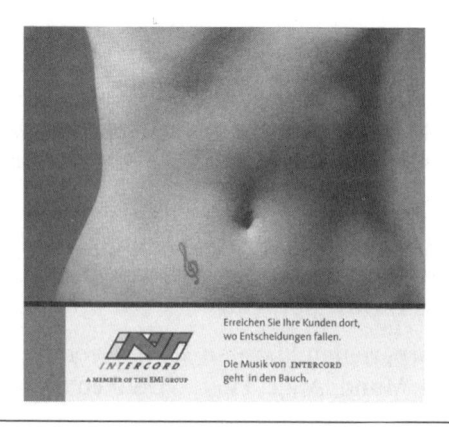

Titelseite einer Audio-CD:
Erreichen Sie Ihre Kunden dort, wo Entscheidungen fallen. Die Musik von Intercord geht in den Bauch.

Mensch, Homo sapiens, Erdenbürger, Erdenwurm, der Einzelne, Zoon politikon, Individuum, Leute, Sterblicher, Staubgeborener, *(menschliches)* Geschöpf/Wesen, Kind/ Ebenbild Gottes, Krone der Schöpfung, Halbgott, Figur *(salopp)*, Subjekt *(abwertend)*, Type *(ugs.)* · mit Tätigkeitsdrang: Energiebündel · durch sein Äußeres auffallender: Paradiesvogel · nicht näher bezeichneter (dessen Namen man im Moment nicht weiß): Dings *(salopp)*, Dingsda *(salopp)*, Dingsbums *(salopp)* · mit Verzögerung der körperlich-geistigen Reife: Spätentwickler · mit krausem Haar: Krauskopf · mit kurzen Beinen und langem Rumpf: Sitzriese · unaufmerksamer: Schlafmütze · leichtsinniger: (Bruder) Leichtfuß *(ugs., scherzh.)* · lustiger: lustiger Bruder/ Vogel, fideles Haus, vergnügtes Huhn · der gern und viel reist: Reiseonkel *(scherzh.)* · unruhiger, rastloser: Wirbelwind, Hektiker · der nicht klar und nüchtern denken kann: Wirrkopf; Durchschnittsbürger, Faulenzer, Frau, Geschöpf, Glückspilz, Intellektueller, Jüngling, Kind, Mädchen, Mann, Menge, Menschheit, Raufbold, Schlafmütze, Sonderling, Träumer, Zuschauer; aktiv *(sein)*, betriebsam *(sein)*.

Körperbautyp · *schmächtiger, schmaler, knochenschwacher:* Astheniker · *schmaler, schlanker:* Leptosomer · *starkknochiger, muskulöser:* Athletiker · *kräftiger, gedrungener:* Pykniker · *von den normalen Körperwachstumsformen stark abweichender:* Dysplastiker; Gestalt, Typ.

Gesicht, Angesicht, Antlitz *(dichter.)*, Physiognomie · Durchschnittsgesicht, Dutzendgesicht, Allerweltsgesicht · Kindergesicht, Puppengesicht, Madonnengesicht, Engelsgesicht, Galgengesicht, Galgenvogelgesicht · Bleichgesicht, Milchgesicht · Mondgesicht · *unsympathisches:* Bulldoggengesicht, Bullenbeißergesicht, Backpfeifengesicht *(abwertend)*, Ohrfeigengesicht *(abwertend)*, Watschengesicht *(abwertend, österr.)*, Watschenpappen *(derb, österr.)*, Arsch mit Ohren *(derb)*, ein Gesicht wie ein Feuermelder *(salopp, landsch.)*, Visage *(abwertend)*, Fratze *(abwertend)*, Gefrieß *(abwertend, südd., österr.)*, Gfrieß *(abwertend, südd., österr.)*, Ponem *(abwertend, österr.)*, Ponim *(abwertend, österr.)*, Fresse *(derb, abwertend)* · *verzerrtes:* Grimasse · *mit gleichgültig wirkendem Gesichtsausdruck:* Pokerface, Pokergesicht; Miene, Wange.

Fabelwesen · *weibliches:* Medusa, Gorgo, Sphinx, Harpyie, Elfe, Nixe, Sylphide, Sylphe, Sirene · *männliches:* Kentaur, Zentaur, Elf, Riese, Zwerg · *in Gestalt eines Reptils:* Drache,

Lindwurm, Tatzelwurm, Basilisk, Leviathan, Hydra · *in Gestalt eines Vogels:* Greif, Phönix, Roch, Rok · *in Gestalt eines Pferdes:* Einhorn, Pegasus; Erzählung.

Religionsgemeinschaft, Kultgemeinschaft, Glaubensgemeinschaft · Sekte · Heilsarmee · Christliche Wissenschaft · Christian Science; Angehöriger *(einer bestimmten religiösen Gemeinschaft)* Kirche.

Merkmale des Menschen

Mit welchen typischen Personenmerkmalen könnten Sie Ihr Produkt in Verbindung bringen?

✍

Wesen, Wesensart, Art, Gepräge, Gemütsart, Natur, Naturell, Typ, Charakter, Temperament, Eigenart, Anlage, Veranlagung; Bedeutung, Denkweise, Gestalt, Merkmal, Seltsamkeit, Veranlagung; veranlagt.

Miene, Mienenspiel, Mimik, Gesichtsausdruck, Unschuldsmiene, Ausdruck, Gesicht · *schmerzvolle:* Leidensmiene · *sehr traurige:* Leichenbittermiene · *strenge, gewichtige:* Amtsmiene · *verzerrte:* Fratze, Grimasse; Gesicht.

Denkweise, Denkart, Denkungsart, Denkungsweise, Mentalität, Gesinnung, Einstellung, Weltanschauung, Lebensanschauung, Ideologie, Sinnesart · *einer Epoche:* Zeitgeist; Ansicht, Gesichtspunkt, Weltbild, Wesen.

Lebensalter, Alter · Säuglingsalter, Krabbelalter, die ersten Lebensjahre, *(frühe)* Kindheit, Kindergartenalter, Vorschulalter, Schulalter, Jugend, Jugendzeit, Pubertät, Halbstarkenalter, Flegelalter, Flegeljahre, Jünglingsalter, Mannesalter, Mittelalter *(scherzh.),* die besten Jahre, gefährliches Alter, Altertum *(scherzh.),* Greisenalter; Bejahrtheit, Generation, Lebensabend; alt, älter.

Generation, Altersklasse, Altersstufe, Jahrgang · *jüngere:* Jugend · *ältere:* Alter; Abkunft, Altersgenosse, Lebensalter, Lost generation, Menschheit.

Lebensabend, Lebensausklang, Alter, Ruhestand, Vorruhestand, Lebensherbst, Altersheim, Bejahrtheit, Generation, Lebensalter; den Lebensabend verbringen, in Pension sein, seine Pension verzehren; altern; alt.

Angehöriger, Verwandter, Anverwandter, Blutsverwandter, Familienmitglied, Familienangehöriger · *in aufsteigender Linie:* Aszendent, Vorfahr, Ahn, Ahnherr, Urvater, Väter, die Altvorderen · *in absteigender Linie:* Deszendent, Nachkomme, Abkömmling, Abkomme, Nachfahr(e), Spross; Abkunft, Eltern, Familie, Mitglied, Nachfolger, Verwandter, Vorangegangener · *einer bestimmten religiösen Gemeinschaft, einer Freikirche o. Ä.:* Anthroposoph · Adventist · Bahai · Baptist · Ernster Bibelforscher · Methodist · Mormone · Quäker · Zeuge Jehovas; Religionsgemeinschaft.

Eltern, Vater und Mutter, die Alten *(ugs.),* die alten Herrschaften · *schlechte:* Rabeneltern · *einer von beiden:* Elternteil, Erziehungsberechtigter, Elter *(das und der; fachspr.),* Bezugsperson; Adoptiveltern, Angehöriger, Elterngeneration, Mutter, Vater, Verwandter.

Beruf/Berufsstand

- Mit welchen Berufen oder Berufsständen könnten Sie Ihr Produkt in Verbindung bringen?
- Denken Sie dabei auch an typische Kleidung (Schornsteinfeger/ Koch), Handwerkszeuge (Zimmermannshut) oder auch an bewusste Widersprüche (weiß gekleideter Schornsteinfeger).

✎
___

Berufsstand, Arbeiter, Angestellter, Beamter, Selbstständiger, Gewerbetreibender, Handwerker, Freischaffender, Arbeitnehmer, Handwerker, Komponist, Künstler, Lehrling, Musizierender, berufstätig.

Manager, Boss, Wirtschaftskapitän, Wirtschaftsführer, Topmanager, Industriekapitän, Arbeitgeber.

Politiker, Staatsmann, Oberhaupt, Stratege.

Schauspieler, Darsteller, Filmschauspieler, Filmkünstler, Filmstar, Leinwandgröße, Star, Mime, Akteur, Komödiant, Schmierenkomödiant *(abwertend)*, Tragöde · *junger:* Jungstar · *der vorübergehend an einem Ort gastiert:* Gast, Stargast, Mauerweiler *(scherzh.)* · *der Nebenrollen spielt:* Chargenspieler, Episodenspieler, Episodendarsteller · *mit stummer Rolle:* Statist, Komparse, Figurant · *schlechter:* Provinzschauspieler, Provinzjockel · *der sich sehr in den Vordergrund spielt:* Rampentiger · *der sich nicht richtig bewegen kann:* Stehschauspieler · *unnatürlich leise und sentimental sprechender:* Säusler · *mit Sigmatismus:* Zuzler · *der in veralteter Manier laut und dröhnend spricht:* Barde, Heldenvater, Knattermime, Knattercharge, Gewittercharge; Berühmtheit, Double, Hauptdarsteller, Künstler, Regisseur, Rolle, Rollenverteilung, Schauspielerin; schauspielern, spielen.

Gelehrter, Wissenschaftler, Wissenschafter *(schweiz., österr.)*, Fachwissenschaftler, Naturwissenschaftler, Geisteswissenschaftler, Forscher, Stubengelehrter, Studierter, Akademiker, Mann der Wissenschaft, Privatgelehrter, gelehrtes Haus *(scherzh.)* · *der sein Wissen durch Selbststudium erworben hat:* Autodidakt; Fachmann, Nestor.

Fachmann, Profi, Sachverständiger, Sachkenner, Sachkundiger, Fachkraft, Kenner, Kundiger, Eingeweihter, Esoteriker, Fachidiot *(abwertend)*, Experte, Könner, Fachfrau, Berufsmann *(schweiz.)*, Professionist *(bes. österr.)*, Meister, Routinier, Praktiker, Ass *(ugs.)*, Kanone *(ugs.)*, alter Fuchs/Hase *(ugs.)*, Koryphäe, Kapazität, Berühmtheit, Fachgröße, Größe, Autorität, Fachmannpapst *(z. B. Kultur-, Literaturpapst)*, Spezialist; Begabung, Berühmtheit, Gelehrter, Helfer, Sportler, Talent; Erfahrung *(haben)*; anspruchsvoll, fachmännisch · Ggs. Nichtfachmann; dilettantisch.

Kleidung, Bekleidung, Kleidungsstück, Garderobe, Kleider, Plünnen *(salopp)*, Gewandung, Aufzug *(abwertend)*, Kluft, Sachen, Klamotten *(ugs.)*, Zeug *(salopp)*, Kledasche *(salopp, abwertend)* · Habit, Ornat, Robe, Wichs, Tracht, Kostüm, Toilette, Zivil, Uniform, Wehrkleid *(schweiz.)*, bunter Rock, Tenue *(schweiz.)*, Montur *(ugs., scherzh.)*, Adjustierung *(österr.)*, Livree, Wams · Herrenkleidung, Damenkleidung, Kinderkleidung, Herrenbekleidung, Herrenoberbekleidung, Damenbekleidung, Damenoberbekleidung, Kinderbekleidung, Umstandskleidung · Arbeitskleidung, Berufskleidung · Trauerkleidung · Fertigkleidung,

Konfektionskleidung, Prêt-à-porter, Kleidung von der Stange *(ugs.)* · *in der Freizeit getragene:* Räuberzivil *(scherzh.)*, Freizeitkleidung · *vom Schneider angefertigte:* Maßkleidung · *Oberbekleidung* · *der Römer:* Toga, Tunika · Unterbekleidung, Untergewand · *der alten Griechen:* Chiton; Achselklappe, Anorak, Anzug, Bluse, Jacke, Kleid, Kostümierung, Kreation, Krinoline, Kutte, Mantel, Maske, Oberhemd, Revers, Rock, Schürze, Strumpf, Trauerkleidung, Unterhemd; anziehen, einkleiden, schönmachen.

Künstler, freischaffender Künstler, Meister, Maestro · *der seine Ausbildung durch Selbststudium erhalten hat:* Autodidakt · *sich als geschäftlicher Erfolg erweisender:* Kassenmagnet, Kassenfüller · *im Bereich der bildenden Kunst:* Bildhauer, Bildschnitzer, Maler, Kunstmaler, Bühnenbildner, Grafiker, Zeichner, Kupferstecher, Kunstschmied, Goldschmied, Architekt, Baumeister, Verpackungskünstler · *im Bereich der Musik:* Komponist, Tonschöpfer, Tonsetzer, Tonkünstler, Tondichter, Musiker · *im Bereich der Literatur:* Dichter, Poet, Lyriker, Schriftsteller, Literat, Erzähler, Novellist, Romancier, Dramatiker · *im Bereich der darstellenden Kunst:* Schauspieler, Schauspielerin, Darsteller, Darstellerin, Mime, Komödiant, Tragöde, Tragödin, Filmschauspieler, Filmschauspielerin, Aktrice, Diva, Filmdiva, Leinwandgröße, Filmstar, Star, Starlet, Topstar, Opernsänger, Opernsängerin, Primadonna, Tänzer, Tänzerin, Ballerino, Ballerina, Solist, Solistin, Interpret, Interpretin, Musiker, Pianist, Geiger, Cellist, Virtuose; Architekt, Balletttänzer, Balletttänzerin, Bildhauer, Edelmetallschmied, Komponist, Kunstmaler, Kunstschmied, Musizierender, Pianist, Sänger, Sängerin, Schriftsteller, Zeichner.

Tiere

- Mit welchen Tieren könnten Sie Ihr Produkt in Verbindung bringen? (Ameise, Zebra, Elefant, Fledermaus, Chamäleon, Pfau)

- Denken Sie dabei auch an typische Körperformen, Körperbewegungen, typische Eigenschaften und Charaktere oder auch an bewusste Widersprüche.

- Wie fühlt sich das Tier an (glitschig, glatt, schuppig, haarig)?

- Wie hört es sich an (es brüllt, es zwitschert, es zirpt)?

- Welche Farbe hat das Tier (bunt, gestreift, gepunktet, weiß)?

- Machen Sie auch einen Ausflug in die Welt der Tierkreiszeichen.

- Mit welchen Körperteilen eines Tiers könnten Sie Ihr Produkt in Verbindung bringen? (Rüssel, Geweih, Pferdeschwanz, Krebsschere, Stacheln ...) Wie fühlt sich das an (spitz, glitschig, haarig)?

Säugetiere, Beutelratte, Känguru; Maulwurf, Igel, Spitzmaus, Schleppschliefer; Meerschweinchen, Stachelschwein, Biberratte, Wüstenspringmaus, Hamster, Wühlmaus, Murmeltier, Eichhörnchen; Elefant, Nashorn, Tapir, Zebra, Lama, Trampeltier, Nilpferd, Elch, Wapiti, Gämse, Giraffe, Antilope, Mufflon, Steinbock, Hausbüffel, Bison, Moschusochse; Schakal, Rotfuchs, Wolf, Hyäne; Steinmarder, Zobel, Wiesel; Otter, Robbe, Seebär, Seehund, Walross, Tümmler, Delfin, Pottwal; Löwe, Tiger, Leopard, Gepard, Luchs; Waschbär, Braunbär, Eisbär; Affen, Rhesusaffe, Pavian, Schimpanse, Orang-Utan, Gorilla.

Nicht mit mir!

Sicherheitsansprüche und Sicherheitsvorkehrungen sind so vielfältig wie die Natur und das Leben ...
Kaba Schließsysteme

Wirbellose Tiere, Koralle, Seerose, Qualle, Polyp, Hydra, Venusgürtel, Meduse, Urtierchen, Amöbe, Wechseltierchen, Gittertierchen, Sonnentierchen, Strahlentierchen, Pantoffeltierchen, Regenwurm, Schnecke, Auster, Muschel, Tintenfisch, Seestern, Seeigel.

Krebstiere, Krebse, Krabbe, Wasserassel.

Insekten, Libelle, Wasserskorpion, Wasserwanze, Eintagsfliege, Heuschrecke, Grashüpfer, Köcherfliege, Blattlaus, Stechmücke, Fliege, Ameise, Hummel.

Käfer, Hirschkäfer, Donnerkäfer, Marienkäfer *(Siebenpunkt, Herrgottskäfer, Glückskäfer, Sonnenkälbchen, Gottesgiebchen, Frauenkäfer)*, Zimmerbock, Mistkäfer.

Spinnentiere, Skorpion, Holzbock, Milbe, Zecke, Kreuzspinne.

Schmetterlinge, Seidenspinner, Schwalbenschwanz, Edelfalter, Schwärmer.

Fische, Lurche, Kriechtiere, Hai, Karpfen, Wels, Hering, Forelle, Hecht, Aal, Seepferdchen; Kammmolch, Wassermolch, Feuersalamander, Kröte, Laubfrosch, Eidechse, Schildkröte, Waran, Leguan, Chamäleon, Gecko, Blindschleiche, Ringelnatter, Viper, Kreuzotter, Giftschlange.

Vögel, Kasuar, Emu, Strauß, Pinguin, Pelikan, Tölpel, Kormoran, Schwalbenmöwe, Seeschwalbe, Eissturmvogel, Lumme, Alk, Lachmöwe, Ente, Gans, Schwan, Fischreiher, Storch, Stelzenläufer, Blässhuhn, Kiebitz, Wachtel, Taube, Wiedehopf, Buntspecht, Wendehals, Kuckuck, Stieglitz, Rotschwänzchen, Drossel, Meise, Gimpel, Dompfaff,

Pirol, Eisvogel, Bachstelze, Buchfink, Rabe, Eichelhäher, Krähe, Elster, Star, Spatz, Goldammer, Zeisig, Meise, Goldhähnchen, Kleiber, Zaunkönig, Amsel, Nachtigall, Rotkehlchen, Singdrossel, Sprosser; Lerche, Schwalbe; Merlin, Wanderfalke, Seeadler, Mäusebussard, Habicht, roter Milan, Sperber, Eule, Uhu, Steinkauz, Kakadu, Papagei, Ararauna, Paradiesvogel, Kolibri, Kardinal, Tukan.

Haustiere, Rind, Stier, Ochse, Kuh, Kalb; Pferd, Hengst, Wallach, Stute, Fohlen, Esel; Schwein, Eber, Sau, Ferkel; Schaf, Bock, Hammel, Lamm; Ziege, Geiß; Hund; Katze, Kater; Kaninchen; Huhn, Hahn, Truthahn, Puter, Pfau; Taube; Gans, Ente.

Hunde, Dogge, Mops, Boxer, Terrier, Pekinese, Großspitz, Chow-Chow, Polarhund, Afghane, Greyhound, Schäferhund, Diensthund, Wach- und Begleithund, Spürhund, Dobermann, Neufundländer, Schnauzer, Pudel, Bernhardiner, Cockerspaniel, Dackel, Vorstehhund, Setter, Spürhund

usw.

Pflanzen/Blumen

- Mit welchen Pflanzen/Blumen könnten Sie Ihr Produkt in Verbindung bringen? (Pflanzen: Trauerweide, Schachtelhalm, Algen; Blumen: Sonnenblume, Kapuzinerkresse, Distel)
- Welche Farben und Düfte verbinden sich damit?
- Wie fassen sich Pflanzenteile an (brennt, stachelig, samtig)?
- Wie schmecken deren Blätter, Blüten oder Früchte?

Titel der Broschüre:
Blütezeiten auf Euro Art von SCA Fine Paper
linke Abbildung:
Die Natur – eine Sprache.
rechte Abbildung:
Die Blume – ein Wort.
Aus dem Vorwort:
Das Leben ist schön. Besonders in seinen sinnlichen Momenten. Einige davon präsentiert Ihnen dieses Mini-Book: in einem kleinen Strauß feiner Impressionen, überreicht auf Euro Art ...

Pflanze, Blume, Baum, Kraut, Gewächs, Blatt, Blattpflanze, Busch, Gemüse, Kletterpflanze, Laubhölzer, Nadelhölzer, Topfpflanze, Wurzel, Zierstrauch, Zweig.

Blume, blühende Pflanze, Waldblume, Gebirgsblume, Wiesenblume, Feldblume, Gartenblume · Frühlingsblume, Frühjahrsblume, Frühjahrsbote; Sommerblume, Herbstblume; Alpenrose, Anemone, Blumenbinderin, Flieder, Gartentulpe, Kornblume, Kunstblume, Heidekraut, Liliengewächs, Löwenzahn, Maßliebchen, Mohn, Nelke, Orchidee, Pfingstrose, Rose, Schlüsselblume, Stiefmütterchen, Storchschnabelgewächs, Thymian, Veilchen.

> Guten Tag Herr Förster,
>
> na, haben Sie dieses Jahr schon gebuddelt? Die Heckenschere geschwungen, den Häcksler angeworfen, die Gießkanne geschwenkt? Dann sind Sie ja richtig in Stimmung für unser neues Mini-Book. Oder spätestens nach der Lektüre soweit. Das neueste Opus der SCA FINE PAPER heißt „Blütezeiten" und bietet neben allerlei blumigen Impressionen auch ein paar Tips rund ums Thema Pflanzen. Das Ganze natürlich wie immer in sonnigster Farbenpracht und leuchtender Schönheit auf EURO ART®, dem Bilderdruckpapier von SCA FINE PAPER.
>
> Schöne Grüße!
>
> SCA FINE PAPER GmbH
>
> ppa. Wolfram D. Kutter   i.V. Edmund Rück

... Entspannen Sie sich, denn wir möchten Sie entführen. In eine Welt voller Reize und Sinnlichkeit, in der sich alles um Sehen, Spüren und Wahrnehmen dreht. Wir haben also nicht weniger vor, als Ihre Fantasie zum Blühen zu bringen. Viel Spaß beim Blättern wünscht, durch die Blume Euro Art ...

Das Beste, was einem blühen kann: das Bilderdruckpapier von Euro Art.

Nahrungsmittel/Genussmittel

- Mit welchen Nahrungsmitteln oder Genussmitteln könnten Sie Ihr Produkt in Verbindung bringen? (Nahrungsmittel: Kürbis, Schwarzwälder Schinken, Nordsee-Krabben ... Genussmittel: Pralinen, Eiskaffee, Champagner ...)
- Welche Formen, Farben, Geräusche oder Düfte und welches Geschmackserlebnis verbinden sich damit?

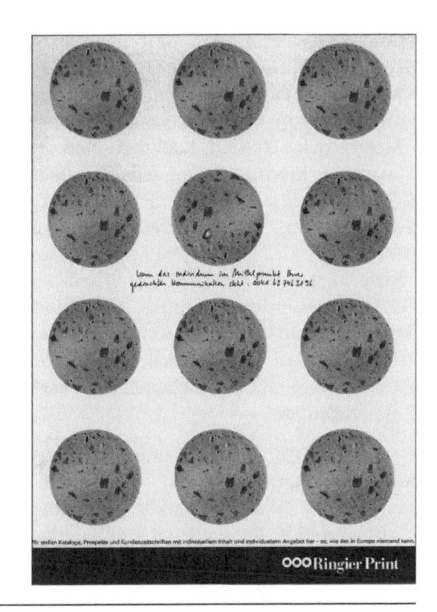

Abbildung links:
Wenn das Individuum im Mittelpunkt Ihrer gedruckten Kommunikation steht: 0041 62 746 3196
Abbildung rechts:
Wir stellen Kataloge, Prospekte und Kundenzeitschriften mit individuellem Inhalt und individuellem Angebot her – so, wie das in Europa niemand kann.

Nahrung, Verpflegung, Proviant, Mundvorrat, Essen *(und Trinken)*, das leibliche Wohl, Fressalien *(ugs.)*, Wegzehrung, Speise und Trank, Futter, Futterage *(ugs.)*, Fressen, Atzung, Fresspaket *(ugs.)*, Kost, Vollwertkost, Rohkost, Schonkost, Tiefkühlkost; Dessert, Diät, Ernährung, Essen, Lebensmittel, Proviant, Vegetarier; ernähren; vegetarisch.

Getränk, Trank, Trunk, Drink, Trinkbares *(ugs.)*, Tranksame *(schweiz.)*, Gebräu, Gesöff *(derb, abwertend)*, Plörre *(salopp, abwertend)*, Plempe *(salopp, abwertend)*, Brühe *(salopp, abwertend)*; Bier, Flüssigkeit, Kaffee, Mixgetränk, Wein; trinken; trunksüchtig.

Süßigkeiten, Süßwaren, Leckereien, Schleckereien, Kanditen *(österr.)*, Näschereien, Naschwerk, Betthupferl, Konfitüren · Bonbon, Kakao, Marzipan, Praline, Schokoladenüberzug, Zucker.

Kraut *(das)*, Kohl, Laub, Pflanze, Tabak; wie Kraut und Rüben durcheinander; uneinheitlich; bei jemandem liegt alles herum wie Kraut und Rüben, ungeordnet *(sein)*; ins Kraut schießen, überhandnehmen, wuchern.

Kohl *(nordd.)*, Weißkohl *(bes. nordd.)*, Weißkraut *(bes. oberd.)*, Kraut *(bes. oberd.)*, weißer Kappes *(westd.)*, Weißkabis *(schweiz.)*, Kabis *(schweiz.)*, Kelch *(wiener.)*; Blumenkohl, Gemüse, Grünkohl, Kohlkopf, Kohlrabi, Rotkohl, Sauerkraut.

Gemüse, Freilandgemüse, Treibhausgemüse, Gartengemüse, Frühgemüse, Trockengemüse, Dörrgemüse, Büchsengemüse, Frischgemüse, Blattgemüse · Rhabarber, Sauerampfer, Gewürzampfer, Gartenampfer, Bergampfer, Mangold, Spinat, Gartenmelde, Salatgemüse · Gartenkresse · Feldsalat, Rapunzel, Ackersalat, Kopfsalat, Lattich · Endivie · Radicchio · Salatzichorie, Chicorée, Kapuzinerbart · Löwenzahn · Wurzelgemüse · Spargel · rote Rübe, rote Bete/Beete *(nordd.)*, Rahne *(südd.)*, Rohne *(österr.)*, Rande *(schweiz.)*, Salatrübe · Meerrettich · Rettich, Radi *(ugs., bayr., österr.)* · Radieschen, roter Sauerklee · Pastinak, Pastinake, Hammelmöhre *(nordd.)* · Möhre, Mohrrübe, Karotte, gelbe Rübe *(südd.)*, Gelbrübe *(südd.)*, Petersilie · Sellerie, Zeller *(ugs., österr.)* · Kerbelrübe · Stachysknöllchen · Schwarzwurzel · Haferwurzel, Fleischgemüse · Tomate, Paradeiser *(österr.)*, Paradiesapfel *(veraltet, landsch.)*, Liebesapfel *(veraltet)* · Paprika, Pfeffer, Peperoni, Aubergine, Eierfrucht · Artischocke · Kürbis, Zucchino *(Plural: Zucchini)*, Melone, Honigmelone, Wassermelone, Gurke · Hülsenfruchtgemüse · Buschbohne, Sojabohne, Stangenbohne, Feuerbohne, Saubohne, Puffbohne · Zuckererbse · Linse · Schnittlauch · Zwiebel, Schalotte, Knoblauch · Schlangenlauch, Perllauch, Lauch, Porree, Perlzwiebel · *in Essig eingelegtes:* Mixed Pickles, Mixpickles, Essiggemüse; Beilage, Kohlkopf, Pflanze, Rübe, Salat, Salatkopf, Suppengemüse.

Getreide, Körnerfrucht, Feldfrucht, Korn, Frucht · Weizen · Hafer · Gerste · Roggen, Korn · Grünkern, Grünkorn · Hirse, Brein *(österr.)* · Reis, Milchreis, Tafelreis, Suppenreis, Bouillonreis · Mais, Welschkorn, indianisches Korn, türkischer Weizen, Kukuruz *(österr.)* · Futtergetreide; Dreschflegel, Getreideflocken, Kleie.

Obst, Früchte, Frischobst, Botanik *(z. B.: Botanik zum Anbeißen)* · Edelobst, Tafelobst, Spalierobst · Fallobst, Mostobst, Falläpfel · Dörrobst, Dürrobst, Backobst · Gefrierobst, tiefgefrorenes Obst · Kernobst · Apfel · Quitte · Birne · *gedörrte:* Kletze *(österr.)* · Steinobst · Kirsche · Süßkirsche, Herzkirsche, Knorpelkirsche, Sauerkirsche, Amarelle, Ammer, Schattenmorelle, Glaskirsche · Pflaume, Zwetsche, Zwetschge *(südd., schweiz.)*, Zwetschke *(österr.)*, Spilling, Krekel *(niederd.)*, Krieche *(österr.)*, Kriecherl *(österr.)*, Mirabelle, Reineclaude, Reneklode, Ringlotte *(bes. österr.)* · Pfirsich · Aprikose, Marille *(österr.)*, Barelle *(schweiz.)*, Barille *(schweiz.)*, Baringel *(schweiz.)*; Apfel, Beerenobst, Frucht; Fruchtsaft; Obstbaum; Obsthändler.

Objekte/Gegenstände

- Mit welchen Objekten könnten Sie Ihr Produkt in Verbindung bringen? (Vase, Regenschirm, Spiegel ...)
- Denken Sie dabei auch an typische Formen, Handhabungen, Eigenschaften, Umgebungen und auch an bewusste Widersprüche.
- Welche Farben, Geräusche und Gefühle verbinden sich damit?

Bauwerke, Haus, Gebäude, Bau, Bauwerk, Baulichkeit, Objekt *(österr.)* · Wohnhaus, Appartementhaus, Mietshaus, Mietskaserne *(abwertend)*, Wohnmaschine *(abwertend)*, Wohnsilo *(abwertend)*, Kasten *(ugs., abwertend)*, Zinshaus *(oberd.)*, Zinskaserne *(abwertend, oberd.)*, Renditenhaus *(schweiz.)* · Einfamilienhaus, Reihenhaus, Verbundhaus, Villa, Bungalow, Landhaus, Ansitz *(österr.)*, Ferienhaus, Wochenendhaus, Chalet, Cottage, Datscha, Datsche, Gartenhaus, Gartenlaube, Laube, Pavillon, Salettl *(bayr., österr.)* · *großes:* Hochhaus, Wolkenkratzer, Turmhaus, Wohnsilo *(abwertend)* · *kleines, einfaches:* Hütte, Kate *(nordd.)*, Baude *(bes. ostd.)*, Keusche *(österr.)*, Kaluppe *(abwertend, österr.)*, Blockhaus, Jagdhütte, Skihütte, Schuppen *(ugs., abwertend)*, Bude *(salopp, abwertend)*, Bretterbude *(salopp, abwertend)*, Baracke, Nissenhütte, Unterkunft, Behelfsheim · *oft an einem Hanggrundstück erbautes:* Terrassenhaus · *auf einem ebenen Baugrundstück in Terrassenform erbautes:* Hügelhaus · *mit Innenhof:* Atriumbungalow · *mit einem Durchgang, der zwei Straßen verbindet:* Durchhaus *(österr.)* · *der Eskimos:* Iglu; Besitztum, Giebel, Hinterseite, Mauer, Palast, Seitentrakt, Zelt; bezugsfertig.

Verkehrsmittel, Beförderungsfahrzeug, Bahnbus · *auf Schienen:* Eisenbahn, Bahn, Zug, Eisenbahnzug, Intercityzug, Alwegbahn, Magnetkissenzug, Luftkissenfahrzeug · *in der Stadt:* Straßenbahn, Elektrische, Trambahn *(südd.)*, Tram *(landsch.)*, Tramway *(österr.)*,

Pferdebahn *(hist.)* · *in der Stadt unter der Erde:* Untergrundbahn, U-Bahn, Metro *(in Paris)*, Underground *(in London)*, Tube *(in London)*, Subway *(in New York)* · *in der Stadt über der Erde:* Hochbahn, Stadtbahn, S-Bahn, Vorortbahn, Schwebebahn · *in der Stadt ohne Schienen:* Autobus, Omnibus, Bus, Car *(schweiz.)*, Autocar *(schweiz.)*, Doppelstockomnibus, doppelstöckiger Bus, Doppeldecker *(ugs.)*, Gesellschaftskraftwagen, Pferdeomnibus *(hist.)*, Oberleitungsomnibus, Oberleitungsbus, Obus, Trolleybus, Überlandbus, Greyhound *(amerik.)*; Auto · *im Gebirge:* Bergbahn, Gebirgsbahn, Seilbahn, Zahnradbahn · *in der Luft:* Flugzeug; Eisenbahnzug, Hubschrauber, Kutsche, Seilbahn, Straßenverkehr, Taxe; umsteigen.

Sportgeräte, Ball, Fußball, Handball, Medizinball, Tennisball · Golfball · Puck *(beim Eishockey)* · Schläger, Tennisschläger, Tischtennisschläger · Hockeyschläger, Eishockeyschläger, Stock, Polostock · Kugel · Diskus · Speer · Schlittschuh · Rollschuh · Skateboard, Rollerbrett, Rollerskate, Diskoroller, Discoroller · Turngerät · Barren · Reck · Ringe · Schwebebalken · Pferd · Kasten · Bock · Sprossenwand · Kletterstange, Stange · Tau · Expander; Ski, Schlitten, Schlittschuh, Turnübung.

Spielzeug, Spielsachen, Kinderspielzeug, Spielwaren.

Musikinstrumente, Instrument; Äolsharfe, Blasinstrument, Drehorgel, Rassel, Schlaginstrument, Spieldose, Streichinstrument, Tasteninstrument, Zupfinstrument.

Einrichtungsgegenstände, Tisch · Schreibtisch, Sekretär · Pult, Katheder, Lesepult, Schreibpult, Stehpult, Notenpult, Podium · Anrichte, Büfett, Geschirrschrank, Sideboard · *für Kleider usw.:* Schrank, Spind, Kasten *(österr.)*, Chiffoniere *(schweiz.)* · *mit Schubfächern:* Kommode, Schubladkasten *(österr.)* · *zum Sitzen:* Sitzgelegenheit, Sitz, Stuhl, Hocker, Taburett, Schemel, Stabelle *(schweiz.)*, Sessel, Fauteuil · *zum Liegen:* Liege, Couch, Sofa, Kanapee, Chaiselongue, Diwan, Ottomane, Liegecouch, Liegesofa, Schlafcouch, Bettcouch, Bettbank *(österr.)* · *zum Schlafen:* Bett, Bettstatt, Lagerstatt, Schlafgelegenheit, Bettgestell, Feldbett, Bettstelle, Bettlade *(oberd.)*, Pritsche, Notbett, Koje; Bücherbord, Mobiliar, Schrank, Schubfach, Sitzgelegenheit, Tisch; Tischler; Antiquitäten, Kunstwerke.

Gerätschaften, Gerät, Werkzeug, Instrument · Kran · Bagger · Bohrmaschine, Presslufthammer.

Apparate, Maschine, Kraftmaschine, Arbeitsmaschine *(z.B. Bagger)*, Gerät, Apparatur, Vorrichtung, Maschinerie; Mischpult; Computer, Bohrer.

Haushaltsgeräte, Bügelgeräte, Wasch- und Trockengeräte, Bodenpflege, Küchengeräte, Geschirr, Schneidegeräte, Mixgeräte, Essbesteck, Elektrogeräte, Herd, Rasierer.

Materialien

- Mit welchen Materialien könnten Sie Ihr Produkt in Verbindung bringen? (Marmor, Gold, Kork ...)
- Welche Farben, Geräusche und Gefühle verbinden sich damit?
- Wie fühlt sich das Material an? Riecht es? Wie klingt es?

✎

Gestein, Fels, Felsen, Stein, Geröll, Felsblock, Felsbrocken · *vulkanisches:* Eruptivgestein · *durch Ablagerung entstandenes:* Sedimentgestein, Sediment; Gesteinskunde, Kalkstein, Mineraloge, Splitt.

Baustein, Mauerstein, Kunststein, Naturstein, Hohlstein, Hohlblockstein, Vollstein, Bimsstein, Tuffstein, Pressstein, Nasspressstein, Schamottestein, Glasbaustein, Sandstein, Kalksandstein, Bruchstein, Quaderstein, Quader, Leichtbaustein, Ziegelstein, Ziegel, Backstein, Klinker, Klinkerstein, Mauerziegel, Vollziegel, Lochziegel, Lehmziegel · *Bruchstück eines zertrümmerten:* Klamotte *(abwertend)*.

Versteinerung, Petrefakt, Fossil · *bestimmte erdgeschichtliche Zeiträume charakterisierende:* Leitfossil; Gesteinskunde; versteinern.

Kalkstein, Kalksinter, Kalktuff, Kalkschiefer, Marmor, Marmorstein, Alabaster, Alabasterstein.

Glas, Quarzglas, Kieselglas, Borosilicatglas, Kristallglas, Bleiglas, Bleikristall, Drahtglas, Verbundsicherheitsglas, Einscheibensicherheitsglas, Pressglas, Gussglas, Tafelglas, Spiegelglas, Bauglas, Dickglas, Dünnglas, Schleifglas, Fensterglas · Thermopane, Isolierglas · Sicherheitsglas, Sekurit · Flaschenglas, Rohglas, Jenaer Glas · Farbglas, Trübglas, Opakglas, Opalglas, Rauchglas; Baumaterial, Baustein.

Metall, Edelmetall, Halbedelmetall, unedles Metall · Leichtmetall, Schwermetall, Halbmetall.

Edelmetall, Gold, Silber, Quecksilber, Platin, Ruthenium, Rhodium, Palladium, Osmium, Iridium.

Holz, Eiche, Buche, Birke, Platane, Erle, Linde, Ahorn, Kastanie, Nussbaum, Buchsbaum, Jojoba, Johannisbrotbaum, Judasbaum, Zitronenbaum, Orangenbaum, Kornelkirsche, Haselnuss, Weide, Lorbeerbaum, Holunder, Mehlbeerbaum, Ulme, Ahorn, Buche, Holunderstrauch, Kastanie, Laub, Linde, Palme, Pflanze, Robinie, Ulme, Weide, Tanne, Weißtanne, Rottanne, Edeltanne, Blautanne, Fichte, Douglasie, Douglasfichte, Kiefer, Zirbelkiefer, Zirbe, Zirbel, Zirm *(tirol.)*, Zirn *(tirol.)*, Arve *(schweiz.)*, Föhre, Lärche, Eibe, Latsche, Zypresse, Mammutbaum, Pinie, Zeder.

Ereignisse

- Mit welchen Ereignissen konnten Sie Ihr Produkt in Verbindung bringen? (Olympische Spiele, Einschulung, Geburt ...)
- Denken Sie dabei auch an typische Symbole, Formen, Architekturen, Rituale.
- Welche Farben, Geräusche und Gefühle verbinden sich damit?

Ereignis, Begebenheit, Begebnis, Geschehen, Geschehnis, Vorkommnis, Vorfall, Zufall, Erlebnis, Abenteuer, Sensation, Nervenkitzel *(ugs.)*, Wirbel, Phänomen, Einmaligkeit, Kuriosum, Besonderheit, Zwischenspiel, Episode, Zwischenfall, Intermezzo · *ärgerliches, Aufsehen erregendes:* Ärgernis, Skandal; Angelegenheit, Aufsehen, Liebelei, Schock, Tatsache, Unglück, Vorgang; erleben, geschehen; vorübergehend.

Geburt, freudiges Ereignis Geburt, Ankunft, Partus, Parturitio, Accouchement · *zu Hause:* Hausgeburt · *nicht zu Hause:* Klinikgeburt · *weit vor dem errechneten Termin:* Frühgeburt, Partus praematurus · *erheblich nach dem errechneten Termin:* Spätgeburt, Partus serotinus · *sehr schnelle:* Sturzgeburt · *leichte:* Eutokie · *mithilfe der Geburtszange:* Zangengeburt · *operative:* Schnittgeburt, Kaiserschnitt; Geburtswehen, Hebamme, Kindslage, Schwangerschaft; gebären.

Einweihung, Inbetriebnahme, Indienststellung.

Situation, Lage, Konstellation, Gruppierung, Status, Stand, Stellung, Zustand, Existenz, Assiette, Bestehen, Sein, Dasein, Stadium; Ende · *unangenehme:* Verstrickung; nach Lage der Dinge, nach Stand der Dinge, nach letztem Stand/letzter Meldung/letzter Information, wie die Dinge liegen; in eine schwierige Lage geraten, in Teufels Küche kommen; hineinkommen *(in)*; in einer schwierigen Lage sein, zwischen zwei Stühlen sitzen, zwischen Baum und Borke stecken; sich aus einer unangenehmen Lage befreien, sich aus der Affäre ziehen; in der gleichen schwierigen Lage sein, in einem Boot sitzen; in auswegloser Lage sein, zwischen Skylla und Charybdis sein; in aussichtsloser Lage sein, auf verlorenem Posten stehen/kämpfen; nicht in jemandes Lage sein, gut lachen können/haben *(ugs.)*, gut/leicht reden haben *(ugs.)*; nicht in jemandes Lage sein wollen, nicht in jemandes Haut stecken mögen *(ugs.)*; Ausnahmefall, Leben, Not, Zustand.

Geschichte, Historie, Geschichtswissenschaft, Historik · Vorgeschichte, Prähistorie, Frühgeschichte, Urgeschichte, Weltgeschichte, Welthistorie, Zeitgeschichte, Landeskunde; Geschichtsepoche, Geschichtsunterricht, Wissenschaft.

Erfindung, Entdeckung, schöpferischer Einfall.

Sage, Göttersage, Heldensage; Erzählung, Literatur.

Erzählung, Roman, Novelle, Rahmenerzählung, Kurzgeschichte, Shortstory, Humoreske, Fabel, Legende, Anekdote, Sage, Märchen, Fantasy, Geschichte, Mythos, Versroman, Verserzählung, Epos, Epopöe, Volksepos, Kunstepos, Götterepos, Heldenepos, höfisches Epos, Dichtung, Entwurf, Epigramm, Fabel, Fabelwesen, Gedicht, Legende, Literatur, Lüge, Märchen, Roman, Sage, Versmaß, Witz; dichten.

Jahrestag, Jubiläum, Gedenktag, Jubeltag, Freudentag, Jahrgedächtnis, Anniversar, Jahrzeit *(schweiz.)*; einen Jahrestag begehen, ein Jubiläum feiern, jubilieren *(österr.)*; Hochzeit.

Hochzeit, Eheschließung, grüne Hochzeit, Ehe, Hochzeitstag, Vermählung; heiraten.

Sport, Leistungssport, Breitensport, Massensport; Bodybuilding, Eisschießen, Gymnastik, Rennen.

Olympische Spiele, die Spiele, Olympia; Olympiakämpfer.

Erlebnisse/Situationen

- Mit welchen Erlebnissen und Situationen könnten Sie Ihr Produkt in Verbindung bringen? (Erlebnisse: Theater, Konzert, Reise; Situationen: im Fahrstuhl, am Stammtisch, im Fußball-Stadion ...)
- Welche Farben, Geräusche und Gefühle verbinden sich damit?

VERSUCHEN SIE JETZT DOCH MAL, AUF TOILETTE ZU GEHEN, WENN DIE WERBUNG KOMMT.

Radiohörer halten ihrem Sender über den ganzen Tag die Treue. Pausenlos, oft sogar am vermeintlich stillen Örtchen. So sind sie, die Fans von Deutschlands reichweitenstärkstem Privatsender. Antenne Bayern. Mehr über „unausweichliche" Funkwerbung verraten Ihnen unsere Kundenberater ...

erleben, erfahren, kennenlernen, Erfahrungen sammeln, sich die Hörner abstoßen *(ugs.)*, sich den Wind um die Nase wehen lassen *(ugs.)*, die Erfahrung machen.

kennenlernen, vorgestellt werden, bekannt gemacht werden, jemandes Bekanntschaft machen, *(ein Mädchen)* aufreißen/aufzwicken *(österr., salopp)*; sich allmählich kennenlernen, miteinander bekannt werden, warm werden mit jemandem, sich beriechen/ beschnuppern *(salopp)*; kennen.

Reise, Anreise, Abreise, Vergnügungsreise, Erholungsreise, Urlaubsreise, Ferienreise, Sommerreise, Winterreise, Auslandsreise, Weltreise, Bildungsreise, Forschungsreise, Expedition, Gesellschaftsreise, Geschäftsreise, Dienstreise, Fahrt, Ausflug, Exkursion, Kundfahrt *(landsch.)*, Rundreise, Rundfahrt, Abstecher, Rutscher *(österr.)*, Tour, Spritztour,

Trip · *zur See:* Seereise, Schiffsreise, Passage, Kreuzfahrt · *erste eines Schiffes:* Jungfernreise · *mit der Bahn:* Bahnreise · *mit dem Flugzeug:* Flugreise, Passage · *mit unbekanntem Ziel:* Fahrt ins Blaue · *nach Afrika:* Fotosafari · *eines Politikers:* Informationsreise, Goodwilltour, Polittourismus · *von Künstlern zu einer Reihe von Gastspielen:* Tournee, Gastspielreise; Ausflug, Durchfahrt, Fahrt, Jagdexpedition, Passagier, Reiselust, Rückkehr, Stadtrundfahrt, Tourismus, Urlaub, Urlauber; bereisen, herumkommen, reisen.

Urlaub, Aktivurlaub, Faulenzerurlaub, Urlaubszeit, Ferien, Ferienzeit, Ferialzeit *(österr.)*, Betriebsferien, Reise, Sommerfrische, Erholung, Kur, Kurzurlaub; Ferien, Passagier, Pause, Reise, Saison, Sommerpause; reisen, ruhen.

Musikveranstaltung, musikalische Veranstaltung, Konzert, Konzertabend, Sinfoniekonzert, Symphoniekonzert, Orchesterkonzert, Kammerkonzert, Kirchenkonzert, Chorkonzert, Solistenkonzert, Liederabend, Serenadenabend, Serenadenkonzert, Promenadenkonzert, Kurkonzert, Ständchen, Militärkonzert, Platzkonzert, Sonntagskonzert, Morgenkonzert, Abendmusik, Passionsmusik, Kammermusikabend, Jazzkonzert · Estradenkonzert *(landsch. veraltend)*; Orchester, Rundfunksendung, Serenade.

Fest, Feier, Festlichkeit, Festivität, Festveranstaltung, bunter Abend, Veranstaltung, Anlass *(schweiz.)*, Vergnügen, Party, Budenzauber *(ugs.)*, Sause *(salopp)*, Cocktailparty, Gesellschaft, Gesellschaftsabend, Fete *(ugs.)*, Gartenfest, Gardenparty, Remmidemmi *(ugs.)*, Ringelpiez *(salopp)* · *zu dem die geladenen Gäste die alkoholischen Getränke selbst mitbringen:* Bottleparty · *das gefeiert wird, nachdem die halbe Zeit von etwas verbracht ist:* Bergfest · *bei dem ganze Tiere am Spieß gebraten werden:* Barbecue *(bes. in Amerika)* · *der Wiederkehr des Gründungstages einer studentischen Vereinigung o. Ä.:* Stiftungsfest; Abendgesellschaft, Ball, Feier, Festival, Festmahl, Jahrestag, Runde; feiern.

Feier, Feierstunde, Festakt, Festveranstaltung, Festsitzung, Festabend.

Abendgesellschaft, Abendunterhaltung, Abendvorstellung, Soiree.

Ball, Festball, Prunkball, Bal paré, Presseball, Filmball, Opernball, Hofball, Hausball, Sommerball, Sommerfest, Tanzkränzchen, Kränzchen, Tanzstundenball, Abschlussball, Abiturientenball, Maturaball *(österr.)*; Maskerade, Tanz, Tanzvergnügen; tanzen.

Maskerade, Maskenball, Maskenfest, Kostümball, Faschingsball, Kostümfest, Kappenabend, Mummenschanz, Redoute *(österr.)*, Gschnas *(österr.)*, Gschnasfest *(österr.)*, Fetzenball *(österr.)* · *unter Homosexuellen:* Tuntenball; Ball, Fastnachter, Kostümierung, Maske.

Festival, Festspiel, Festwochen; Fest.

Silvester, Sylvester *(veraltete Schreibung)*, Jahreswechsel, Jahresende, Jahresausklang, Altjahrtag *(österr.)*, 31. Dezember; Kirchenjahr.

Wortzusammensetzungen

- Welches Wort könnten Sie zu Ihrem Produkt hinzufügen?

✎ _____

Fügen Sie zu Ihrem Produkt ein anderes Wort hinzu.

Beispiel: Geld

Geldadel, Oberschicht.
→ **Oberschicht**, Gesellschaft, Establishment, Elite, Hautevolee, die oberen zehntausend, Geldadel, Upperten, Creme, Crème de la crème, Highsociety, Society, Highsnobiety *(iron.)*, die Spitzen/*(iron.)* Stützen der Gesellschaft, die führenden Kreise, Honoratioren, Notabeln *(geh.)*; alles, was Rang und Namen hat; Jetset, Jeunesse dorée, Nomenklatura *(ehemals i.d. Sowjetunion)* · *modisch-elegante*: Schickeria *(iron.)*, Schickimicki *(iron.)* · *in geistiger Hinsicht*: geistige Oberschicht/Elite, Adel des Geistes, Geistesadel, die Gebildeten, Bildungsschicht, Bildungsbürgertum, Intelligenz, Intelligenzija *(abwertend)*; Berühmtheit, Bürgertum, Gesellschaftsschicht, Intellektueller.

Geldanlage, Investition.
→ **Investition**, Investierung, Kapitalanlage, Geldanlage, Anlage; als Investition *(gegeben)*, investiv.

Geldaristokrat, Reicher.
→ **Reicher**, reicher Mann, Kapitalist, Krösus, Nabob, Geldsack, Plutokrat, Geldaristokrat, Millionär, Milliardär; reich.

Geldautomat, Automat.
→ **Automat**, Roboter · Geldautomat, Bankautomat, Bankomat · Spielautomat, Flipper · Buchungsautomat, Rechenautomat · Zigarettenautomat · *der fremde Währungen in Landeswährung umtauscht*: Changeomat.

Geldbeutel, Portemonnaie.
→ **Portemonnaie**, Geldbörse, Börse, Geldbeutel *(südd.)*, Geldtasche, Geldkatze, Geldbörsel *(österr.)*, Portjuchhe *(ugs., scherzh.)*, Brustbeutel, Brieftasche; zahlen.

Geldgeber, Gönner, Verleiher.
→ **Gönner**, Schützer, Beschützer, Förderer, Sponsor, Geldgeber, edler Spender *(scherzh.)*, Mäzen, Musaget *(veraltet)*, Schutzherr, Schirmherr, Protektor; Beauftragter, Berater, Betreuer, Beziehung, Förderung, Helfer, Schirmherrschaft, Schrittmacher, Vetternwirtschaft; fördern.

Geldharke, Rateau *(Roulette)*.
Geldinstitut, Kreditinstitut, Kreditanstalt, Bank, Bankhaus, Großbank, Privatbank, Hypothekenbank, Kreditbank, Girobank, Notenbank · Bundesbank, Staatsbank, Nationalbank · Sparkasse, Darleh(e)nskasse, Girokasse, Kasse, Ersparniskasse; Anleihe, Automat *(Geldautomat)*, Bankier, Bankkonto, Devisen, Dispositionskredit, Guthaben, Wechselstube; sparen usw.

Reime

- Welche Reime könnten Sie aus Ihrer Produktbezeichnung bilden?

✎ _____

Beispiel: Geld

bellt → **bellen,** kläffen *(abwertend),* anschlagen, Laut geben, blaffen, knurren, winseln, jaulen, heulen; schelten; Hund; Laut.

fällt → **fallen,** hinstürzen, stürzen, hinfallen, zusammenfallen *(bes. österr.),* einen Fall tun, zu Fall kommen, erfallen *(oberd.),* sinken, hinsinken, hinschlagen, schlagen auf etwas, hinpurzeln *(ugs.),* purzeln *(ugs.),* hinplumpsen *(ugs.),* plumpsen auf etwas *(ugs.),* hinfliegen *(salopp),* fliegen auf etwas *(salopp),* hinknallen *(salopp),* knallen auf etwas *(salopp),* hinsausen *(salopp),* sausen auf etwas *(salopp),* hinsegeln *(salopp),* segeln auf etwas *(salopp),* einen Stern reißen *(ugs., österr.);* nicht fallen, senkrecht bleiben; fliegen, gleiten, hinunterfallen, schwanken, stolpern, umfallen, umstoßen *(jemanden).*

gelt: gelte Geiß, Gämse.

hält → **halten,** Halt machen, stehen bleiben, anhalten, zum Stehen/Stillstand kommen, bremsen, stoppen; anhalten *(etwas/jemanden),* bremsen; halt.

pellt → **pellen,** abziehen; wie aus dem Ei gepellt, adrett.

Welt, Erde, Mundus, Erdkreis, Erdball, Erdenrund *(dichter.),* das irdische Jammertal *(dichter.),* das Diesseits *(geh.)* · *in der Allegorie:* Frau Welt; Erdball, Weltall.

Zelt, Campingzelt, Stangenzelt, Windschirmzelt · *der Indianer:* Wigwam, Tipi · *asiatischer Nomaden:* Kibitka, Jurte; Haus, Wohnwagen; zelten.

Fühlen

- Versuchen Sie, über den Weg des Gefühls Ähnlichkeiten zu Ihrem Produkt zu entdecken.
- Versuchen Sie, Ihr Produkt mit einem Ihrer Sinne isoliert wahrzunehmen.
- Wie fühlt sich Ihr Produkt an?
- Auch (oder gerade) wenn Ihr Produkt nicht angefasst werden kann: Wenn man Ihr Produkt anfassen könnte, wie würde oder sollte es sich anfühlen? Formulieren Sie Eigenschaften oder Vergleiche.

Rückseite Jewel-Case einer Audio-CD:
Stärken Sie sich und Ihrem Unternehmen den Rücken. Wenn Sie jetzt das Gefühl haben, wir sollten ausführlich ... sprechen, dann senden Sie uns ...

> **Musik geht in den Bauch**
>
> Sehr geehrter Herr Förster,
>
> in einer Zeit der Informationsüberflutung ist es nicht immer einfach, Aufmerksamkeit in der Zielgruppe zu erregen und Sympathien zu schaffen. Deshalb sollten Sie auf Gefühle setzen. Treffen Sie Ihre Zielgruppe dort, wo Entscheidungen fallen: im Bauch. Was liegt da näher, als die Wirkung von Musik zu nutzen? Eine Idee, die offensichtlich Ihr Interesse geweckt hat und über die Sie mehr wissen wollen.
>
> Wie kann Musik bei Ihrer Zielgruppe wirken? Wie können Sie individuelle Tonträger einsetzen? Was können wir von INTERCORD Ihnen dazu bieten?
>
> Die Antworten finden Sie im beiliegenden Informations-Package. Öffnen Sie einfach Ihren CD-Player. Es erwartet Sie eine Auswahl von Titeln aus unserem umfangreichen Musikprogramm. Hören Sie mal rein - letztendlich wird die Musik Sie überzeugen.
>
> Mit freundlichen Grüßen
>
> Ihr New Business Team

Begleitbrief zur Audio-CD

Gefühl, Empfindung, Empfinden, Feeling, Spürsinn, Flair, Instinkt, Organ, Gespür, Witterung *(geh.)*, Riecher *(salopp)*, Ahnung, Erregung, Gefühlsäußerung, Gefühlsleben, Seele; merken.

Erregung, Aufregung, Gemütsbewegung, Aufgeregtheit, Emotion, Affekt, Exaltation, Überreizung, Überspannung, Überspanntheit, Hysterie, Aufruhr, die kochende Volksseele, Stimulierung, Stimulation, Irritation · *unnötige:* blinder Alarm · *über etwas Geringfügiges:* Sturm im Wasserglas · *vor einer Reise:* Reisefieber · *vor einem öffentlichen Auftritt als Künstler o. Ä.:* Lampenfieber; Ärger, Begeisterung, Getue, Leidenschaft, Lust, Temperament, Unrast; gefühlsbetont, unbesonnen.

Gefühlsäußerung, Gefühlsausdruck, Expektoration · *plötzliche, ungehemmte:* Gefühlsausbruch, Gefühlserguss, Gefühlswallung; Gefühl, Rührseligkeit, Streit; empfindsam, gefühlsbetont.

empfindsam, sentimental, gemütvoll, gemüthaft, sinnenhaft, gefühlstief, gefühlvoll, innerlich, verinnerlicht, beseelt, seelenvoll, überschwänglich, schwärmerisch, exaltiert *(abwertend)*, überspannt *(abwertend)*, gefühlsselig, rührselig, tränenselig, gefühlsduselig *(salopp, abwertend)*, schmalzig *(abwertend)*, lyrisch, romantisch; bewegt, empfindlich, gedankenvoll, gefühlsbetont, reizbar, weinerlich; Empfindsamkeit, Gefühlsleben, Rührseligkeit.

tastbar, greifbar, fühlbar, palpabel; Tastsinn.

fühlen, empfinden, spüren, verspüren, ergriffen werden von, zu spüren bekommen; erschüttern, merken, überkommen.

tasten, fühlen, berühren, betasten, befühlen; Tastsinn.

weich, samten, samtweich, seidenweich, unfest, butterweich, wabbelig, schwabbelig, quabbelig, breiig, matschig, schwammig, teigig, nicht fest; biegsam, flaumweich, schlaff.

fest, hart, steinhart, knochenhart, beinhart *(südd., österr.)*, glashart, nicht schlaff, nicht weich; knorrig, knusprig, steif.

Wörter zum Fühlen

abgegriffen
abgekühlt
angenehm
anziehend
ästhetisch
barbusig
barfuß
barfüßig
barhaupt
barhäuptig
begreiflich
behaglich
behutsam
beinhart
bequem
bewegt
bleischwer
bloßfüßig
brühwarm
delikat
dick
dickfellig
dickhäutig
dickleibig
dicklich
dickwanstig
dünnhäutig
durchgeschwitzt
durchnässt
durstig
eigenhändig
einfühlend
einfühlsam
eingepackt
einhändig
eiskalt
emotional
emotionell
empfindlich
empfindsam
entblößt
erfrischend
fassbar
faustdick
federkräftig
federleicht
fein
feinfühlig

felsenfest
feuchtwarm
fingerfertig
fühlbar
fühllos
gallebitter
gallenbitter
geborgen
gefühlsbetont
geleckt
geschickt
geschmackig
geschmackvoll
geschmeidig
glatt
greifbar
handschriftlich
handverlesen
handwarm
hart
hauchfein
hauchzart
hauteng
heimelig
heiß
heißblütig
hundekalt
kalt
kitzlig
klatschnass
klebrig
kleisterig
klitschig
knautschig
knochenhart
knüppeldick
knusperig
knusprig
köstlich
kühl
kuschelig
lauwarm
lebensdurstig
leichtfüßig
lukullisch
matschig
mild
milde

mitfühlend
mitreißend
mollig
muskulös
nackt
nadelspitz
naschhaft
nass
packend
pudelnackt
pudelnass
pudelwohl
pummelig
regennass
samten
samtweich
sanft
satt
sättigend
saukalt
scharf
scharfkantig
schmerzfrei
schmerzhaft
schmerzlich
schmerzlos
schmerzunempfind-
    lich
schmerzvoll
schwabbelig
schweißgebadet
schwer
schwitzig
schwül
seidenweich
sensibel
sensitiv
sensorisch
sinnenfreudig
sinnenhaft
sinnfällig
sinngleich
sinnlich
sinnverwandt
splitterfasernackt
splitternackt
spürbar
stark

stumpf
taktil
tastbar
tatkräftig
trocken
tropfnass
unantastbar
unbegreiflich
unempfindlich
vergriffen
wabbelig
warm
warmherzig
weich
wetterfühlig
wohlsinnig
zart
zart fühlend
zärtlich

Schmecken

- Wie schmeckt Ihr Produkt?
  Auch (oder gerade) wenn Ihr Produkt nicht zum Essen ist: Wenn man Ihr Produkt essen könnte, wie würde oder wonach sollte es dann schmecken? Formulieren Sie Eigenschaften oder Vergleiche.

Die Bavaria Bildagentur mit einer ganzseitigen Anzeige und einem einzigen Wort.

Geschmack, Aroma, Arom *(dichter.)*, Würze; vorschmecken, würzen; duftend, ungewürzt, würzig.

vorschmecken, herausschmecken, durchschmecken, im Geschmack vorherrschen.

lutschen, im Mund/auf der Zunge zergehen lassen, zuzeln *(bayr., österr.)*; Bonbon.

saugen, lutschen, nuckeln, suckeln *(landsch.)*; lecken; Schnuller.

lecken, ablecken, schlecken *(landsch.)*, abschlecken *(landsch.)*, abzuzeln *(ugs., österr.)*; saugen.

schlucken, einnehmen; etwas schlucken müssen; etwas schluckt viel Geld; teuer *(sein)*; das Schwert schlucken.

ungewürzt, ungesalzen, nüchtern *(landsch.)*, fad, geschmacklos, ohne Geschmack, ohne Aroma, unaromatisch; abgestanden.

würzig, aromatisch, herzhaft, rezent, prickelnd, feurig, pikant, scharf, stark *(gewürzt)*, gewürzt, beißend, raß *(oberd.)*, räß *(oberd.)* · blumig, parfümiert.

Riechen

- Wie riecht Ihr Produkt?
  Auch (oder gerade) wenn Ihr Produkt geruchlos ist: Wenn Ihr Produkt duften würde, wie oder wonach sollte es dann riechen? Formulieren Sie Eigenschaften oder Vergleiche.

✎

> **Ein offenes Ohr.**
> **Ein guter Riecher.**
> **Ein scharfes Auge.**
> **Ein klares Wort.**
> **Ein sicheres Gespür.**

Titelseite einer Postkarte
Rückseite:
Mit allen Sinnen an der Lösung Ihrer Fragen.
Sabine Janßen
Führung & Kommunikation

Geruch, Duft, Odeur, Aroma, Arom *(dichter.)*, Ruch *(dichter.)*, Wohlgeruch, alle Wohlgerüche Arabiens · *schlechter:* Geruchsbelästigung, Gestank *(abwertend)* · *von Wein:* Bukett, Bouquet *(österr.)*, Blume; Körpergeruch, Parfum; atmen, riechen; duftend, würzig.

riechen, duften, stinken *(wie die Pest) (emotional)*, drei Meilen gegen den Wind stinken *(emotional)*, einen üblen/merkwürdigen/unangenehmen Geruch ausströmen *(oder:)* haben, dünsten, böckeln *(österr., abwertend)*, fischeln *(österr.)* · *nach Verbranntem:* brandeln *(bayr., österr.)* · *nach Schimmel, Verfaultem:* müffeln, muffeln *(landsch.)* · *nach Alkohol:* eine Fahne haben; atmen, verpesten; Geruch.

duftend, wohlriechend, Duft ausströmend, balsamisch, aromatisch, parfümiert, geruchsaktiv; würzig; Geruch, Geschmack, Rasierwasser.

würzig, aromatisch, herzhaft, rezent, prickelnd, feurig, pikant, scharf, stark *(gewürzt)*, gewürzt, beißend, raß *(oberd.)*, räß *(oberd.)* · blumig, parfümiert; duftend, schmackhaft; Geruch, Geschmack.

Hören

- Wie hört sich Ihr Produkt an?
  Auch (oder gerade) wenn Ihr Produkt geräuschlos ist: Wenn man Ihr Produkt hören könnte, wie würde oder wonach sollte es dann klingen?

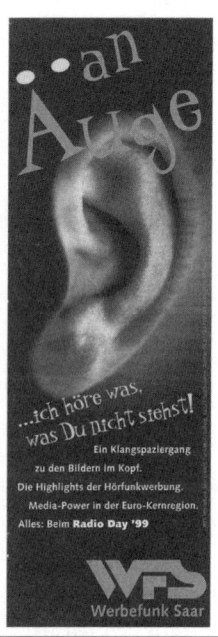

✎

Ohr an Auge:
Ich höre was, was du nicht siehst! Ein Klangspaziergang zu den Bildern im Kopf. Highlights der Hörfunkwerbung.

Gehör, Gehörsinn, Hörvermögen; Ohr.

Ohr, Gehörorgan, Ohrmuschel, Löffel *(ugs.)*, Schalltrichter *(scherzh.)*, Ohrwaschel *(ugs., bayr., österr.)* · *unterer Teil:* Ohrläppchen · *abstehende Ohren:* Abstehohren, Segelfliegerohren *(scherzh.)*, Radarohren *(scherzh.)*, Fledermausohren *(scherzh.)*, Schlappohren · *bei Tieren:* Löffel *(Hase)*, Lauscher *(Rotwild u. a.)*, Luser *(Rotwild u. a.)*, Teller *(Schwarzwild)*, Behang *(Jagdhund)*; Gehör, Sinnesorgan.

hören, empfangen, erfahren, horchen; kaum noch zu hören sein, verhallen; gehört haben, von wissen; einmal etwas anderes hören und sehen, *(sich)* zerstreuen; die Beichte hören, Beichte; das Gras wachsen/die Flöhe husten hören; auf jemanden hören, gehorchen; nicht hören auf, missachten; etwas von sich hören lassen; Lebenszeichen; etwas zu hören bekommen/kriegen, schelten; hören mit dem dritten Ohr, Acht geben.

horchen, zuhören, anhören, abhören, hören, hinhören, abhorchen, behorchen, auskultieren *(med.)*, lauschen, losen *(oberd.)*, mithören, ganz Ohr sein, jemandem Gehör schenken/sein Ohr leihen, die Ohren aufsperren/spitzen *(ugs.)*; hören; Abhörgerät.

laut, vernehmlich, hörbar, vernehmbar, lauthals, lautstark, geräuschvoll, überlaut, durchdringend, markerschütternd, durch Mark und Bein gehend, ohrenbetäubend, ohrenzerreißend, schrill, grell, gellend, aus vollem Hals, aus voller Kehle, aus Leibeskräften, mit dröhnender Stimme, nicht leise, nicht ruhig, nicht still; akustisch, durchdringend, verständlich; Lautstärke.

leise, lautlos, verhalten, heimlich, still, flüsternd, im Flüsterton, kaum hörbar/vernehmlich/vernehmbar, geräuschlos, nicht laut; abgehackt, akustisch, gedämpft, heiser, ruhig, still, unartikuliert; Lautstärke; flüstern, sprechen.

Wörter zum Hören

ansprechend	halblaut	mäuschenstill	stumm
auditiv	hörbar	mucksmäuschen-	taub
bejahend	hörenswert	still	telefonisch
betont	klanglos	musikalisch	tonangebend
eintönig	klangmäßig	musisch	tonlos
gehörig	kleinlaut	ohrenbetäubend	totenstill
gehörlos	laut	ohrenzerreißend	überlaut
geräuschlos	lauthals	phonetisch	unmusikalisch
geräuschvoll	lautlos	schreiend	unsagbar
gleich klingend	lautstark	sprachlos	wohlklingend
gleich lautend	leise	still	wohllautend

Sehen

- Wie sieht Ihr Produkt aus?
  Auch (oder gerade) wenn Ihr Produkt unsichtbar ist: Wenn Ihr Produkt ein Aussehen hätte, wie würde oder sollte es dann aussehen?

✎ _____

Auge, Pupille · *bei Tieren:* Seher *(Plural; Hase, Murmeltier)*, Lichter *(Plural; Rotwild, Schwarzwild u. a.)*; Augenlicht, Bindehautentzündung, Scharfsichtigkeit, Sinnesorgan.

Augenlicht, Sehvermögen, Sehkraft, Sehschärfe, Gesicht *(selten)*; Auge, Katarakt, Scharfsichtigkeit, Sinnesorgan, Star; sehen, wahrnehmen; optisch.

Scharfsichtigkeit, scharfes Auge, Adlerauge, Adlerblick, Geierauge, Geierblick, Luchsauge, Falkenauge, Röntgenauge *(scherzh.)*, Röntgenblick *(scherzh.)*; Auge, Augenlicht; scharfsichtig.

sehen *(jemanden/etwas)*, beobachten, schauen, erkennen, unterscheiden, erblicken, erspähen, eräugen *(scherzh.)*, ausmachen, sichten, zu Gesicht bekommen · *undeutlich:* einen Schleier vor den Augen haben · *alles:* jemandem entgeht nichts, jemand hat vorn und hinten Augen/hat seine Augen überall, Augen wie ein Luchs haben; ansehen, blinzeln, merken, wahrnehmen; argwöhnisch; von jemandem gesehen werden, jemandem zu Gesicht kommen; sich bei jemandem sehen lassen, jemandem unter die Augen kommen/ treten; nicht zu sehen sein, nicht zu finden sein, wie vom Erdboden verschluckt sein, *(spurlos)* verschwunden sein; optisch; Augenlicht.

ansehen, anschauen, anblicken, betrachten, besichtigen, beschauen, beobachten, studieren, in Augenschein nehmen, beaugenscheinigen *(scherzh.)*, beaugapfeln *(scherzh.)*, beäugeln, beäugen *(ugs., scherzh.)*, mustern, kein Auge von jemandem/etwas wenden, jemanden *(mit Blicken)* messen, fixieren, anstarren, anglotzen *(abwertend)*, anstieren, angaffen, *(abwertend)*, besehen, beglotzen *(abwertend)*, begaffen *(abwertend)*, angucken, begucken, blicken auf, den Blick heften auf, den Blick nicht abwenden können, kein Auge von jemandem/etwas lassen, jemandem einen Blick zuwerfen/schenken/gönnen, einen Blick werfen auf, anglupschen *(abwertend)* · *voll Staunen und Begierde:* jemanden/

etwas mit den Augen verschlingen, Stielaugen machen *(ugs.)*, jemandem gehen die Augen über · *besonders scharf:* jemanden mit Blicken durchbohren, jemanden scharf ins Auge fassen; begutachten, blicken, blinzeln, forschen, sehen · jemanden nicht ansehen, ignorieren; Anblick, Auge, Besichtigung, Vernissage, Zuschauer.

Wörter zum Sehen

adleräugig	blitzend	illustrativ	spiegelbildlich
allsehend	deutlich	illustriert	spiegelblank
angesehen	durchsichtig	klar	spiegelgleich
angestrahlt	einäugig	leuchtend	spiegelig
anschaulich	einhellig	lichtdurchflutet	sternenhell
ansehnlich	einsichtig	lichtecht	sternenklar
ansichtig	einsichtsvoll	matt	sternhell
assoziativ	erkennbar	offensichtlich	sternklar
assoziiert	finster	optisch	stockdunkel
audiovisuell	fotografisch	plakativ	stockfinster
Aufsehen erregend	funkeln	plastisch	symbolisch
augenblicklich	funkelnagelneu	schattenhaft	transparent
ausersehen	funkelnd	schattenreich	trübe
aussichtslos	glänzend	schattiert	umsichtig
aussichtsreich	glanzlos	schattig	unbesehen
bildhübsch	gläsern	schaulustig	uneinsichtig
bildlich	glasig	schillernd	visuell
bildschön	glasklar	schimmernd	voraussehbar
blauäugig	glückstrahlend	sehenswert	vorhersehbar
blendend	grell	sichtbar	weit blickend
blind	hell	sichtlich	weit schauend
blindlings	hellerleuchtet	sinnbildlich	weitsichtig
blindwütig	helllicht	sommersprossig	
blitzblank	hellsichtig	sonnenklar	

Farben

- Welche Farben könnten Sie spontan mit Ihrem Produkt in Verbindung bringen? (Tomaten = Rot, Urlaubssonne = Gelb, Ökologie = Grün)
- Welche ungewöhnliche Farbe würde einen ungewöhnlichen Gegensatz zu Ihrem Produkt bilden? Denken Sie auch an Farbenpaare: rot-blau, grün-gelb, schwarz-weiß (schwarzer Arztkittel, weißer Schornsteinfeger).

✎

Farben

absinthgelb	bambusfarben	blauschwarz	bunt
absinthgrün	bananengelb	blauviolett	buntscheckig
ägyptischblau	barytgelb	bleich	buttergelb
alabasterfarben	bastgelb	bleifarben	capriblau
altgelb	bayrischblau	bleigrau	cerise (kirschrot)
altrosa	beigegelb	bleu	chagallblau
altrot	bengalisch	blond	chamois
aluminiumfarben	bengalrot	blond gefärbt	champagner
amethystfarben	bergblau	blondhaarig	chartreusegelb
amethystviolett	berlinerblau	blütenweiß	chinablau
analinblau	bernsteinfarben	blutrot	chinarot
anthracenblau	bernsteingelb	bordeaux	chinesischgelb
anthrazit	billardgrün	bordeauxrot	chinesischrot
apfelgrün	birkengrün	brandrot	chlorgrün
aquamarinblau	blassblau	braun	chomoxydgrün
aschblond	blassgelb	braungrün	chromgelb
aschfahl	blassgrün	braunhaarig	chromgrün
ätherblau	blässlich	bräunlich	cibablau
atlasblau	blassorange	braunorange	clematisblau
aubergine	blassrosa	braunrot	coelinblau
augenblau	blassrot	braunschwarz	creme
ausgeblasst	blassviolett	brillantblau	cremefarben
ausgebleicht	blattgrün	brillantgrün	cremegelb
azur	blau	bronzegrün	curacaoblau
azurblau	blaugrün	bronzen	currygelb
babyblau	bläulich	bronzerot	cyanblau
backsteinrot	blaurot	brünett	cyclam

delfterblau
dottergelb
drappfarben
drappfarbig
dschungelgrün
dunkel
dunkelblau
dunkelblond
dunkelbraun
dunkelgelb
dunkelgrau
dunkelgrün
dunkelorange
dunkelrot
dunkelrubin
dunkelviolett
ebereschenrot
echtblau
echtgelb
echtgrün
ecru
efeugrün
eierschale
einfarbig
einfärbig
eisblau
eisenblau
elfenbein
emailblau
englischrot
enzianblau
erbsengrün
erbsgrün
erdbeerrot
erdbraun
erdfarben
ergraut
erikarot
eukalyptusgrün
fahl
fahlbraun
fahlgelb

farbecht
farbenfreudig
farbenfroh
farbenprächtig
färbig
farbig
farblos
farngrün
fayenceblau
feldgrau
ferrarirot
feuerrot
filzgrün
flachsgelb
flamingorosa
flamingorot
flammenrot
flaschengrün
fleischrot
flieder
fliederfarben
froschgrün
fuchsrot
gallengrün
gefärbt
gelb
gelberübenfarben
gelbgrün
gelblich
gelblichweiß
gelborange
gelbrot
geraniumrot
gewitterblau
giftgrün
ginstergelb
gletscherblau
glockenblumen-
   blau
glutrot
goldblond
goldbraun

goldgelb
goldocker
goyagelb
granatrot
graphitgrau
grasgrün
grau
graubärtig
graublau
graubraun
graugelb
graugrün
grauhaarig
grauköpfig
gräulich
grau meliert
grauschwarz
grauweiß
grün
grünbeige
grünblau
grünlich
hahnenkammrot
hansagelb
haselnussbraun
heidelbeerblau
heliogengrün
hellblau
hellblond
hellbraun
hellgelb
hellgrau
hellgrün
helllila
hellorange
hellrosa
hellrot
hennarot
himbeerrot
himmelblau
hochgelb
hochrot

honiggelb
hookersgrün
hummerrot
hyazinthenblau
hydronblau
indianischrot
indigo
indigoblau
indischblau
indischgelb
irisblau
jadegrün
jaspisrot
jeansblau
kadettenblau
kadmiumgelb
kadmiumgrün
kadmiumorange
kadmiumrot
kaffeebraun
kalkgelb
kalypsorot
kanariengelb
kardinalrot
karibikblau
kariert
karmesinrot
karmin
karminrot
karmoisin
karottenrot
käseweiß
käsig
khaki
kieferngrün
kirschrot
knallblau
knallgelb
knallig
knallrot
kobaltblau
kobaltgrün

kongorot	maisgelb	neapelgrün	perlweiß
königsblau	malvenfarbig	nebelblau	permanentgelb
korallenrot	mandarinorange	nebelgrau	permanentgrün
korngelb	marineblau	neonblau	permanentrot
kosmosblau	marmorweiß	neongrün	persischrosa
krapprot	marsrot	neonrot	persischrot
krebsrot	maschinengrün	nickeltitangelb	petrolblau
kükengelb	mattblau	nikotingelb	petrolgrün
kunterbunt	mattgrün	nilgrün	pfauenblau
kupferfarben	mattlila	nordischblau	pfauengrün
kupferrot	mattrot	nussbraun	pfefferminzgrün
lachsrot	mausgrau	ochsenblutrot	pfefferrot
lackrot	mauve (malven-	ocker	pfirsichorange
lagunenblau	farbig)	ockergelb	pfirsichrot
lapisblau	meerblau	oliv	pflaumenblau
lasurblau	meergrün	olivgelb	pigmentgrün
laubgelb	mehrfarbig	olivgrau	pilotenblau
laubgrün	malachitgrün	olivgrün	pink
lavarot	meliert	opalblau	pistaziengrün
lavendel	melonengelb	opalgrün	polizeigrün
lavendelblau	melonenorange	orange	pompejanischrot
lehmfarben	mennige	orangefarben	portweinrot
leichenblass	messing	orangerot	porzellanblau
leuchtend rot	metallic	orchideenlila	postgelb
leuchtrot	metallicblau	orientblau	prälatenrot
lichtblau	methylenblau	orientrot	preußischblau
lichtgelb	mimosengelb	oxydrot	primelgelb
lichtgrün	mintgrün	ozeanblau	purpur
lila	mistelgrün	paprikarot	purpurfarben
lilienweiß	mittelblau	pariserblau	purpurrosa
limonengelb	mittelgrau	parmalila	purpurrot
lindgrün	mohnrot	parmarosa	puterrot
livid (bläulich)	möhrenrot	parmaviolett	quecksilbrig
livide (bläulich)	monochrom	pastellblau	quittegelb
lodengrün	moosgrün	pastellgelb	quittengelb
lupinenblau	morgenrot	pastellgrün	rabenschwarz
madonnenblau	myrtengrün	pastellrosa	rauchblau
magenta	nachtblau	pastellrot	rauchgelb
mahagonibraun	nachtschwarz	patinagrün	rauchgrau
mahagonifarben	nankingelb	pechrabenschwarz	rauschblau
mahagonirot	natogrün	pechschwarz	rehbraun
maigrün	neapelgelb	perlgrau	reinweiß

resedagrün	schlohweiß	tannengrün	variaminblau
ritterspornblau	schmutzgelb	taubenblau	veilchenblau
ritzerot	schmutzig grün	teakblond	venetianerrot
rosa	schneeweiß	teakholzfarben	verkehrsblau
rosafarben	schüttgelb	teegelb	verkehrsgelb
rosenholzrot	schwanenweiß	terrakottarot	verkehrsgrün
rosenrot	schwarz	terrakottafarben	verkehrsrot
rosig	schwarzblau	tiefblau	veronesergelb
rostgelb	schwarzbraun	tiefgrün	viktoriablau
rostrot	schwarzgrau	tieforange	viktoriagrün
rot	schwarzhaarig	tiefrot	violett
rotbärtig	schwarzrot	tiefschwarz	violettrosa
rotblond	schwedischrot	tiefviolett	viridingrün
rotbraun	schwefelgelb	tintenblau	wachsbleich
rotgelb	seegrün	tizianrot	wachsgelb
rotgrau	senfgelb	tomatenrot	wandtafelgrün
rötlich	sepia	topasfarben	waschblau
rotlila	siena	totenblass	wasserblau
rotorange	signalgelb	totenbleich	wassergrün
rotrübenfarben	signalgrün	türkis	weinrot
rotviolett	signalrot	türkisblau	weiß
rubin	silbergrau	türkischrot	weißhaarig
rubinrot	silberhaarig	türkisfarben	welkgrün
russischgrün	silberhell	türkisgrün	wolkenblau
safrangelb	silbern	turmalingrün	zartgelb
saftgrün	silberweiß	ultramarin	zementgrau
saharagelb	silbrig	ultramarinblau	ziegelbraun
salatgrün	smaragd	uni	ziegelrot
sandfarben	smaragdgrün	uniformblau	zimtfarben
sandgelb	sonnenbraun	urblau	zinkgelb
sandsteinrot	sonnengelb	urgelb	zinkgrün
saphirblau	spinatgrün	urgrün	zinnober
scharlachrot	stahlblau	uringelb	zinnoberrot
schiefergrau	steingrau	urrot	zitronengelb
schilfgrün	strohblond	vamprot	zwetschgenblau
schimmelgrün	strohgelb	vanillegelb	

Ideen-Favoriten wählen

Ideen, die Sie für besonders vielversprechend halten, kennzeichnen Sie durch Ankreuzen. Spielen Sie ungewöhnliche Ideenkombinationen durch. Nur so entdecken Sie völlig neue Zusammenhänge: Kombinieren Sie wahllos, zum Beispiel Persönlichkeit mit Material, Ereignis und Farbe.

Bis hier hin schwimmen Sie mit Ihren Ideen kreuz und quer durch den Ozean. Sie sollten nun noch mit Ihren Favoriten in die Tiefe tauchen und Höhenflüge unternehmen. Das heißt: nach dem kleinsten Nenner suchen und nach Gegensätzen Ausschau halten.

Höhenflug/Tieftauchen

Höhenflug: Wer sind die „Eltern" und „Großeltern" Ihrer Notizen?

Textidee = Apfelkern   Eltern = Apfel   Großeltern = Obst

✎ _____

Tieftauchen: Wer sind die „Kinder" und „Enkel" Ihrer Notizen?

Textidee = Auto   Kinder = PKW   Enkel = Coupé

✎ _____

Gegensätze

Suchen Sie nach Wörtern, die genau das Gegenteil ausdrücken (Antonyme).

✎ _____

Suchen Sie dann nach Textbildern zu den Gegensatzwörtern.

✎ _____

Nennen Sie Gegensätze zur Ihrem Produkt.

(Auto: Auto fahren — zu Fuß gehen)

✍

Anleitung zur Schlusskorrektur

Für alle, die ihren Text noch heute abliefern müssen, ein kleiner Trick: Wechseln Sie zur Schlusskorrektur den Schreibtisch. Am besten raus auf den Balkon oder auf die Dachterrasse, in eine ruhige Ecke der Kantine, in den kleinen Park nebenan, ins Café eine Straße weiter oder zu Hause...

Wenn noch Zeit dazu ist: möglichst schnell jemandem noch eine Kopie zum Durchlesen in die Hand drücken, einem, der weder befangen noch vorbelastet ist. Vielleicht der Kollege von nebenan oder die freundliche Nachbarin aus dem 3. Stock? Wer auch immer: Er oder sie braucht nur kurz den Text zu überfliegen und soll Ihnen ehrlich sagen, ob alles verständlich ist. Nehmen Sie deren Kritiken besonders ernst — aber bleiben Sie gelassen. Besser jetzt Unverständliches aufdecken als nach dem Druck.

1. **Aussage überprüfen**
   Stimmt die eigentliche Botschaft in Kurzform mit der Struktur und dem Inhalt des gesamten Textes überein?
2. **Texte komplettieren**
   Haben Sie etwas Wichtiges vergessen? Prüfen Sie alle Punkte mit Ihrem Faktenbuch, das Sie (hoffentlich) vor Beginn der Textarbeit angefertigt haben (Seite 66). Lesen Sie sämtliche Sachargumentationen. Denken Sie an das Sprachklima: Haben Sie genug Rücksicht auf die Leserschaft genommen?
3. **Überflüssiges streichen**
   Auch wenn's manchmal wehtut: Mit weniger Worten mehr sagen.
4. **Das Wichtige nach vorn**
   Beispiel:
   Mangelhafte Fähigkeit in der schriftlichen Kommunikation? Für 55% der Büro-Angestellten ein Problem! Das wurde durch eine Befragung nachgewiesen.

5. **Einleitung und Schluss abgleichen**
   Themen, die in der Einleitung zur Sprache kommen, können am Schlussteil zusammenfassend wieder aufgegriffen werden (roter Faden).

6. **Lesetempo prüfen**
   Lesen Sie Ihren Text laut vor. Lange Sätze und lange Wörter bremsen die Geschwindigkeit, wirken langweilig und ermüdend.

7. **Distanz zum Thema schaffen**
   Versuchen Sie, sich in die Rolle des Lesers hineinzuversetzen. Tun Sie so, als ob Sie Ihren eigenen Text zum ersten Mal lesen.

8. **Terminologie überprüfen**
   Achten Sie auf eine einheitliche Schreibweise: Groß- und Kleinschreibung, Wörter mit oder ohne Bindestrich, einheitliche Produktbezeichnungen usw.

9. **Wortwiederholungen prüfen**
   Dazu einen einfachen Trick mit der Textverarbeitung: Ersetze alle Leerzeichen durch eine Absatzschaltung. Markiere alle Wörter. Sortiere alle Wörter alphabetisch. Schnell werden Wortwiederholungen entlarvt. Ein Blick in den Thesaurus der Textverarbeitung oder besser in ein Wörterbuch sinnverwandter Ausdrücke hilft, Wiederholungen zu reduzieren. Erfreulicher Nebeneffekt: Meist entstehen durch diese kleine Nacharbeitung und Konfrontation mit gleichbedeutenden Wörtern bessere Texte, als das Korrekturmanuskript hergibt.

10. **Klischees streichen**
    Vermeiden Sie Insider-Sprache und klischeehaften Jargon, wie „will sagen ...".

11. **Aktiv formulieren, substantivierte Verben vermeiden**
    statt: *das Projekt kann nun realisiert werden*
    aktiv: *wir realisieren das Projekt*
    statt: *die Ausarbeitung und Prüfung von Verträgen ...*
    aktiv: *das Ausarbeiten und Prüfen von Verträgen ...* oder: *Verträge ausarbeiten und prüfen*

12. **Adjektive überprüfen**
    Ersetzen Sie überflüssige durch treffende Adjektive, die eine Aussage wirkungsvoll unterstreichen:

statt *weißer Schimmel – majestätischer Schimmel*
statt *nasse Pfütze – tiefe, verschlammte Pfütze*
statt *runder Kreis – großflächiger Kreis*

13. **Ich-Formulierungen**
 Schreiben Sie „ich", wenn Sie Ihre eigene Meinung wiedergeben oder zum Beispiel in einem Brief persönlich etwas versprechen. Schreiben Sie nie von sich selbst als „der Verfasser" oder „der Linksunterzeichner". „Wir" ist nur dann gebräuchlich, wenn für das Unternehmen geschrieben wird.
 Wir freuen uns, dass der Vertrag zustande gekommen ist.
 Nächste Woche schicke ich Ihnen die Verträge zu.

14. **Absätze überprüfen**
 Absätze helfen, Gedanken zu ordnen. Kurze Absätze wirken lesefreundlich.

15. **Zwischenüberschriften einbauen**
 Lockern Sie längere Textpassagen durch Zwischenüberschriften auf.

16. **Satzlänge überprüfen**
 Kürzen Sie alle Sätze, die mehr als einen Nebensatz haben. Sätze mit mehr als drei Zeilen Länge unbedingt auf mögliches Kürzen prüfen. Alte Faustregel: ein Satz pro Gedanke. Aber: Auch kurze Sätze können langatmig sein. Achten Sie kritisch auf den Inhalt.

17. **Ein Gedanke pro Satz**
 Schopenhauers Regel gilt: Da der Mensch nicht zwei Gedanken auf einmal denken kann, ist es eine Unverschämtheit, zwei Sätze ineinander zu leimen.

18. **Lange Sätze in mehrere Hauptsätze teilen**
 „Wir haben allesamt im Deutschunterricht nie gelernt, dass kurze Sätze etwas Gutes sind." (Wolf Schneider, Autor und früherer Leiter der Journalistenschule Hamburg)

19. **Substantive prüfen**
 Lösen Sie möglichst viele Substantive mit den Endungen „ung", „heit", „keit" auf (Nominalstil).
 Ersetzen Sie, wo immer möglich, Substantive durch Verben.
 nicht: *Zur Vermeidung der Schwerfälligkeit von Texten auf Substantivierung von Verben verzichten.*

sondern: *Vermeiden Sie schwerfällige Texte; verzichten Sie darauf, Verben in Substantive zu formen.*

20. **Füllwörter streichen**
    Füllwörter wie „indes", „andererseits" und das meist überflüssige „auch" streichen.

21. **Verlegenheitsfloskeln streichen**
    Floskeln, wie „beigefügt", „hiermit", „möchten" aus Briefen eliminieren.
    nicht: *Wir möchten Sie höflichst bitten, uns die Antwortkarte bis 23.6. zurückzusenden.*
    sondern: *Bitte senden Sie uns die Antwortkarte bis 23.6. zurück.*

22. **Grammatik und Rechtschreibung**
    Überlassen Sie die Schlusskorrektur einer anderen Person. Alle Texter sind auf Dauer rechtschreibblind!

Tipp: WORT FÜR WORT Korrekturservice: www.wortfuerwort.de

Nachschlag zur Anregung

Manche Firmentexter reagieren empfindlich, wenn die Fachabteilung etwas an ihrem Manuskript zu kritisieren weiß. Techniker sind empört, wenn die PR-Leute die Fachbegriffe in eine allgemein verständliche Sprache übersetzen. Ein altes Lied, das viele zu singen wissen. Worin liegt die Ursache? Bittere Erinnerungen am Rotstift des Deutschlehrers? Vielleicht. Es kann auch daran liegen, dass Lektoren in Unternehmen – mit Ausnahme der Verlagsbranche – Mangelware sind. So sind Mitarbeiter es selten gewohnt, dass irgendwer in seinen Texten herumfingert. Sekretärinnen berichten in Seminaren und Projekten immer wieder ihr Leidwesen: Deren Chefs reagieren höchst mimosenhaft, wenn in Diktaten korrigiert oder floskelbehaftete Korrespondenz mit guter Absicht entstaubt wird. Stellt sich die Frage, warum diese Herren überhaupt eine darin ausgebildete Fachkraft engagieren und zu Seminaren schicken.

Als Autor bin ich jedenfalls froh und dankbar, wenn wenigstens ein oder zwei Lektoren den Rotstift über meine Texte walten lassen. Ich kann's nur jedem „Chef" ans Herz legen. Es geschieht in bester Absicht im ureigensten Interesse des Lesers.

3 Text-Strategie für Unternehmen

Identität braucht eine kundennahe, markenstarke Sprache

Unternehmenssprache — und damit professionelles Texten — wird mehr und mehr von den Unternehmen als essentieller Baustein des wirtschaftlichen Erfolgs verstanden. Dies bescheinigt das *Handbuch Sprache in der Wirtschaft* (Markus Hundt u. Dorota Biadala, de Gruyter, Berlin, 2015). Die zentrale Funktion der Sprache ist erkannt worden. Corporate Wording® ist bei Unternehmen ebenso angekommen wie bei Lehrenden, Forschenden und Studierenden. Die Autoren Prof. Dr. Heinz Stahl und Dr. Florian Menz beantworten in ihrem empfehlenswerten *Handbuch Stakeholder-Kommunikation* (2014, ESV, Berlin) die Frage, wie man die Wahrscheinlichkeit „erfolgreicher" Kommunikation erhöhen kann, so: „... vor allem durch eines, die *Sprache* und die Bedachtnahme auf die *Lebenswelten* der Angesprochenen".

Dem gegenüber stehen Agenturen, Berater und Autoren, welche Lösungen in Form einer „einheitlichen Sprache" anpreisen (z. B. *Corporate Language*, Armin Reins, Mainz: Hermann Schmidt, 2006). Simone Burel, spezialisiert auf Linguistische Unternehmenskommunikation, kritisiert zu Recht im *Handbuch Sprache in der Wirtschaft* auf Seite 453, dass Reins' These einer einheitlichen Unternehmenssprache linguistisch nicht haltbar ist. Nicht mehr zeitgemäße Ratschläge finden sich in aktueller Literatur. Beispiel: Martin Dunkel in *Corporate Code* (2015, Springer Gabler, Wiesbaden): „Ich empfehle die Form einer Ringmappe, weil hier einfacher Seiten ausgetauscht oder ergänzt werden können". Davon rate ich ab, da manuelles Nachschlagen Ressourcen verschlingt und die Motivation auf Dauer hemmt. Bewährt haben sich Intranet-Manuals und Prüftools. Dunkel lässt sich wiederum über *Corporate Style* von Kathrin Vogel aus und stellt fest, „dass die Autorin von *Corporate Style* Linguistin ist und keine Rezepte für die Praxis anbieten will". (*Corporate Code*, Seite 32). Beim Überprüfen der Textqualität begnügen sich einige Berater mit Formeln, die Verständlichkeitswerte per Software liefern. Für Vorher-/Nachher-Vergleiche kann dieses Kratzen an der Textoberfläche mit Text-Laboren nützlich sein. Aber Lesbarkeitsformeln sagen nichts über das Satzinnenleben aus, also nichts über die Wirkung der Worte, darüber, welches Sprachklima in Bezug auf Kundennähe und Markenstärke erzeugt wird.

Fazit: „Einheitliche Sprache" trägt zur allgemeinen Verständlichkeit bei — prägt aber keine Identität. Gern zitiere ich an dieser Stelle Prof. Dr. Michael Thiermeyer, CW Senior-Consultant, und unseren Co-Autoren Gerhard Rost: „Identität definiert sich über Verhalten, Erscheinungsbild und Kommunikation, Identitätsharmonie über Konzeption, Konsistenz und Kompetenz. Identität wird dann wahrgenommen, wenn Erscheinungsbild, Kommunikation und Verhalten zusammenpassen" (*Corporate Wording*, Frankfurt am Main, 2010, Seite 72).

Best Practice Report: Texten wie ein Profi mit Corporate Wording® in der Österreichischen Post AG

CW VERZAHNT MIT CD UND CI

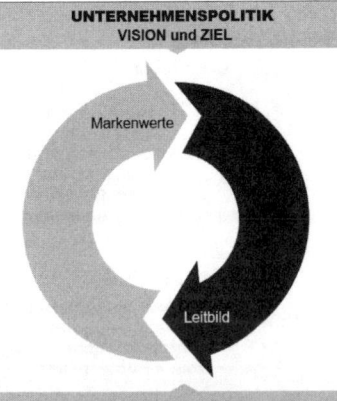

UNTERNEHMENSPOLITIK
VISION und ZIEL

Markenwerte

Leitbild

Corporate Wording® ist Teil der Corporate Identity. Auch mit Sprache prägen wir das Unternehmen. Corporate Design, Corporate Behavior, Corporate Publishing, Corporate Sounds und Media gehören ebenfalls zur Corporate Identity.

Stärker durch markante Wortwahl differenzieren, kundennahe Dialoge individualisieren und gleichzeitig Standards schaffen, die Zeit und Kosten bei der Textproduktion reduzieren. Das sind unternehmerische Ziele, die mit Strategie und Methode bereichsübergreifend zu erreichen sind. *Texten wie ein Profi* trägt einen Teil dazu bei. Praktikern widme ich daher in der aktualisierten 13. Auflage einen Best Practice Report. Dank der Initiative von Andreas Konrad, Leiter Kundenservice der Österreichischen Post AG, steht heute ein allumfassendes Projekt bereit, das als vorbildlicher Maßstab geeignet ist. Es ist eine Benchmark für das Planen, Bewerten oder Einkaufen von Leistungen und Tools, um schriftliche Kommunikation neu auszurichten.

Die Österreichische Post AG ist der landesweit führende Logistik- und Postdienstleister. Das Filialnetz der Österreichischen Post zählt zu den größten Privatkundennetzen des Landes und will seinen Kunden hochwertige Produkte und Services in den Bereichen Post, Bank und Telekommunikation anbieten. Die Mission lautet: *Wir überbringen Werte – verlässlich, vertraulich, persönlich. Wir sind die erste Wahl für unsere Kunden, Partner und Mitarbeiter – gestern, heute, morgen. Wir sind der führende Post- und Logistikdienstleister in Österreich. Als erfolgreicher Spezialist wachsen wir in Europa.* Die Post verfügt über ein fundiertes Wertegerüst, das den geistigen Hintergrund ihrer Tätigkeit bildet. Im Leitbild heißt es: *Wir stellen den Kunden in den Mittelpunkt.*

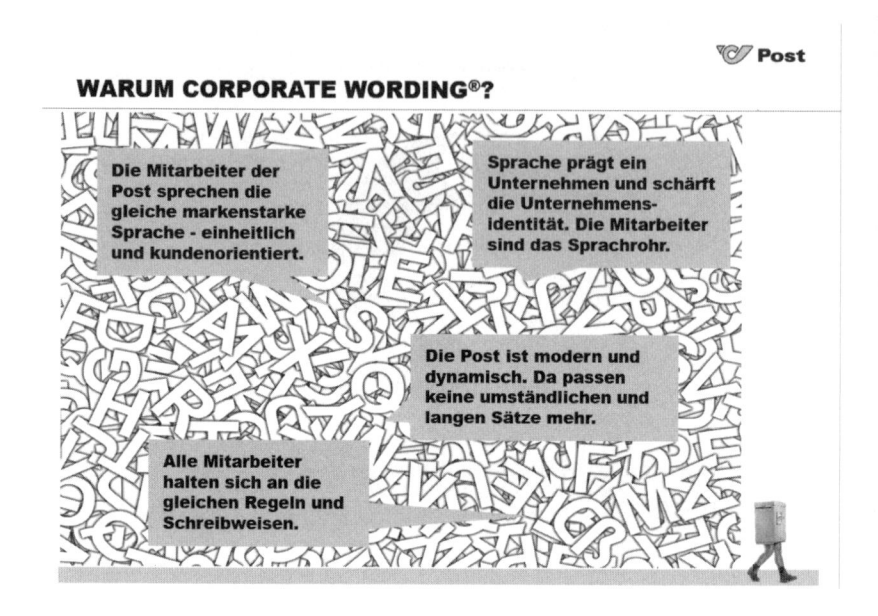

℗ Post

WARUM CORPORATE WORDING®?

Die Mitarbeiter der Post sprechen die gleiche markenstarke Sprache - einheitlich und kundenorientiert.

Sprache prägt ein Unternehmen und schärft die Unternehmensidentität. Die Mitarbeiter sind das Sprachrohr.

Die Post ist modern und dynamisch. Da passen keine umständlichen und langen Sätze mehr.

Alle Mitarbeiter halten sich an die gleichen Regeln und Schreibweisen.

Diese Steilvorlage führte zum Entschluss, die schriftliche Kommunikation zu professionalisieren: konstanter, verständlicher, einfacher, markanter, moderner und kundennäher.

Ein Zielbild stellte zunächst die Ist-Strecken und Soll-Weichen für das Kundenservice (in Österreich: das Service) dar, verknüpft mit den damit verbundenen Veränderungen und Maßnahmen. Dazu zählte unter anderem, die Bearbeitungszeiten zu reduzieren und mit kundennahen Inhalten Kunden zu begeistern. In weiterer Folge soll sich das positive Image der Österreichischen Post steigern. Dies erfordert nicht nur Schulungen, sondern auch Maßnahmen und CW-Tools, um die Produktivität pro Mitarbeiter zu erhöhen, dadurch kostengünstiger sowie effizienter und professioneller texten zu können.

Im ersten Schritt galt es, die Ist-Situation der Organisationsstruktur, Öffnungszeiten, Kommunikationskanäle, Kundenzufriedenheit, Servicelevel und Mitarbeiterstruktur darzustellen; sowie die Nutzerfrequenz der Eingangskanäle zu erfassen: Online-Kontaktformular, Filialnetzerfassung (Eingabe über die Filiale), physische Briefe, Faxe, E-Mails und Social Media.

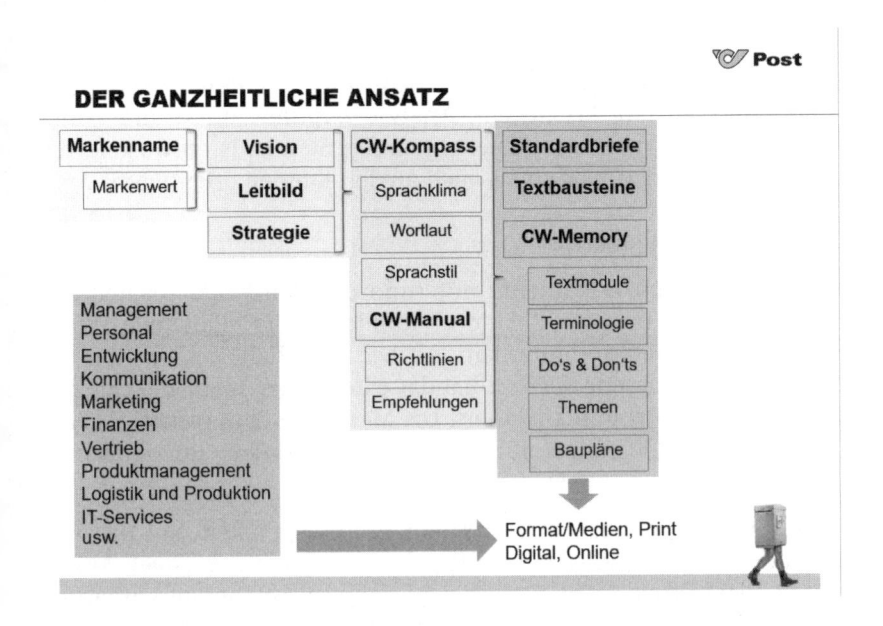

DER GANZHEITLICHE ANSATZ

Markenname	Vision	CW-Kompass	Standardbriefe
Markenwert	Leitbild	Sprachklima	Textbausteine
	Strategie	Wortlaut	CW-Memory
		Sprachstil	Textmodule
Management		CW-Manual	Terminologie
Personal			
Entwicklung		Richtlinien	Do's & Don'ts
Kommunikation			
Marketing		Empfehlungen	Themen
Finanzen			
Vertrieb			Baupläne
Produktmanagement			
Logistik und Produktion			
IT-Services			
usw.			Format/Medien, Print Digital, Online

Als Servicelevel gilt: 100% jener Eingänge, die das Kundenservice vor 17 Uhr erreichen, müssen *taggleich* eine Antwort erhalten (mit oder ohne finale Lösung). Die Post nimmt sich vor, dass der Kunde innerhalb *einer Stunde* nach Eingang seines Schreibens vom Kundenservice eine erste Antwort erhält.

Vor Projektbeginn arbeitete das Kundenservice-Team zwar mit Musterschreiben, aber ohne festgelegte Standards, an die sich die Mitarbeiter halten konnten. Diese Vorlagen bestanden hauptsächlich aus Textbausteinen, die in Form von Word-Dateien sowohl auf einem für alle Mitarbeiter zugänglichen Laufwerk gesammelt lagen als auch in der Kundenservice-Datenbank. Alle Kundenschreiben, unabhängig über welchen Weg oder Medienkanal eingetroffen, beantworteten die Mitarbeiter aus dieser Datenbank heraus, wo der Vorgang auch gleich dokumentiert wurde. Es fehlte eine standardisierte Qualitätssicherung, die das optimale und hochwertige Bearbeiten von Kundenanliegen überprüfte und vor allem garantierte. Ebenso das zentrale Verwalten von Textbausteinen und der schnelle, direkte Zugriff ohne „Cut & Paste". Stichproben zeigten, dass Stil und Sprache dem Anspruch einer modernen und kundenfreundlichen Kommunikation nicht mehr gerecht wurden. Für Mitarbeiter gab es in der Vergangenheit kein Text-Coaching, das ihnen als Hilfe diente, ihre Fähigkeiten im schriftlichen Bereich zu professionalisieren.

Die inhaltliche Neuausrichtung der schriftlichen Kommunikation bestand aus drei Projektschritten: Analyse-, Optimierungs- und Workshopphase. Während des Projekts wurden Standards entwickelt, die sich sowohl an den Werten als auch an den Kunden orientieren.

Phase 1: Schriftgutanalyse

Mehrere Tausend Dokumente mit rund drei Millionen Zeichen aus den Bereichen Investor Relations, Kundenservice, Philatelie, Voice (Telefon), Filialnetz-Kommunikation sowie alle Inhalte aus www.post.at und der Facebookseite der Post hat das externe CW-Team elektronisch zusammengeführt und analysiert. Die Mess- und Bewertungskriterien nach den CW-Kriterien für Textqualität wurden im Einzelnen ausgewertet.

Aus der Analyse ergab sich, dass ein Hauptaugenmerk auf das Verwenden der wichtigsten Texter-Regeln zu legen ist. Beispiel: kurze, aktive, floskelfreie Sätze. Aus diesen Erkenntnissen heraus entwickelten wir Richtlinien, Regeln und Empfehlungen, die in Absprache mit der Unternehmenskommunikation und den Key Usern (Seite 173) ihren Weg in das CW-Manual fanden. Eine weitere Aufgabe der Analyse war die Entwicklung von Lösungen und Maßnahmen im Rahmen eines Sprach- bzw. Kommunikationskonzepts, die drei Aspekte zum Ziel haben:

- Schreibaufwand senken (Prozesse),
- Inhalte optimieren und bündeln (Content),
- Qualität sicherstellen (Tools).

Dabei beeinflussen vier Dimensionen die Textqualität: Lesbarkeit, Konsistenz, Wortvielfalt und Emotionsgehalt. Zur *Lesbarkeit* zählen Themen wie Wortlänge, Satzlänge, Aktiv/Passiv-Konstruktionen, Textverständnis, Floskeln, Amtsdeutsch, Papierwörter, Füllwörter, Pleonasmen, Homographen, Anglizismen sowie das Gendern und der Umgang mit identitätsstiftenden Austriazismen. Der Begriff *Konsistenz* beinhaltet Kriterien wie einheitliche Schreibweisen sowie eindeutige Fachbegriffe. Dazu wurden über 1.000 Produkt- und Leistungsbezeichnungen der Österreichischen Post extrahiert und vereinheitlicht. Die *Wortvielfalt* betrifft die Nutzungsfrequenz einzelner Wörter aus dem Grund-, Fach- und Post-Wortschatz. Wortvielfalt ja, aber derart, dass der Leser die Wortwahl versteht und annimmt.

Mit der Seefahrt vergleichbar gibt es für CW ein Instrument, mit dem ein Unternehmen strategisch navigieren und auf sprachlichen Kurs gehen kann: der „CW-Kompass". Es wird ermittelt und definiert, in welcher Bandbreite und in welcher Intensität das Unternehmen emotional wahrgenommen werden soll. Der *Emotionsgehalt* ist ein Mix aus *Rationalem, Konservativem, Intuitivem* und *Emotionalem*. Im Scheckkartenformat stellt dies der CW-Kompass dar. Er zeigt vier Farbfelder mit unterschiedlich großen Flächen, die die gewünschte Mischung visualisieren. Die Keywords aus Mission und Leitbild sind den Farbflächen zugeordnet — je nach Gewichtung und Relevanz in unterschiedlicher Schriftgröße. Mit dieser Darstellung sehen die Mitarbeiter und externen Agenturen auf einen Blick das von der Post angestrebte Sprachklima.

Phase 2: Schriftgutoptimierung

Auf der Grundlage des neu definierten CW-Standards überarbeiten wir in der CW-Redaktion Servicetexte sowie markenstarke und kundennahe Bausteine und Module. Texten wie ein Profi: Ist ein gleicher oder nahezu ähnlicher Text in einem anderen Dokument zu optimieren, erkennt dies das „CW-Memory" und fügt den bereits optimierten Text ein. Auf diese Weise konnten in relativ kurzer Zeit große Textmengen mit ähnlichen Inhalten effizient verbessert werden. Redundante Inhalte sind jetzt reduziert, Strukturen in Dokumenten optimiert. Eine integrierte CW-Kontrolle (Terminologie-Check u. a.). gewährt Mitarbeitern auch in Zukunft durchgängige Schreibweisen, gleich für welche Fachbereiche die Texte verfasst werden.

DIE PRAXISNAHEN CW-ZIELE

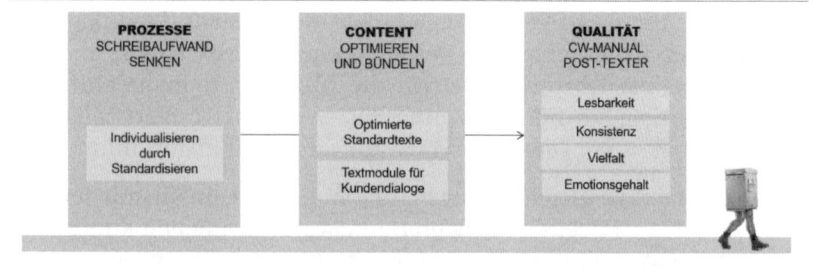

PROZESSE
SCHREIBAUFWAND SENKEN

Individualisieren durch Standardisieren

CONTENT
OPTIMIEREN UND BÜNDELN

Optimierte Standardtexte

Textmodule für Kundendialoge

QUALITÄT
CW-MANUAL POST-TEXTER

Lesbarkeit
Konsistenz
Vielfalt
Emotionsgehalt

Phase 3: CW-Workshops und Texter-Schulungen

Das über 200 Seiten starke CW-Manual steht seit Beginn der Workshop-Phase im Post-Intranet — vergleichbar mit einem Firmenwiki. Es ist in vier Kapitel unterteilt:

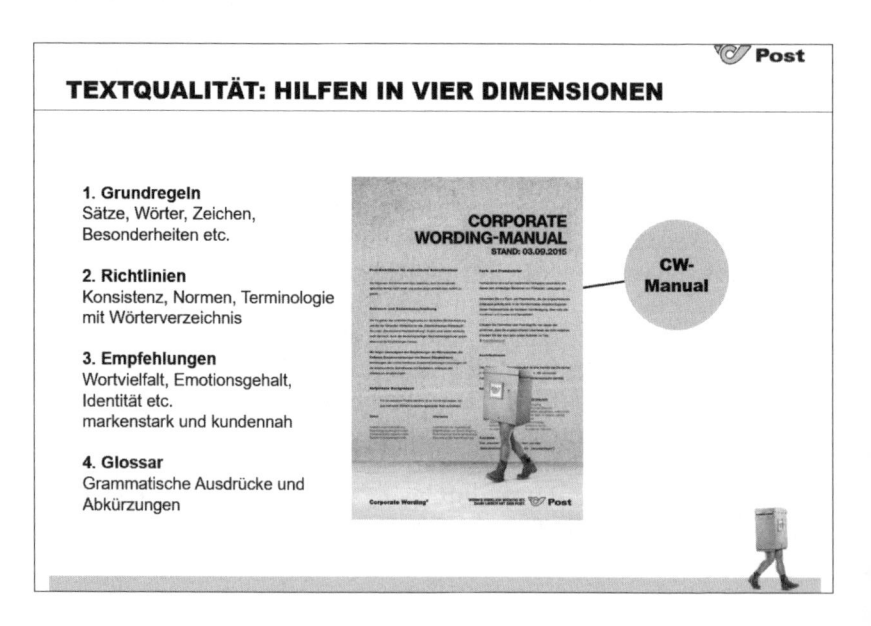

TEXTQUALITÄT: HILFEN IN VIER DIMENSIONEN

1. Grundregeln
Sätze, Wörter, Zeichen, Besonderheiten etc.

2. Richtlinien
Konsistenz, Normen, Terminologie mit Wörterverzeichnis

3. Empfehlungen
Wortvielfalt, Emotionsgehalt, Identität etc.
markenstark und kundennah

4. Glossar
Grammatische Ausdrücke und Abkürzungen

CORPORATE WORDING-MANUAL
STAND: 03.09.2015

CW-Manual

Die Einführung der neuen Standards wurde mit Workshops für Key User, Redakteure, externe Mitarbeiter aus Agenturen, Führungskräfte sowie Texter-Schulungen für Mitarbeiter aus dem Front- und Back-Office unterstützt. Alle Teilnehmer wurden in den Änderungsprozess eingebunden. Deren Vorschläge flossen in die Schlussfassung der auf

Fachbereiche zugeschnittenen Redaktionsleitfäden und Textvorlagen mit ein. So entstand ein gemeinsames CW-Werk.

Die besonderen Anforderungen in den Texter-Schulungen: Markante Worte können für Menschen mit verschiedenen Auffassungen, unterschiedlichen Bildungsgraden oder sozialer Herkunft unterschiedliche Bedeutungen haben. Die Professionalität des Texters liegt darin, diese typgerecht in Inhalte einzubetten. Das Herausfordernde besteht darin, Schlagworte aus Mission und Leitbild identisch wiederzugeben und in allen Fachbereichen für verschiedenste Themen, Situationen und Zielgruppen anzuwenden. Dies erfordert eine kundennahe und markenstarke Wortwahl − weit mehr als eine Sammlung von Paraphrasen und jenseits von „Fahnen-" oder „Hochwertwörtern" der politischen Rhetorik.

Die im CW-Projekt zu erarbeitenden Textmodule liefern „Übersetzungen" für typologische Zielgruppen − von betont rational bis betont emotional (vgl. 4-Farben-Sprachmethode, S. 23 ff. und die „Wörterbücher für Texter" ab Seite 189 ff. mit Schlüsselbegriffen, die gesellschaftliche Werte vermitteln können).

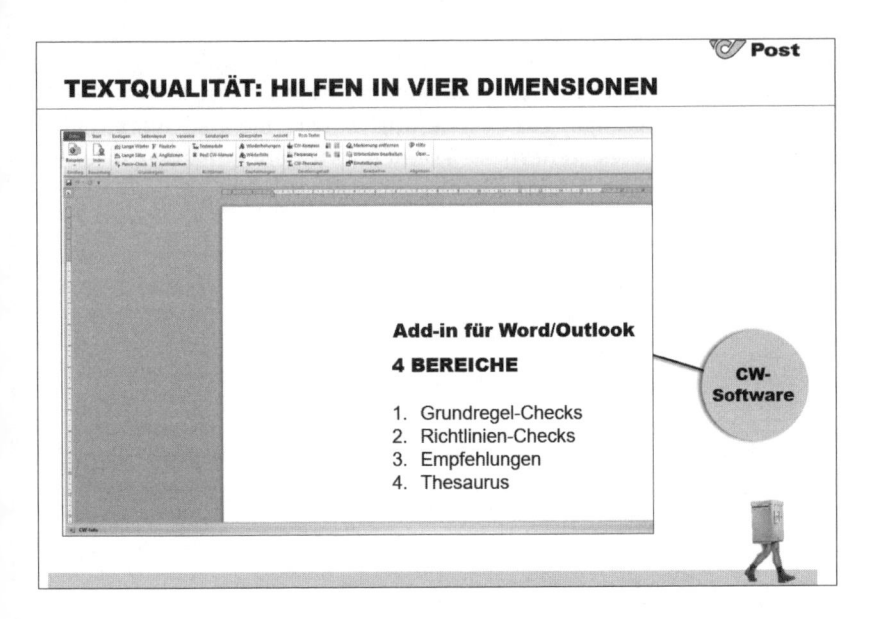

TEXTQUALITÄT: HILFEN IN VIER DIMENSIONEN

Add-in für Word/Outlook
4 BEREICHE
1. Grundregel-Checks
2. Richtlinien-Checks
3. Empfehlungen
4. Thesaurus

CW-Software

Ergänzend zum CW-Manual im Intranet und den Redaktionsleitfäden für die Fachbereiche steht zum Start der Schulungen eine zeitsparende CW-Software bereit, die den Schreibprozess aus qualitativer und wirtschaftlicher Sicht optimiert. Dadurch ist das Überprüfen des Lernerfolgs und das tägliche Anwenden des Erlernten durch den Mitarbeiter selbst und durch die Führungskraft gewährleistet — was sich als besonders nachhaltig erwiesen hat.

Das Prüfwerkzeug sorgt dafür, dass die Nutzer die Vorgaben umsetzen, weil dies zeitsparender ist, als das Nachschlagen in Ringbüchern. Die CW-Software-Inhalte laufen synchron zum CW-Manual, was aufgrund der täglichen Anwendung einen schnellen Lerneffekt bringt und einen Rückfall in alte Gewohnheiten verhindert. Diese IT-Lösung weist einen Mehrfachnutzen auf, einerseits als Arbeitshilfe für Mitarbeiter, andererseits als zentrales Management-Tool und Controlling für Administratoren beziehungsweise Content- und Textverantwortliche.

Follow-Up-Phase

Transfer, Coaching, Controlling

Die von Post-Mitarbeitern erstellten Texte werden vom externen CW-Redaktionsteam begutachtet, inwieweit die Inhalte den Standards entsprechen. Mitarbeiter erhalten „von außen" Hilfe und Lösungsvorschläge, welche bei Bedarf durch Telefongespräche oder Webmeetings unterstützt werden. Darüber hinaus finden regelmäßig Jour fixes statt und im Angebot stehen Auffrischungs-Workshops, schriftliche Lehrgänge zur Vertiefung sowie Blended-Working-Lösungen. Um all dies steuern zu können, wurden Aufgaben in einer neu geschaffenen *on demand* CW-Organisation verteilt:

DIE CW-ORGANISATION

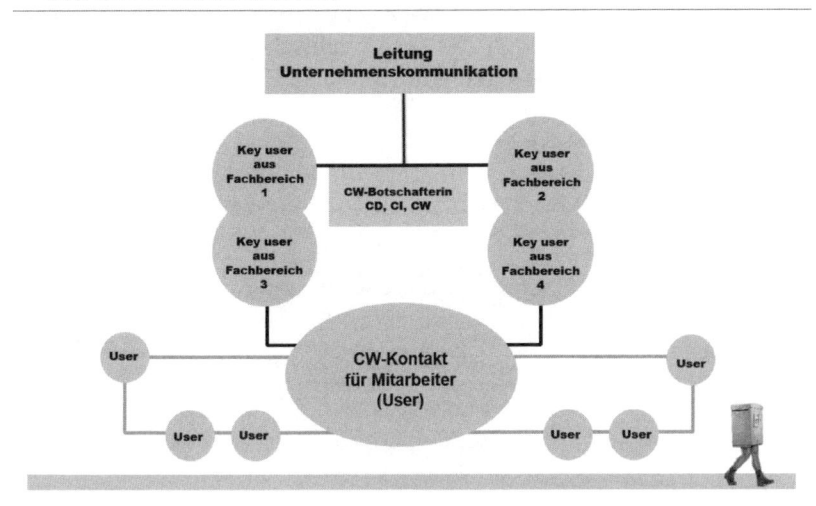

```
                    Leitung
            Unternehmenskommunikation

  Key user                              Key user
    aus                                   aus
 Fachbereich     CW-Botschafterin     Fachbereich
     1              CD, CI, CW             2

  Key user                              Key user
    aus                                   aus
 Fachbereich                          Fachbereich
     3                                    4

User                CW-Kontakt                    User
                    für Mitarbeiter
                        (User)
       User   User              User   User
```

Aufgaben für CW-Botschafter:

- ist für Inhalte im CW-Manual verantwortlich,
- berichtet der Leitung der Unternehmenskommunikation,
- ist verantwortlich für Namensentwicklungen, Änderungen etc.,
- lädt Key User zu Jour fixes ein.

Aufgaben für Key User:

- schulen Kollegen in CW und sind CW-Ansprechpartner,
- nehmen an vierteljährlichen Jour fixes teil,
- halten Kontakt zum CW-Botschafter.

Aufgaben für User:

- wenden Corporate Wording praktisch an,
- nehmen an Seminaren und Info-Veranstaltungen teil,
- geben Anregungen/Vorschläge an ihre Key User weiter.

Projektergebnisse

Die wichtigsten Schritte des CW-Projekts entsprechen dem Risikomanagementprozess, der in der Österreichischen Post in alle Unternehmenseinheiten einbezogen wird.

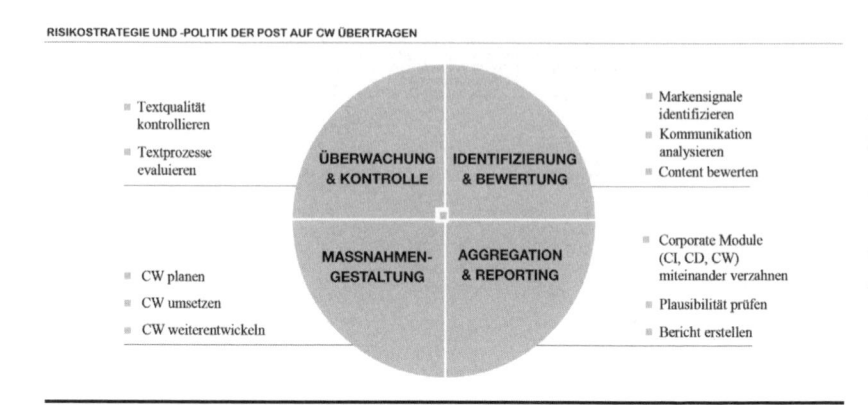

RISIKOSTRATEGIE UND -POLITIK DER POST AUF CW ÜBERTRAGEN

- Textqualität kontrollieren
- Textprozesse evaluieren

ÜBERWACHUNG & KONTROLLE | IDENTIFIZIERUNG & BEWERTUNG

- Markensignale identifizieren
- Kommunikation analysieren
- Content bewerten

- CW planen
- CW umsetzen
- CW weiterentwickeln

MASSNAHMEN-GESTALTUNG | AGGREGATION & REPORTING

- Corporate Module (CI, CD, CW) miteinander verzahnen
- Plausibilität prüfen
- Bericht erstellen

Das Projektergebnis deckt sich mit den Wertekategorien *Kundenorientierung*, *Wirtschaftlichkeit* und *Nachhaltigkeit* sowie Kommunikation und Wertschätzung. Das entspricht allen Anforderungen des Marktes:

Kundenorientierung:

- Textbausteine mit starkem Fokus auf den Kunden,
- Kommunikationsprozesse kundenorientiert optimiert,
- hohes Maß an Durchgängigkeit und damit verbundene Transparenz von Bezeichnungen für Produkte und Leistungen,
- definierte, verbindliche, transparente Standards für alle Mitarbeiter mit Post-Wörterbuch im Intranet plus Software-Autorenunterstützung „on the job",
- die Post legt einen glaubhaften, authentischen Fokus auf Kundenorientierung, denn CW wird nicht „einheitlich verordnet", sondern der Mitarbeiter wählt im Kundendialog aus einem Menü das aus, was ihm und dem Kundentypus schmeckt (Speisekartenprinzip),
- die neuen Texte wurden z. B. im Beschwerdemanagement (Vorstandsbeschwerden) von Kunden positiv wahrgenommen.

Wirtschaftlichkeit:

- Textmodule erhöhen die Effizienz durch schnelle und einfache Anwendung,
- Kosteneinsparung durch zentrale Terminologie-Verwaltung,
- mehr Effizienz und Flexibilität im operativen Ablauf,
- Verbesserung der Effizienz und Effektivität der Arbeitsweise im Kundenservice.

Nachhaltigkeit:

- messbare Leistungsindikatoren und Qualitätskennzahlen (CW-Index),
- Sicherung einer sehr hohen Textqualität durch Prüftools und somit bessere Service-Qualität,
- Qualitätssicherung durch Textqualitätschecks,
- CW-Botschafter lädt regelmäßig Key User und externe CW-Experten zu Jour fixes ein.

Die 4-Farben-Sprache in Unternehmungen

In der Semantikgruppe des M + E Arbeitgeberverbands wurde die 4-Farben-Sprache für eine Informationsbroschüre schon zur Tarifrunde 1999 angewendet. Ein Farbkompass auf der Titelseite informierte den Leser über die Gewichtung der Themen. Jeder Lesertypus fand in der Broschüre „seine" Informationen. Farbbalken führten ihn durch den Inhalt. Inzwischen hat meine Methode in über 30 Branchen Einzug gefunden, darunter Non-Profit-Organisationen wie nph Deutschland e.V. Hilfe für Waisenkinder, Versicherungen wie die Roland Rechtschutz-Versicherungs-AG oder − wie zuvor berichtet − jüngst bei der Österreichischen Post AG.

KUNDENNAHE TEXTE: JA – ABER WIE?

CW Grundtypen	CW Grundfunktionen	CW Farbcode
Rationalisten	Informationsfunktion (Zahlen, Daten, Fakten)	Blau
Konservative	Garantiefunktion (Nachweis, Tradition, Ordnung)	Grün
Intuitive	Erlebnisfunktion (Vision, Idee, Begeisterung)	Gelb
Emotionale	Kontaktfunktion (Emotion, Herz, Sympathie)	Rot

Aus einer Seminar-Präsentationen, mit denen die Key User der Österreichischen Post AG ihre Mitarbeiter weiterbilden (Seite 11).

Die Methode wird von mir und meinem Sohn, Andreas Förster, an der OTH Technische Hochschule Amberg-Weiden im Studienfach Corporate Wording gelehrt, ebenso per Fernkurs an der Schweizer ZfU International Business School mit Zertifikatsabschluss. Wörter bilden ein Verwandtschaftsverhältnis zu Farben. Spätestens seit Herausgabe des populärwissenschaftlich aufbereiteten „Lüscher Farbentests" – weltweit bekannt und in Weltbestsellern vielfach publiziert – wissen wir: Farben und typische Verhaltenseigenschaften stehen in engem Bezug. Schlagen wir also die Brücke zwischen Mensch, Wörtern und Farben.

Gibt es eine „4-Farben-Gesellschaft"?

Beim Texten interessiert weniger, wie der Mensch ist oder denkt. Wichtig sind die typologischen Funktionen vorhersagbarer Prozesse der Wahrnehmung und Entscheidungsfindung, die sich beim Leser ganz verschieden abspielen können. Ein Beispiel:

Ein Texter schreibt voller Leidenschaft über die Leistung eines Motorrads – ein PS-Freak. Er muss sich nicht wundern, wenn der Empfänger die Botschaft nicht wahrnimmt, weil sein Blick durch eine völlig andere Wahrnehmungsbrille geschärft ist. Emotionen. Erlebnisse. Umgekehrt gilt das gleiche Spiel. Wenn Sie über das Lebensgefühl mit einer Harley schreiben und das Abenteuer der Freiheit auf dem Highway in Szene setzen, überrascht nicht, dass Hubraumenthusiasten die Botschaften ignorieren.

Ob und wie ein Text wahrgenommen wird, hängt also maßgeblich davon ab, ob Ihre Texte eine Auswahl an Perspektiven bieten. Die 4-Farben-Sprache, die im Crashkurs vorgestellt wurde, berücksichtigt die Grundverhalten der Wahrnehmung, die Bedürfnisse und Werte. Damit lässt sich das Leserverhalten im positiven Sinne steuern.

Ziel jedes Texters sollte es sein, durch die vier Lesebrillen dieser Typen zu schauen und deren Sprache zu schreiben.

Farbe	Typologie	Verhalten	Erwartung	Text-Strategie	✎ Sprachklima
CW-BLAU	Die Perfektionisten	analytische Beurteilung setzen sich mit Texten kritisch auseinander	Fakten und Grundlagen	Zahlen, Daten, Fakten	kurz nüchtern Informationsfunktion blaues Wörterbuch
CW-GRÜN	Die Konservativen	sinnliche Wahrnehmung setzen auf Gewohnheiten und auf das, was sie bereits kennen (Stamm-kunden)	Sicherheit und Erprobtes	Nachweise, Traditionen, Ordnung	sachlich strukturiert Garantie-funktion grünes Wörterbuch
CW-GELB	Die Impulsiven	intuitive Ahnung lassen sich gerne von Texten inspirieren	Ideen und Aufbruch-stimmung, Neuheiten von A wie Abenteuer bis Z wie Zeitvertreib	Visionen, Ideen, Begeisterung	aufgeschlossen heiter Erlebnis-funktion gelbes Wörterbuch
CW-ROT	Die Emotionalen	gefühlsmäßige Beurteilung lassen sich von Gefühlen leiten	Emotionen und Reize zwischen Besonderheit und Bescheidenheit	Sympathien, Emotionen, Herz	von emotional bis aggressiv Kontakt-funktion rotes Wörterbuch

© Hans-Peter Förster – Corporate Wording®
Den Typologietest finden Sie im Buch „Corporate Wording", Frankfurter Allgemeine Buch, 2010 und online unter www.corporate-wording.de.

Hinweis: Kein Schubladendenken, sondern ein Modell für Texter. „Den" Typen in seiner reinsten Form gibt es natürlich nicht, sondern 6 Milliarden verschiedene Individuen auf unserem Erdball – und täglich werden es mehr!

Eine häufig gestellte Frage:
Warum eigentlich 4 Farbstifte?

Blaue Antwort:
Vierdimensional konstruiert.
Wir existieren in der Welt der 4-heit.

Gelbe Antwort:
Ein Farbkasten mit 16 Buntstiften wäre Ihnen wohl lieber?

Rote Antwort:
Ich liebe das Rot und erfreue mich an gelben Farben,
die Natur ist grün und außerdem mögen die meisten Menschen gern Blau.
So ist für jeden etwas dabei.

Grüne Antwort:

	CW-Blau	CW-Grün	CW-Gelb	CW-Rot
4 Elemente (Empedokles)	Wasser	Erde	Luft	Feuer
4 Himmelsrichtungen	Norden	Osten	Süden	Westen
4 Tageszeiten	Nacht	Morgen	Mittag	Abend
4 Jahreszeiten	Winter	Frühling	Sommer	Herbst

Die nachfolgenden Tabellen liefern eine Übersicht bekannter Modelle. Es wird weder Anspruch auf Vollständigkeit noch auf eine exakte 1:1-Übersetzung erhoben. Die Grenzen sind fließend. Nur der größte gemeinsame Nenner wird hier dargestellt, ohne auf einzelne Unterschiede im Detail einzugehen.

Konverter: Farbenmodelle

	CW-Blau	CW-Grün	CW-Gelb	CW-Rot
Wording-Typen	Die Perfektionisten	Die Konservativen	Die Impulsiven	Die Emotionalen
typische Erwartungen	Zahlen, Daten, Fakten	Nachweise, Traditionen, Ordnung	Visionen, Ideen, Begeisterung	Sympathien, Emotionen, Herz
Funktionen der 4-Farben-Wörter	Information	Garantie	Erlebnis	Kontakt
4-Farben-Mensch Max Lüscher	Robinson Lüscher Rot	Edelmann Lüscher Grün	Hans im Glück Lüscher Gelb	Diogenes Lüscher Blau
	+ Selbstvertrauen	+ Selbstachtung	+ Selbstentfaltung	+ Zufriedenheit
	- Der wichtigtuerische Angeber	- Der eingebildete Pfau	- Der erwartungsvolle Phantast	- Der gutmütige Engel
Sechsfarben-Denken Edward de Bono	Weißer Hut (Zahlen, Fakten)	Blauer Hut (Kontrolle und Organisation)	Grüner Hut (Kreativität, neue Ideen)	Roter Hut (gefühlsmäßige Sicht)
		Schwarzer Hut (pessimistisch)	Gelber Hut (optimistisch)	
Spiral Dynamics			Mem-Code Gelb (2. Ordnung)	Mem-Code Grün (1. Ordnung)

© Hans-Peter Förster — Corporate Wording®
Weitere Konverter wie zum Beispiel für Semiometrie, Sinus-Milieus, Soziale Milieus, Semiotisches Panel, Mosaik-Typologie, Consumer-Typologie, Typologie der Frau, Fame, Stern Markenprofile, Typologie der Wünsche, Outfit-Typologie etc. wurden im Rahmen von Marktforschungsprojekten erstellt.

Konverter: Klassiker

	🖉 CW-Blau	🖉 CW-Grün	🖉 CW-Gelb	🖉 CW-Rot
4 Temperamente	Melancholiker (Blau/Rot)	Phlegmatiker (Grün/Blau)	Sanguiniker (Gelb/Grün)	Choleriker (Rot/Gelb)
4 Typologien nach C. G. Jung	Denktypen	Empfindungstypen	Die Intuitiven	Fühltypen
	Denken	*Empfinden*	*Intuition*	*Fühlen*
	rationales Urteilen	irrationales Urteilen	irrationales Urteilen	rationales Urteilen
MBTI Myers-Briggs Typenindikator	analytische Beurteilung (T)	sinnliche Wahrnehmung (S)	intuitive Wahrnehmung (N)	gefühlsmäßige Beurteilung (F)
4 stimmliche Stereotypen nach dem Psychologen Hans Eysenck	passiv, sorgfältig, nachdenklich, friedfertig, kontrolliert, zuverlässig, ausgeglichen	ruhig, ungesellig, reserviert, pessimistisch, nüchtern, rigide, ängstlich, verstimmbar	anführend, sorglos, lebendig, unbeschwert, ansprechbar, redselig, aufgeschlossen, gesellig	empfindlich, ruhelos, aggressiv, erregbar, launisch, impulsiv, optimistisch, aktiv
Fritz Riemann Grundformen der Angst – Tiefenpsychologie	Die schizoiden Persönlichkeiten	Die zwanghaften Persönlichkeiten	Die hysterischen Persönlichkeiten	Die depressiven Persönlichkeiten
Der „vierohrige" Empfänger Friedemann Schulz von Thun	Sachohr	Apell-Ohr	Selbstoffenbarungsohr	Beziehungsohr
Enneagramm	Dreier, Fünfer	Einser, Sechser, Neuner	Vierer, Siebener	Zweier, Achter

© Hans-Peter Förster – Corporate Wording®

Konverter: Training, (Personal-)Management, Kommunikation, Werbung

	CW-Blau	CW-Grün	CW-Gelb	CW-Rot
DemoScope Soziogramm Adligenswhil	WEST außengerichtet	SÜD konservativ	NORD progressiv	OST innengerichtet
EQ² Daniel Goleman Kompetenzen	Selbstvertrauen, Selbstkontrolle, Leistungsstreben.	Vertrauenswürdigkeit und Gewissenhaftigkeit.	Zutreffende Selbsteinschätzung, Innovation und Anpassungsfähigkeit, Initiative und Optimismus.	Emotionales Bewusstsein, Engagement.
Focus Com-Acting-Typen	Info-Elite	Info-Consumer	Infotainment-Consumer	Die passiven Abgeschotteten
Insights	Der Beobachter (Blau) Der Direktor (Rot)	Der Unterstützer (Grün) Der Koordinator (Grün/Blau)	Der Inspirator (Gelb) Der Reformer (Blau/Rot)	Der Motivator (Gelb/Rot) Der Berater (Gelb/Grün)
Limbic Maps	Abenteurer Performer Diszipliner	Bewahrer Diszipliner	Hedonist Abenteurer	Genießer
Persolog DISG Persönlichkeitsprofil	rot D — dominant aufgabenorientiert extravertiert	grün S — stetig menschenorientiert introvertiert	gelb I — initiativ menschenorientiert extravertiert	blau G — gewissenhaft aufgabenorientiert introvertiert
Roper Consumer Styles GfK	Materialismus Haben	Puritanismus Sicherheit	Postmaterialismus Sein	Hedonismus Leidenschaft
Struktogramm	blau	—	rot	grün
Team-Design	Controllers	Organisers	Explorers	Advisers
World Values Survey	Secular-Rational	Traditional	Self Expression	Survival

Spiral Dynamics/ Gott 9.0	Mem-Code Rot Feuer in den Augen Macht	Mem-Code Blau Absolute Ordnung	Mem-Code Gelb Struktur im Chaos	Mem-Code Beziehungen
	Ich, 1. Ordnung	Wir, 1. Ordnung	Ich, 2. Ordnung	Wir, 1. Ordnung
	Mem-Code Orange (CW-Blau/ CW-Gelb) Maximalerfolg	Mem-Code Purpur (CW-Grün/ CW-Rot) Stammes-ordnung		Mem-Code Türkis (CW Rot/ CW-Blau) kosmische All-verbundenheit
	Ich, 1. Ordnung	Wir, 1. Ordnung		Wir, 2. Ordnung

© Hans-Peter Förster − Corporate Wording®

Beispiel: Strategie-Workshop

Am Ende des Kapitels über die Corporate-Wording-Strategie ein Beispiel, wie in einem Texter-Workshop die Methode der 4-Farben-Sprache praktisch umgesetzt wurde:

Die gemeinsame Aufgabenstellung lautete:

1. Wir erfinden eine Firma.
2. Wir positionieren das Unternehmen am Markt mit Hilfe einer Analyse.
3. Wir beschreiben in Stichworten die Unternehmens-, Fach- und Produktkompetenzen.
4. Wir erarbeiten in einem Wording-Manual die wichtigsten Eckdaten zum Unternehmen.

Hier die Ergebnisse:

Es wurde ein Schokoladen-Fabrikant erfunden, der sich von Wettbewerbern wie Dickmanns & Co. deutlich abheben sollte. Wesentliche Merkmale: Schokolade und Eischnee mit „Brain". Produktbezeichnung: Fitt-Kiss.

Die Umsetzung

- blau: leistungsstark, fit, erfolgsorientiert, perfekt
- gelb: locker, spontan, neu, heiter
- rot: einfühlsam, hingebend, erotisch, attraktiv
- grün: untergeordnete Bedeutung

Fitt-Kiss Unternehmenskompetenzen

- blau: fit
- gelb: heiter
- rot: hingebend

Fitt-Kiss Fachkompetenzen

- blau: Entwicklung, Forschung
- gelb: Freude an der Arbeit
- rot: am Genuss orientiert

Fitt-Kiss Produktkompetenzen

✎ blau: „brainfördernd" (von der Gruppe kreiert)
✎ gelb: Spaßmacher
✎ rot: Geschmack

Fitt-Kiss Produktbezeichnung

Helle Köpfe

Damit standen Positionierung, Kompetenzen und Sprachklima. Im zweiten Schritt wurden vier Gruppen gebildet und Aufgaben zur Umsetzung verteilt:

A) Marketing
Text und Gestaltung eines Mailings.
✎ grün, gelb, blau, rot

B) PR
Standardbrief zur Beantwortung allgemeiner Anfragen
Formalien und Mindeststandards.

C) Werbeabteilung intern
Entwicklung eines Folders.

D) Werbeagentur extern
Entwicklung einer Anzeige.

Fitt-Kiss Anzeigenkonzept

Headline in ✎ rot: Wir haben ECHT was auf der Waffel!
✎ blaues Argument: Nasch dich schlau!
✎ gelbes Argument: Das BISSCHEN mehr
✎ blaues Argument: $E = mc^2$
✎ grünes Argument: Von führenden Schaumschlägern empfohlen, jetzt in Ihrer Bibliothek *)

*) gehörte zum neuen Vertriebskonzept:
Fitt-Kiss ist auch in Bibliotheken erhältlich

Fitt-Kiss Folderkonzept

Seite 1   Kuss mit Köpfchen
Helles Köpfchen von Fitt-Kiss

Seite 2   2 Köpfe nähern sich.
1 schmelzender Kuss.
Hochgenuss...

Helles Köpfchen
weckt Schmetterlinge im Bauch.

Seite 3/4   Das gibt's doch nicht?!
Genuss, der den Geist beflügelt.

Seite 5/6   Coupon:
Ich glaub's nicht!
Den Beweis bitte an ...
(Adressfeld)

KUSS
mit
KÖPFCHEN
HELLES KÖPFCHEN
HELLES KÖPFCHEN

Genuss, der den Geist beflügelt

Die Fitt-Kiss Briefkultur

1. Formalien und Qualitätskriterien für einen Standardbrief
   - runde Typografie, analog zur Form der „Hellen Köpfchen"
   - Fließtext in Kleinschreibung
   - Gruß immer handschriftlich: bleiben Sie fitt!
   - Papier: Pergament, gelb-orange getönt

2. Standardbrief für allgemeine Anfragen: Sprachklima in der für Mailings bewährten Farbschleife ✎ grün – gelb – blau – rot mit Gewichtung auf Rot.

Stichworte:

Betreff
Genuss mit Denkanstoß
Helles Köpfchen von Fitt-Kiss

Anrede
Lieber Genießer, liebe Genießerin,

Grüner, konservativer Einstieg
Tradition – Kindergeburtstage mit Negerküssen ...

Gelbe Idee
Küssen bekommt eine neue Dimension

Blaue Sachlichkeit
Verbindung von Genuss und Gesundheit ...
gestützt durch Forschung und Entwicklung ...

Emotionale Inhalte in Rot
Schwelgen mit Leidenschaft ...
Genuss pur ...

Schlussformel
Süße Grüße vom
Fitt-Kiss Verführer-Team

Postscriptum
Streicheln Sie leicht über das Helle Köpfchen
und lassen Sie sich inspirieren.

Die Präsentation überraschte alle Teilnehmer: Alle vier Konzepte — obwohl getrennt erarbeitet — bildeten in der Summe ein ganzheitliches Konzept. Nach dieser Workshopstunde wurde deutlich, wie wertvoll die Vorarbeiten der Analyse, Positionierung, Kompetenzdefinition und Gestaltung des Sprachklimas waren.

Fazit für den Profi-Texter: Erst denken – dann texten!

4 „Wörterbücher" für Texter

Die nachfolgenden Adjektiv-Sammlungen sind ein kleiner Ausschnitt aus der CW-Datenbank mit über 250.000 Einträgen. Diese Daten werden für Auftragsanalysen und Softwarelösungen laufend weiterentwickelt. Sprache unterliegt dem Wandel. Die Farb-Zuordnungen in diesem Buch erheben keinen Anspruch auf Absolutheit. Änderungen vorbehalten (Stand: 13. Auflage). Mehrdeutige Wörter sind hier nach praktisch begründeten Regeln einer einzigen Farbe zugeordnet. Wie die Wörter im Kontext wirken, muss der Texter im Einzelfall beurteilen. Die „Wörterbücher" für Texter sind das exemplarische Ergebnis von Textrecherchen in unterschiedlichsten Quellen und sollen die Vielfalt der Möglichkeiten und Wege vermitteln. Sie erheben weder Anspruch auf Vollständigkeit noch ersetzen sie die hier genannten Nachschlagewerke. Ganz im Gegenteil. In der Bibliothek eines Texters sollten folgende Titel nicht fehlen:

Synonyme

- Die sinn- und sachverwandten Wörter
  Duden 8
  Berlin: Dudenverlag

- K. Peltzer, R. v. Normann
  Das treffende Wort
  Bern/Schweiz: Hep Verlag

- Dornseiff
  Der deutsche Wortschatz
  nach Sachgruppen
  Berlin: de Gruyter

- Variantenwörterbuch des Deutschen
  Berlin: de Gruyter

Wortbilder, Assoziationen

- C. Petri
  Kreativität auf Knopfdruck
  Ideendatenbank
  mit 40.000 Assoziationen
  Offenburg: Mildenberger Verlag

- W. Hager/M. Hasselhorn
  Handbuch deutschsprachiger
  Wortnormen
  Wortnormierungsstudien der letzten
  20 Jahre.
  Göttingen: Hogrefe

- W. Kroeber-Riel
  Bild-Kommunikation
  München: Franz Vahlen

Werbetexte

- W. Hars
  Lexikon der Werbesprüche
  Frankfurt am Main: Eichborn

Zitate, Redensarten, Sprichwörter

- Das Stilwörterbuch
  Duden 2
  Berlin: Dudenverlag

- Das Bedeutungswörterbuch
  Duden 10
  Berlin: Dudenverlag

- Redewendungen
  Duden 11
  Berlin: Dudenverlag

Online-Wortschätze

- Deutsche Wörterbücher und
  Grammatik
  www.canoo.net

- Wortschatz-Portal Uni Leipzig
  http://wortschatz.uni-leipzig.de

Kompass für den nüchternen Sprachstil

Hier erhalten Sie Anregungen, mit welchen Wörtern Sie blaue Werte vermitteln können.

blau

adrett	Seite 196
autoritär/entscheidend	Seite 197
besitzdenkend/einflussreich	Seite 198
egoistisch/selbstbewusst	Seite 199
erfolgsorientiert/erfolgreich	Seite 200
fit	Seite 201
friedfertig	Seite 202
hart	Seite 203
materialistisch/gewinnorientiert	Seite 204
rational	Seite 205
realistisch	Seite 206
sauber	Seite 207

„Blaue" Adjektive!

A
abfallend
abgehärtet
abgekühlt
abgekürzt
abgerechnet
abgeschlossen
abgesperrt
abgrundtief
abnehmend
abrupt
abschüssig
absetzbar
absolut
abwärts
adrett
akut
akzentuiert
alpin
analog
analytisch
artikuliert
astrein
astronomisch
athletisch
atmungsaktiv
aufgetaut
aufnahmebereit
aufragend
aufschlussreich
aufsteigend
aufwärts
ausgefeilt
ausgeprägt
ausgeschlossen
ausgezählt
ausgezeichnet
ausnahmslos
aussichtslos
ausverkauft
authentisch
automatisch
autorisiert
autoritär

B
bankrott
bar
bargeldlos
baumstark
begabt
beherrscht
beinhart

bekräftigend
belesen
bemessen
berechenbar
bergab
bergauf
beruflich
beschleunigt
besessen
besetzt
besitzdenkend
besser
bestbemittelt
bestimmend
bestimmt
betont
bewusst
bezeichnend
beziehungslos
biegsam
bifokal
bilateral
billig
bissig
blank
blass
blattreich
bleifrei
bleischwer
blütenweiß
bohrend
böig
breit
brillant

C
cash
charaktervoll
chemisch
chirurgisch
clever
couragiert

D
definitiv
demonstrativ
demoskopisch
denkbar
deutlich
dezidiert
diagonal
differenziert
diffizil

direkt
distanziert
dominant
doppelbödig
doppelt
drahtig
drahtlos
drastisch
drehbar
dreifach
dringend
dringlich
dünn
durchdacht
durchgängig
durchgehend
durchlässig
durchschlagend
durchschnittlich

E
eckig
effektiv
effizient
egoistisch
ehrgeizig
eigenmächtig
eilig
eindeutig
eindringlich
eingleisig
einmalig
einsichtig
einspurig
einträglich
einverstanden
einwandfrei
einzeln
einzig
einzigartig
eisern
eisig
eiskalt
elektrisch
elitär
endgültig
endlos
energielos
energisch
eng
entfernt
entkräftet
entscheidend

entschieden
entschlossen
entschlusskräftig
erdacht
erdenklich
erfolgreich
erfrischend
ergiebig
ernst
ernsthaft
ernstlich
erstklassig
exakt
existent
explosiv
exquisit
extra
extraordinär

F
fabrikneu
fahrbar
farbecht
farblos
fatal
fehlerfrei
fehlerlos
felsenfest
fern
fertig
festgesetzt
feststehend
finanziell
finanzschwach
fit
flach
fleckenlos
fließend
flüssig
fraglos
friedfertig
fristlos
frontal
frostklar
fugenlos
führend
fulminant
fundamental
funktional
funktionell

G
gar
geballt
gebaut
gedacht
gedanklich
gefahrlos
gehaltvoll
geistig
geistreich
geistvoll
gekonnt
gekühlt
gelenkig
genial
geradlinig
geräuschlos
gering
geschärft
gescheit
geschliffen
geschlossen
geschniegelt
geschnitten
gesondert
gesucht
geteilt
getrennt
gewaltig
gewillt
gewollt
gezielt
gigantisch
glanzlos
gläsern
glashart
glasig
glasklar
glatt
global
grandios
grafisch
gravierend
größtmöglich

H
haarklein
hart
hartnäckig
hastig
heftig
hervorragend
heterogen
hiebfest
hochprozentig

hybrid
hygienisch

I
identisch
ideologisch
imitiert
immun
inaktiv
inbegriffen
indisponiert
informativ
inklusive
inoffiziell
intellektuell
intelligent
intensiv
interplanetar
interstellar
irreal
isoliert

K
kahl
kalt
kantig
kapital
kenntnisreich
kernig
kerzengerade
klug
knochenhart
knochentrocken
kochecht
kochfest
kolossal
kompakt
komplementär
komplett
komplex
komprimiert
kompromisslos
konkret
konstant
konstruktiv
konträr
konvers
konvertierbar
konzentriert
korrekt
kostbar
kostenfrei
kostenintensiv
kostenlos
kostspielig

kräftig
kraftstrotzend
kraftvoll
kritisch
kühl
kühn
künstlich
kurz
kurzfristig

L
latent
laut
lautlos
lautstark
lebenstüchtig
leer
legal
legitim
lehrreich
leistungsfähig
leistungsstark
lernwillig
lichtecht
linear
linienförmig
liniert
listig
logisch
lohnend
lotrecht
lückenlos
luftleer
luftlos
lukrativ
luxuriös

M
mächtig
makellos
mannhaft
männlich
mannshoch
markant
markig
marktgerecht
maßgeblich
massig
massiv
materiell
mechanisch
mehrdeutig
mehrfarbig
mehrjährig
mehrseitig

mehrsprachig
messerscharf
metallic
metallisch
minimal
mittelfristig
mobil
monochrom
monoton
monströs
motorisch
muskulös

N
nachdrücklich
nadelspitz
nagelneu
nahtlos
namenlos
neon
neunmalklug
neutral
neuwertig
nichtig
nichtssagend
niedrig
nivelliert
nordisch
nüchtern

O
objektiv
operativ
optimal
optisch
ortsfest

P
paradox
parallel
partiell
pausenlos
perfekt
perforiert
pfeilgeschwind
phonetisch
physikalisch
plakativ
plastisch
plausibel
pleite
pointiert
portofrei
potent
potentiell

193

prägnant
praxisfern
präzis
preisgünstig
preiswert
prestigevoll
privilegiert
produktiv
professionell
profiliert
protzig
provokant
provokativ
prozentual
punkt
pünktlich
punkto
punktuell
puristisch

Q
quadratisch
quantitativ

R
rational
rau
raumlos
real
realistisch
redegewandt
redundant
reell
regungslos
reich
reichhaltig
rein
reinweiß
relativ
relevant
rentabel
resolut
restlos
rhetorisch
richtig
richtunggebend
richtungweisend
rigoros
riskant
rissig
robust
roh
routiniert

S
sachlich
sauber
schief
schlagartig
schlagfertig
schlau
schlüsselfertig
schmal
schnell
schonungslos
schrankenlos
schwer
sekundär
selbstständig
selbstbewusst
selbstkritisch
selbstsicher
selbsttätig
senkrecht
seriell
siegesbewusst
simultan
solo
souverän
spekulativ
sperrig
spezifisch
spiegelbildlich
spiegelglatt
spiegelgleich
spitz
spitzfindig
spröde
spurlos
stabil
stark
startbereit
startklar
steif
steil
stereotyp
steril
stichfest
stichhaltig
still
stillos
straff
stramm
strategisch
streng
strikt
stringent
substantiell
substanzlos
substanzreich
subtil
summarisch
synchron

T
tadellos
taktisch
tatkräftig
technisch
temporär
teuer
theoretisch
theorielastig
tief
tiefgekühlt
titanisch
tonangebend
tonlos
topless
total
transparent
treffend
triftig
trocken
typisch

U
übereifrig
übereilt
überfragt
übergenau
übergroß
überhöht
überlegen
überragend
überschüssig
überspitzt
übersteigert
überteuert
überzählig
überzeugend
überzeugt
überzogen
uferlos
ultimativ
unbedingt
unbeirrbar
unbeirrt
unbestechlich
unbezahlbar
undurchsichtig
unecht
unempfindlich
unentschieden
ungerade
uniform
unmittelbar
unnachgiebig
unschlagbar
unübertroffen
unverzichtbar
unwiderruflich
unzählbar
unzählig

V
vehement
vereinzelt
verfrüht
verkehrt
verkürzt
vernünftig
verständlich
verständnislos
verstärkt
vertikal
vieldeutig
vollkommen
vollzählig
vorhersagbar
vorurteilsfrei
vorurteilslos
vorzeitig

W
waagerecht
wach
wachsam
waschecht
wasserdicht
wechselseitig
wegleitend
wegweisend
weise
weit
weltgewandt
weltläufig
weltmännisch
weltstädtisch
weltumfassend
weltweit
wertfrei
wertlos
wertneutral
wertvoll
wesentlich
wichtig
widersinnig
willensstark

willig	wortwörtlich	zahlungsunfähig	zugespitzt
winzig	wuchtig	zeitgebunden	zügig
wirklich	wunschlos	zeitgleich	zugkräftig
wirtschaftlich		zeitlich	zutreffend
wissenschaftlich	**Z**	zeitlos	zwecklos
wolkenlos	zackig	zeitraubend	zweideutig
wörtlich	zahllos	zentral	zweifellos
wortlos	zahlreich	zielbewusst	zweifelsfrei
wortreich	zahlungsfähig	zielsicher	zweitrangig
wortstark	zahlungskräftig	zielstrebig	

adrett

Gepflegtheit, Sauberkeit, Geschmack, Gediegenheit

Synonyme
gepflegt, gewählt, seriös.
adrett, ordentlich, gepflegt, sauber, frisch, appetitlich *(ugs.)*, knusprig *(ugs.)*, wie aus dem Ei gepellt *(scherzh.)*, wie aus dem Schächtelchen *(ugs., scherzh.)*; anziehend, aufgeputzt.
adrett sein, zum Anbeißen/zum Fressen sein *(ugs.)*.
gewählt, gepflegt, gehoben, vornehm; geschmackvoll, seriös, gepflegt, fetzig *(ugs.)*, gediegen, soigniert.
gediegen, seriös, solide, solid, echt, wertbeständig, ordentlich, währschaft *(schweiz.)*, reell.
Gepflegtheit, Gewähltheit, Ausgesuchtheit, Geschliffenheit, Ausgefeiltheit, Ausgewogenheit.
Ausgereiftheit, Überlegtheit, Durchdachtheit, Ausgefeiltheit, Ausgewogenheit.
Geziertheit, Ziererei, Gespreiztheit, Gestelztheit, Geschraubtheit, Affektiertheit, Gekünsteltheit, Künstelei, Manieriertheit, Gezwungenheit, Steifheit, Unnatürlichkeit, Geschwollenheit.
Sauberkeit, Reinheit, Fleckenlosigkeit, Makellosigkeit.
Geschmack, *(guter Geschmack)* Kunstverständnis; einer Sache keinen Geschmack abgewinnen können, auf den Geschmack kommen, gefallen; Geschmack finden an, billigen, gefallen; keinen *(guten)* Geschmack haben, etwas verrät keinen guten Geschmack, geschmacklos *(sein)*; hast du *(da)* noch Geschmack; überrascht *(sein)*; im Geschmack vorherrschen, vorschmecken; ohne Geschmack, fade, ungewürzt.

Wortbilder
Kleidung, Garten, Fingernägel, Frauen, Haare, Auto, Wohnung, Frisur, Schuhe, Mann.

Assoziationen
Aussehen, sauber, Äußerlichkeit, Erscheinung, Benehmen, Mode, Auftreten, gut angezogen, Ordnung, reine Haut.

Historische Werbetexte
Der Duft nach Sauberkeit und Frische. *(1934)*

Werbetexte
(rund um die Eitelkeit)
Die Sucht nach Perfektion
... Ein Mann muss nicht schön sein. Aber er darf.
Fassaden sind Visitenkarten.
Herb im Duft, frisch auf der Haut: Mister L.
Ihre Wäsche verrät, wieviel Sie von sich halten.
Schönheits-Konkurrenz: eigen, was man hat.
Sehen und gesehen werden.
Wer im Sommer gute Figur machen will, sagt jetzt überflüssigen Kilos den Kampf an.
Wer sagt, dass Männer wie graue Mäuse auftreten müssen?

Zitate

Geschmack
De gustibus non est disputandum. (Über Geschmack lässt sich nicht streiten.)
Geschmack ist das Taktgefühl des Geistes. *(Stanislas de Boufflers)*
Der schlechte Geschmack hat Grenzen, nur der gute Geschmack ist grenzenlos.
An Hässlichkeit kann man sich gewöhnen, an Nachlässigkeit nie. *(Coco Chanel)*
Guter Geschmack ist eine Insel im Meer der Unbildung. *(Sprichwort oder Redensart aus Frankreich)*

Eitelkeit
Wir sind so eitel, dass uns sogar an der Meinung der Leute, an denen uns nichts liegt, etwas gelegen ist. *(Marie von Ebner-Eschenbach)*
Wo die Eitelkeit anfängt, hört der Verstand auf. *(Marie von Ebner-Eschenbach)*
Eitelkeit ist die Gabe, sich noch wichtiger zu nehmen, als man sich fühlt. *(Victor de Kowa)*
Eitelkeit ist die Haut der Seele. *(Friedrich Nietzsche)*

Sauberkeit
Die Seife ist ein Maßstab für den Wohlstand und die Kultur der Staaten. *(Justus Freiherr von Liebig)*
Sauberkeit ist Arbeit, nicht Genuss. *(Carl Ludwig Schleich)*

autoritär

Autorität, Maßgeblichkeit, Macht, Respektsperson

Synonyme
autoritär, repressiv, totalitär; autoritär erziehen/ lenken.
repressiv, hemmend, einengend, Zwang ausübend, frustrierend, unfreiheitlich, autoritär; erziehen, frustrieren; normen; anerzogen. Antonym: freiheitlich.
totalitär, autoritär, obrigkeitlich, autokratisch, diktatorisch, absolutistisch, unumschränkt, repressiv, patriarchalisch, selbstherrlich, willkürlich; selbstständig, zielstrebig; **lenken**, führen, gefügig/ *(landsch.)* kirre machen, manipulieren, indoktrinieren, erziehen, umerziehen, gängeln, bevormunden, jemanden am Gängelband führen/haben, bevogten *(schweiz.)*, jemanden ducken, autoritär erziehen, auf Vordermann bringen, jemanden anspitzen *(ugs.)*, jemanden kommandieren, jemanden einer Gehirnwäsche unterziehen; ändern, beeinflussen, dirigieren, formen, unterdrücken; unselbstständig, zahm.
Autorität, Maßgeblichkeit, maßgeblicher/entscheidender/ausschlaggebender Einfluss, Macht, Prestige, Geltung, Ansehen, Wichtigkeit; Ansehen, Einfluss, Macht, Machtposition, Respektsperson.
Machtgier, Machtstreben, Machtbesessenheit, Machtanspruch, Machtwahn, Machthunger; Ehrgeiz, Oberhaupt; totalitär.

Wortbilder
Lehrer, Chef im Büro, Mutter, mit dem Fuß stampfen, Bewegungen, Frauen, Eltern, Arzt, aufrechte Körperhaltung, Kinder.

Assoziationen
Durchsetzungsvermögen, Meinungen durchfechten, Energie, Auftreten, Kraft, schreien, selbstbewusst, sich durchsetzen, genaue Vorstellungen, kompromisslos.

Werbetexte
(mit aufforderndem Charakter)
Kommen Sie heute noch.
An dieser Entscheidung kommen Sie nicht vorbei!
Augen auf!
Ausschneiden. Abholen, Ausprobieren.
Bevor Sie entscheiden: Investieren Sie etwas Zeit.
Bleiben Sie dran.
Brauch ich nicht!
Doch, brauchen Sie doch.
Das gibt's doch nicht.
Doch!
Einfach kaufen.
Glauben Sie uns nicht – überzeugen Sie sich selbst!
Greifen Sie schnell zu.
Haben Sie's endlich ausprobiert/getankt/angezogen ...
Interessiert?
Kostenlos Katalog anfordern.
Irgendwann sind Sie reif für (Produktbezeichnung). Jetzt!

Zitate

Autorität
Willst du einen Menschen kennenlernen, so gib ihm Autorität. *(Sprichwort oder Redensart aus Bulgarien)*
L'autorité repose d'abord sur la raison. (Die Autorität beruht vor allem auf der Vernunft.) *(Antoine de Saint-Exupéry)*

Freiheit
Freiheit ist nicht möglich ohne Autorität (sonst wird sie zum Chaos) – und Autorität nicht ohne Freiheit (sonst wird sie zur Tyrannei). *(Stefan Zweig)*

Erziehung
Erziehst du einen Leoparden, so bricht er dir das Genick. *(Sprichwort oder Redensart aus Afrika)*
Wir sollten uns weniger bemühen, den Weg für unsere Kinder vorzubereiten als unsere Kinder für den Weg. *(Sprichwort oder Redensart aus Amerika)*
Von Natur sind alle Menschen gleich, aber durch die Erziehung sehr verschieden. *(Sprichwort oder Redensart aus China)*

Macht
Ein an die Macht gekommener Freund ist ein verlorener Freund. *(Henry Adams)*
Die Macht hat stets, wer zahlt. *(Bertolt Brecht)*

besitzdenkend

Besitztum, Güter, Vermögen, Sachwerte

Synonyme
besitzen, haben; die Dreistigkeit/Vermessenheit/Kühnheit/Frechheit besitzen, erdreisten *(sich)*; Macht besitzen, mächtig *(sein)*.
haben, besitzen, in Besitz haben, im Besitz von etwas sein, verfügen über, versehen/ausgestattet/ausgerüstet/bestückt sein mit, sein Eigen/Eigentum nennen, zur Hand/parat/in petto/auf Lager *(ugs.)*/zur Verfügung/in Bereitschaft haben, überreichlich: mit etwas gesegnet sein *(ugs.)*, mit etwas die Straße pflastern können *(ugs.)*; aufweisen, erleben, geben, gehören, innehaben, wissen.
haben wollen, begierig *(sein auf/nach)*.
Besitz, Besitztum, Vermögen, Gesamtvermögen, Vermögenswerte, Sachwerte, Eigentum, Habe, Habseligkeiten, *(Hab und)* Gut, Geld und Gut, Haus und Hof, irdische Güter; Besitzer, Gemeinbesitz, Immobilien, Vermögen; haben.
Eigentum, Besitz; sein Eigentum nennen, haben; jemandes Eigentum sein, gehören.

Wortbilder
Haus, Autos, Kleidung, Schmuck, Schloss, Möbel, Yacht, Kleider, Geld, Gold.

Assoziationen
Urlaub, teuer, Gesellschaft, Äußerlichkeit, Lebensart, Reichtum, bequem, Mode, sauber, Aufsteiger.

Historischer Werbetext
Hast du was — bist du was. *(1958, Pfandbriefe)*

Werbetexte
Alles, was das Herz begehrt.
Auswahl, die keine Wünsche offen lässt.
Auswahl ist entscheidend.
Geben Sie sich nicht mit weniger zufrieden.
Auswahl noch und noch.
Bei uns ist täglich Wahltag.
Bergeweise
Bündelweise
Eine Fundgrube.
Geben Sie sich nicht mit einer kleinen Auswahl zufrieden.
In allen Kombinationen.
In allen Variationen.
Mehr als genug.
Nicht suchen, finden!
Niemand kann Ihnen mehr bieten.
Noch und noch.
Reichhaltig
Sie haben die Wahl.
Top-Selection.
Unerschöpflich viele.
Unsere Lager platzen für Sie.
Was wollen Sie mehr?
Weniger sollten Sie sich nicht bieten lassen.
Wenn Sie aus dem Vollen schöpfen wollen.
Wir haben, was Sie wollen.

Zitate

Besitz
Besser eigenes Brot als fremder Braten. *(Sprichwort oder Redensart aus Deutschland)*
Besitz ist notwendig. Aber es ist nicht notwendig, dass er immer in denselben Händen bleibt. *(Rémy de Gourmont)*
Der Schnee auf meinem Schirm wiegt leicht, denn er gehört mir. *(Sprichwort oder Redensart aus Japan)*
Artikel null des Grundgesetzes lautet: Der Besitzstand der Deutschen ist unantastbar. *(Bernhard Jagoda)*
Der Besitz macht uns nicht halb so glücklich, wie uns der Verlust unglücklich macht. *(Jean Paul)*
Der eine hat den Dill, der andere die Gurken. *(Sprichwort oder Redensart aus Russland)*
Besitz ist langweilig. *(Donald Trump)*
Geld: Tragbares Eigentum. *(Ambrose Gwinnett Bierce)*
Nicht die Blumen und Bäume, nur der Garten ist unser Eigentum. *(Sprichwort oder Redensart aus China)*
Klein, aber mein! *(Sprichwort oder Redensart aus Deutschland)*
Nur durch Gebrauch wird etwas besessen. *(Johann Kaspar Lavater)*
Manche Leute haben nichts weiter von ihrem Vermögen als die Furcht, es zu verlieren. *(Antoine de Rivarol)*

egoistisch

Egoismus,
Eigenliebe/Eigennutz,
Selbstsucht,
Selbstverliebtheit

Synonyme
selbstsüchtig, eigennützig, selbstisch, ichsüchtig, ichbezogen, egoistisch, egozentrisch, nicht selbstlos, asozial, dünkelhaft, eigennützig; Egoist; Selbstsucht, Selbstverliebtheit.
eigennützig, berechnend, auf den eigenen Vorteil bedacht.
selbstbezogen, autistisch, introvertiert, zentrovertiert, nicht gesellig.
narzisstisch, autoerotisch, in sich selbst verliebt.
Selbstsucht, Selbstischkeit *(selten)*, Berechnung, Eigennutz, Egozentrik, Egoismus, Ichsucht, Ichbezogenheit.
Selbsterhaltung,
Selbsterhaltungstrieb, Selbstschutz, Selbstverteidigung.
Selbstverliebtheit,
Narzissmus, Autoerotismus, Autoerastie, Autophilie.

Wortbilder
Frau, Kleidung, Mann, Manager, Anzug, Mimik, Gestik, Geld, Blicke, Faust.

Assoziationen
Auftreten, Selbstbewusstsein, Ego, Karriere, erfolgreich, Firmenchef, Meinung verkünden, Stolz.

Werbetexte
Damit lässt sich Staat machen.
Danach richtet man sich.
Das oder keins.
Der Konkurrenz um Meilen voraus.
Die Elite.
Die Krone.
Diva.
Eine echte Bereicherung.
Eine Vorreiterrolle haben.
Einzig dastehend.
Erste Geige spielen.
Geben Sie sich nicht eher zufrieden.
Hat Signalwirkung.
Hauptrolle spielend.
Haushoch überlegen.
Immer eine Idee besser.
Konkurrenzlos.
Lässt alles andere alt aussehen.
Lässt alles andere weit hinter sich.
Lässt alles andere verstummen.
Läuft allen den Rang ab.
Macht was her.
Man lebt nur einmal.
Steckt alles in den Sack.
Sticht alles aus.
Tanzen Sie aus der Reihe.
Tonangebend.
Überbietet alles.

Zitate

Egoismus
Egoismus ist Einsamkeit.
(Friedrich Schiller)
Egoismus besteht nicht darin, dass man sein Leben nach seinen Wünschen lebt, sondern darin, dass man von anderen verlangt, dass sie so leben, wie man es wünscht. *(Oscar Wilde)*
In seiner Jugend glaubt jeder, dass die Welt eigentlich erst mit ihm angefangen habe, und dass alles eigentlich um seinetwillen da sei. *(Johann Wolfgang von Goethe)*
Ein Egoist ist ein Mensch, der nur zuhört, wenn er selbst redet. *(Arno Sölter)*
Ei ist Ei, sagte er und nahm sich das größte.
(Kurt Tucholsky)
Es gibt nur zwei Arten von Egoisten: diejenigen, die ihren Egoismus zugeben — und wir anderen.
(Walter Matthau)
Who eates his cock alone must saddle his horse alone. (Wer sein Huhn allein isst, muss sein Pferd allein satteln.) *(Sprichwort oder Redensart aus Großbritannien)*
Ein kluger Egoismus ist übrigens nach meiner Erfahrung nach häufig mehr wert als dieser sabbernde Altruismus, der ständig auf Dankbarkeit erpicht ist. *(André Heller)*

Eigennutz
Der Eigennutz spricht alle Arten von Sprachen und spielt alle Rollen, selbst die der Selbstlosigkeit.
(François de La Rochefoucauld)
Es gibt zwei Motive der menschlichen Handlungen: Eigennutz und Furcht.
(Napoleon I.)
Tunica propior pallio est. (Das Hemd ist mir näher als der Rock.) *(Titus Maccius Plautus)*

erfolgsorientiert

Erfolg,
Durchbruch,
Ergebnis,
Glück

Synonyme
erfolgreich, erfolgreich ab- schließen/beenden, absolvieren; erfolgreich sein, Erfolg *(haben)*.

Erfolg, Durchbruch, Wirksamkeit, Auswirkung, Folge, Effekt, Ergebnis, Resultat, Fazit, großer: Bombenerfolg (emotional), dreimaliger im Sport: Hat-Trick, Hattrick; Ergebnis, Folge, Glück, Reaktion, Widerhall.
Erfolg haben, ein Kassenschlager/erfolgreich sein, die Nase vorn haben, brillieren, glänzen, die Kurve kriegen *(ugs.)*, reüssieren, jemandes Weizen blüht, zum Handkuss kommen *(schweiz.)*, seinen Weg machen, es zu etwas bringen, etwas hat/zeitigt ein gutes Ergebnis, abräumen *(ugs.)*, etwas trägt Frucht/Früchte, etwas ist von Erfolg gekrönt; angesehen *(sein)*, avancieren, brillieren, erwirken, gelingen, verursachen.
Erfolg, Sieg, Verkaufsschlager; keinen Erfolg zeitigen, wirkungslos *(bleiben)*; mit Erfolg träumen.

Wortbilder
Manager, Auto, Geld, Aktenkoffer, Anzug, Sport, Sportler, Börse, Männer, Geschäftsfrau, Bankgebäude.

Assoziationen
Beruf, Karrierefrau, gutes Aussehen, schönes Auto, Jungunternehmer, Karriereleiter, Geschäftsreise, schönes Haus, Stars, Ausbildung.

Werbetexte
Bis hierher und viel weiter.
Der Schlüssel zum Erfolg sind Menschen.
Wo Messetermine Erfolgsdaten werden!
Die Form des Erfolgs.
Mit Erfolgs-Garantie.
Allen eine Nasenlänge voraus.
Auf Erfolgskurs.
Außer Konkurrenz.
Das beste Pferd im Stall.
Das Ziel aller Träume.
Der Gipfel.
Ein Erfolgsschlager.
Ein Jahrhundertwurf.
Ein leuchtendes Beispiel.
Ein Paradebeispiel.
Ein Senkrechtstarter.
Eindeutig erste Klasse.
Eine Glanzleistung.
Eine Top-Leistung.
Einsame Klasse.
Erster Preis.
Ganz oben.
Hauptrolle spielend.
Hoch im Kurs stehend.
Immer eine Idee besser.
Klarer Favorit.
Matador.
Oft kopiert, doch nie erreicht.
Rekordleistung.
Ruhmreich.
Ruhmvoll.
Überbietet alles.
Unübertrefflich.

Zitate
Nichts ist so erfolgreich wie der Erfolg. *(Sprichwort oder Redensart aus Amerika)*
Wer dem Erfolg auf den Grund geht, findet Beharrlichkeit. *(Sprichwort oder Redensart aus Amerika)*
Willst du Erfolg haben, so frage drei alte Leute um Rat. *(Sprichwort oder Redensart aus China)*
Erfolg ist so ziemlich das Letzte, was einem vergeben wird. *(Truman Capote)*
Erfolg erzeugt Erfolg, wie das Geld das Geld. *(Nicolas Chamfort)*
Nichts ist überzeugender als der Erfolg. *(Sprichwort oder Redensart aus Deutschland)*
Der Ruhm der kleinen Leute heißt Erfolg. *(Marie von Ebner-Eschenbach)*
Wenn A für Erfolg steht, gilt die Formel A = X + Y + Z. X ist Arbeit, Y ist Muße und Z heißt Mundhalten. *(Albert Einstein)*
Der Erfolg ist eine Folgeerscheinung, niemals darf er zum Ziel werden. *(Gustave Flaubert)*
Am Mute hängt der Erfolg. *(Theodor Fontane)*
Early to bed and early to rise makes a man healthy, wealthy, and wise. (Früh zu Bett und früh wieder auf, macht gesund, reich und weise.) *(Benjamin Franklin)*
Das Schwierige am Erfolghaben ist eben, dass man es jeden Tag wieder haben muss. *(Hans Kilian)*

fit

Fitness,
Gesundheit,
Temperament,
Verfassung

Synonyme
topfit, in Form, in guter körperlicher Verfassung, leistungsfähig; gesund.
fit sein, in Kondition sein, Kondition haben.
sich fit machen, trainieren.
gesund, *(gesund und)* munter, kraftstrotzend, gesundheitsstrotzend, frisch, kerngesund, kregel *(landsch.)*, pumperlgesund *(ugs., österr.)*, fit, heil.
gesund aussehen, aussehen wie das blühende Leben/wie Milch und Blut, vor Gesundheit strotzen.
Fitness, Gesundheit, Temperament, Verfassung.
Gesundheit, Wohlbefinden, Wohlsein, Rüstigkeit, gutes Befinden, Fitness, Gesundheitszustand.
an seine Gesundheit denken, keinen Raubbau mit seiner Gesundheit treiben, sich schonen; gesund.
Temperament, Munterkeit, Lebhaftigkeit, Vitalität, Spannkraft, Fitness, Schwung, Feuer, Elan, Pep, Pfiff, Biss, Verve, Animo *(veraltet, österr.)*; Begeisterung, Tatkraft.
Verfassung, Befinden, Zustand, gute Verfassung: Fitness; in guter Verfassung sein, in Form sein; gesund *(sein)*.

Wortbilder
Sportler, joggen, schwimmen, Fahrradfahren, Training, Muskeln, Nahrung, junge Leute, Skifahren, Tennis.

Assoziationen
Ernährung, gesunde Ernährung, geistig fit, Ausdauer, dynamisch, jung, schnell, flott, aktiv, Kondition, wach.

Werbetexte
Gesundheit ist ein Stück von Ihrem Lebensglück.
Für Ihre Gesundheit machen wir uns stark.
Wir möchten, dass Sie gesund bleiben.
Treffen Sie eine gesunde Entscheidung.
Ein gesundes neues Jahr!
Just do it.
Mehr Herzklopfen, weniger Stress.
Sie haben lange genug gelitten.
Ein Jungbrunnen.
Erfrischt herrlich.
Feel free.
Zurück zur Frische des Lebens.
Bleiben Sie dran.
Du lebst nur einmal.
Hands up.
Sie! Ja, Sie da!
Sie sehen aber müde aus.
Strengstens erlaubt!

Zitate
Die Jogger leben nicht länger, sie sehen nur älter aus. *(N. N.)*
Gesundheit ohne Geld ist ein halbes Fieber. *(Sprichwort oder Redensart aus Großbritannien)*
Die Gesundheit ist wie das Salz: Man bemerkt nur, wenn es fehlt. *(Sprichwort oder Redensart aus Italien)*
Gesundheit ist ein Geschenk, das man sich selber machen muss. *(Sprichwort oder Redensart aus Schweden)*
Der Gesunde zählt seine Jahre nicht. *(Sprichwort oder Redensart aus Serbien)*
Gesundheit ist nicht alles, wohl ist alles ohne Gesundheit nichts. *(Arthur Schopenhauer)*
Dem Gesunden ist jeder Tag ein Fest. *(Sprichwort oder Redensart aus der Türkei)*
An apple a day keeps the doctor away. (Ein Apfel am Tag hält den Doktor fern.) *(Sprichwort oder Redensart aus England)*
Es gibt tausend Krankheiten, aber nur eine Gesundheit. *(Ludwig Börne)*
Gesundheit ist der größte Reichtum. *(Sprichwort oder Redensart aus Deutschland)*
Gesundheit schätzt man erst, wenn man sie verloren hat. *(Sprichwort oder Redensart aus Deutschland)*
Gesundheit ist die Tochter der Arbeit. *(Sprichwort oder Redensart aus Deutschland)*
Gesundheit ist leichter verloren als wiedergewonnen. *(Sprichwort oder Redensart aus Deutschland)*

friedfertig

Friedfertigkeit, Gelassenheit, Haltung, Selbstbeherrschung

Synonyme
verträglich, friedliebend, friedlich, friedsam *(geh., veraltend)*.
friedfertig sein, keiner Fliege etwas zuleide tun *(können)*, niemandem ein Haar krümmen *(können)*; arglos, einträchtig, friedlich, gütig; vertragen *(sich)*.
einträchtig, brüderlich, einig, einmütig, harmonisch, friedlich; nach einem Streitfall o. Ä.: schiedlich-friedlich; einmütig, friedfertig, übereinstimmend.
vertragen *(sich)*, mit jemandem auskommen/in Frieden leben, sich nicht zanken.
Gelassenheit, Fassung, Gefasstheit, Haltung, Selbstbeherrschung, Beherrschung, Beherrschtheit, Gleichmut, Kaltblütigkeit, Unempfindlichkeit, Ausgeglichenheit, *(stoische)* Ruhe, Seelenfrieden, Seelenruhe, Gemütsruhe, Bierruhe *(salopp)*, Contenance; Dickfelligkeit, Geistesgegenwart, Übereinstimmung.
Pazifismus, Friedensbewegung, Kriegsgegnerschaft, Gewaltlosigkeit, Gewaltverzicht; Pazifist.
Übereinstimmung, Eintracht, Brüderlichkeit, Harmonie, Gleichklang, Gleichtakt, Einigkeit, Einmütigkeit, Einstimmigkeit, Frieden; Einigung, Gegenstück, Gelassenheit, Gemeinsamkeit, Gleichartigkeit, Kongruenz.

Wortbilder
lächelnder Mann, offene Arme, ausgestreckte Hand, Schulterklopfen, ältere Menschen, Hunde, helfen, Meer, Tiere.

Assoziationen
nette Geste, Arbeitskollege, ruhige Atmosphäre, anpassungsfähig, erträgliches Äußeres, Leben, Rat geben, Umgebung, zuvorkommend.

Werbung
Abschalten.
Die Belohnung am Ende eines anstrengenden Tages.
Mit Zufriedenheitsgarantie.
Wir möchten Sie gerne zufrieden wieder sehen.
Zufrieden oder Geld zurück.
Geben Sie sich nicht eher zufrieden.
Auswahl ist entscheidend.
Geben Sie sich nicht mit weniger zufrieden.

Zitate
<u>Friede</u>
Der Friede ist das Meisterstück der Vernunft. *(N. N.)*
Der Frieden ist kein Ausbruch der Liebe, keine mystische Kommunion unter Feinden, sondern nicht mehr und nicht weniger als ein gerechter und vernünftiger Kompromiss unter Gegnern. *(Amos Oz)*
Nur Menschen, die selbst friedlich sind, können auch politischen Frieden bewirken. *(Franz Alt)*
Nicht der Krieg, der Friede ist der Vater aller Dinge. *(Willy Brandt)*
Es gibt keinen Weg zum Frieden, denn Frieden ist der Weg. *(Mahatma Gandhi)*
Der Friede ist kein Naturprodukt; er wächst aus menschlichem Handeln. *(Siegfried Lenz)*

Gelassenheit
Take it easy! (Immer mit der Ruhe!) *(Sprichwort oder Redensart aus Großbritannien)*
Man soll die Dinge nicht so tragisch nehmen, wie sie sind. *(Karl Valentin)*
Nichts ist so aufreizend wie Gelassenheit. *(Oscar Wilde)*
Wer lächelt, statt zu toben, ist der Stärkere. *(Sprichwort oder Redensart aus Japan)*
Wenn ich wüsste, dass morgen die Welt untergeht, würde ich heute noch ein Apfelbäumchen pflanzen. *(Martin Luther)*

Übereinstimmung
Mit jemandem in dasselbe Horn blasen. *(Sprichwort oder Redensart aus Deutschland)*
Wenn zwei Leute schnell gleicher Meinung sind, hat wahrscheinlich nur einer über die Sache nachgedacht. *(Lyndon Baines Johnson)*
Wenn die Leute mit mir übereinstimmen, habe ich immer das Gefühl, ich muss mich irren. *(Oscar Wilde)*

hart

Härte, Gefühlskälte, Unerbittlichkeit, Gefühllosigkeit

Synonyme
altbacken, fest, stark, streng; hart im Nehmen sein/dickfellig *(sein)*, lebenstüchtig *(sein)*; es geht hart auf hart; ernst *(werden)*.
fest, hart, steinhart, knochenhart, beinhart *(südd., österr.)*, glashart, nicht schlaff, nicht weich; knorrig, knusprig, steif.
fest sein, festkleben, kleben, zusammenkleben, zusammenpappen *(ugs.)*, festbacken *(landsch.)*, backen *(landsch.)*, festsitzen, halten, haften, picken *(österr.)*, pappen *(ugs.)*, heben *(südd.)*; kleben *(etwas)*; klebrig.
stark, kräftig, kraftvoll, markig, kernig, stramm, rüstig, bärenstark, baumstark, bäumig *(schweiz.)*, robust, hart, zäh, taff *(ugs.)*, nicht anfällig, nicht kraftlos, nicht willensschwach; athletisch, beharrlich, marschfähig.
gefühlskalt, gefühllos, hartherzig, kaltherzig, kaltsinnig, verhärtet, fischblütig · *im Sexuellen:* frigid.
gefühlskalt sein, Fischblut haben, ein Herz von Stein haben; impotent, unbarmherzig, unempfindlich, ungerührt, unzugänglich.
unbarmherzig, mitleid(s)los, erbarmungslos, schonungslos, gnadenlos, brutal, kaltblütig, roh, krud(e), verroht, entmenscht, herzlos, gefühllos, barbarisch, grausam, inhuman, unsozial, unmenschlich; böse, gefühlskalt, gemein, handgreiflich, herrisch, rücksichtslos, streng, ungerührt, unhöflich, zielstrebig.
Härte, Gefühlskälte, Unerbittlichkeit.
Gefühlskälte, Kälte, Gefühllosigkeit, Fühllosigkeit, Empfindungslosigkeit, Herzlosigkeit, Mitleidlosigkeit, Herzensverhärtung, Kaltherzigkeit, Lieblosigkeit, Härte · im sexuellen Bereich: Frigidität; Grausamkeit, Impotenz, Unbarmherzigkeit, Ungerührtheit.
Unerbittlichkeit, Unnachsichtigkeit, Unnachgiebigkeit, Kompromisslosigkeit, Strenge, Härte, Festigkeit; Unbarmherzigkeit.

Wortbilder
Bodybuilder, Mann, Muskeln, Sport, Sportler, Elefant, Pferde, Motorräder, Baum, Lastwagen, Gewichtheben, Herkules.

Assoziationen
körperliche Stärke, Charakter, Kraft, Aussehen, Typ, Ausstrahlung, Gefallen, Macht, Männlichkeit, schöne Landschaft.

Werbetexte
... denn das Leben ist hart genug.
Schön in Schale. Stark im Anzug.
Festhalten, Freunde, der Feierabend geht los.
Nicht glauben. Überzeugen!
Preis: eiskalt.
Knallhart kalkuliert.
Qualität im Härtetest.
Große Stärke.
Hundertprozentig.
Unverwüstlich.
Der Preisbrecher ist da.
Der Preishammer hat zugeschlagen.
Die Preis-Walze war da.
Killerpreis.
Preisgewitter.
Preiskiller.
Preisknacker.
Radikal herabgesetzte Preise.
Radikale Preissenkung.
Du lebst nur einmal.
Jetzt schlägt's *(Zahl)*.
Kein Pardon.
K. O.
Nichts für *(Zielgruppe)*.
Jetzt lernen Sie uns kennen!
Schluss jetzt.

Zitate
Weich ist stärker als hart.
Wasser ist stärker als Fels.
Liebe ist stärker als Gewalt.
(Hermann Hesse)
Cool as a cucumber. (Kalt wie eine Gurke.) *(Sprichwort oder Redensart aus Großbritannien)*
The Spy Who Came In From The Cold. (Der Spion, der aus der Kälte kam.) *(Romantitel, John Le Carré)*
Kälte lehrt Kohlen stehlen. *(Sprichwort oder Redensart aus Marokko)*

materialistisch

Materialismus, Gewinnsucht, Unersättlichkeit, Geldgier

Synonyme
habgierig, habsüchtig, raffgierig, materialistisch, materiell, auf Gewinn bedacht, gewinnsüchtig, geldgierig, rappenspalterisch *(schweiz.)*; geizig.
habgierig sein, das Goldene Kalb anbeten, dem Mammon frönen, hinter dem Geld her sein *(ugs.)*, Wucher treiben, wuchern, raffen, sich bereichern, den Hals nicht voll *(genug)* kriegen *(ugs., abwertend)*, vom Stamme Nimm sein *(ugs., abwertend)*.
Materialismus, Deismus, dialektischer Materialismus, Marxismus.
Deismus, Freidenkertum, Heidentum, Materialismus; Atheismus, Pantheismus, Rationalismus, Theismus.
Habgier, Habsucht, Unersättlichkeit, Raffgier, Gewinnsucht, Geldgier, Tanz um das Goldene Kalb, Besitzgier, Pleonexie; Geiz, Geld.
Wucher, Geldschneiderei, Beutelschneiderei, Preistreiberei, Wurzerei *(bayr., österr.)*; Wucherer.
mit etwas Wucher treiben, wuchern, bewuchern *(selten)*, *(den Preis)* überhöhen/überteuern/*(schweiz.)* übersetzen/zu hoch ansetzen, zu viel *(Geld)* für etwas nehmen.

Wortbilder
Kleidung, Autos, Möbel, Schmuck, Einrichtung, Pelze, Villa, Champagner, Geld, Uhren.

Assoziationen
Habsucht, Reichtum, Geiz, Wucher, Unternehmer, Firma, Luxusartikel, auffallend, Spekulationen, Ehrgeiz.

Historische Werbetexte
Hast du was — bist du was. *(1958)*

Werbetexte
Seid umschlungen, Millionen.
Man hat es. Frau auch.
Träume werden bar.
Mill i.ooo.ooo␣när.
Gute Noten für Sicherheit.
Bündelweise
In allen Kombination.
In allen Variationen.
Mehr als genug.
Niemand kann Ihnen mehr bieten.
Noch und noch.
Reichhaltig.
Was wollen Sie mehr?
Weniger sollten Sie sich nicht bieten lassen.
Wenn Sie aus dem Vollen schöpfen wollen.
Damit Sie auf keine Kosten kommen.
Sie haben richtig gerechnet.
Eingefrorene Preise.
Für ausgekochte Rechner.
Ganze Sachen, halbe Preise.
Großes Preisabschreiben.
Im Preis nicht zu unterbieten.
Je mehr Sie kaufen, desto günstiger wird's.
Jeder Preis ein Gewinn.
Keine Kompromisse.
Killerpreis.
Mehr sparen als zahlen.

Zitate
Der Materialismus ersetzt Sein durch Haben. *(Ron Kritzfeld)*
... kein Unglück ist größer als die Habsucht. *(Lao-tse)*
Die Raffgier ist bei vielen Dirigenten eine Haupteigenschaft. *(Gerd Albrecht)*
Es gibt nur eine Klasse in der Gesellschaft, die mehr an Geld denkt als die Reichen. Das sind die Armen. Die Armen können an nichts anderes denken. *(Oscar Wilde)*
Heirate nie um des Geldes willen! Du leihst es billiger! *(Sprichwort oder Redensart aus Schottland)*
Einen Teil sollst du ausgeben, einen Teil sollst du weggeben, einen Teil sollst du sparen. *(Sprichwort oder Redensart aus Persien)*
Wenn eine Frau groß einkauft, beweist sie nur, dass sie vieles lieber mag als Geld. *(Michèle Morgan)*
Alle Männer haben nur zwei Dinge im Sinn. Geld ist das andere. *(Jeanne Moreau)*
Man soll den Scheck nicht vor der Buchung loben. *(Werner Mitsch)*
Man darf kein Träumer sein, wenn man sein Geld im Schlaf verdienen will. *(Werner Mitsch)*

rational

Rationalität, Zweckmäßigkeit, Vernunft, Sachdienlichkeit

Synonyme
rationell, zweckmäßig, klar.

zweckmäßig, opportun, vernünftig, sinnvoll, handlich, angemessen, gegeben, tauglich, geeignet, zweckentsprechend, zweckdienlich, sachdienlich, praktikabel, rationell, brauchbar, praktisch; annehmbar, anstellig, erfreulich, geeignet, notdürftig, nützlich, planmäßig, tunlichst.

zweckmäßig sein, ratsam/empfehlenswert sein, es empfiehlt sich, es ist angezeigt/geraten/tunlich.

klar, genau, bestimmt, fest umrissen, greifbar, handfest, exakt, präzis(e), prägnant, unmissverständlich, eindeutig, kategorisch, apodiktisch, unzweideutig, deutlich, glasklar, sonnenklar, anschaulich, bildhaft, unverblümt, im Klartext, mit anderen Worten, ungeschminkt, klipp und klar *(ugs.)*, nicht unklar; aufrichtig, einleuchtend, erklärlich, rundheraus, verständlich, wirklich.

klar sein: etwas ist klar/ist ein klarer Fall/*(salopp, scherzh.)* ist klar wie Kloßbrühe/*(salopp, scherzh.)* ist klar wie dicke Tinte, das kann man sich an den fünf/zehn Fingern abzählen *(ugs.)*, das sieht doch ein Blinder mit *(dem)* Krückstock *(salopp)*, daran ist nichts zu drehen und zu deuten *(ugs.)*; Deutlichkeit.

Wortbilder
Gehirn, Augen, Glas, Blicke, Brille, hell, Kopf, Diamant, Büro, einfarbig, Lupe, Frost.

Assoziationen
Vernunft, Verstand, Gedanken, logisch, Aussagen, Definitionen, denken, deutlich, eindeutig, keimfrei, Klartext, schlüssige Erklärung.

Werbetexte
Die Kraft der Vernunft.
Lassen Sie die Vernunft siegen und das Vergnügen entscheiden.
Was ist Ihrer Meinung nach eine vernünftige Auswahl?
Vernünftige Preise.
Für den Kopf. Von Herzen.
Wirtschaftlich denken
— bei (Firmenname) einkaufen.
Ans Schenken denken.
Erst denken, dann schenken.
Eindeutig erste Klasse.
Wissenschaftlich bewiesen.
Das ist Sache.
Das oder keins.
Eine glatte Eins.
Fehlerlos.
Erstmalig.
Dieser Preis ist kein Druckfehler.
Direktimportware.
Doch, doch. Sie haben richtig gerechnet.
Immer am billigsten.
Knapp kalkuliert.
Mit (Anzahl) % Rabatt.
Kalkulierter Preis.
Preisstopp.
Der Tag hat 24 Stunden.
Unser Service auch.
Erfolg oder Geld zurück.
Für Sie da, (Firmenname).
Direkt: 24 Std. am Tag, 365 Tage im Jahr.
Für Sie ist immer ein Gratisparkplatz frei.
So einfach wie 1 und 1 zusammenzählen.

Zitate
Rationalisierung, das ist Käse direkt von der Kuh. *(Werner Mitsch)*
Sogenannten Rationalisierungsmaßnahmen fällt oft die Ratio selbst zum Opfer. *(Hans-Horst Skupy)*
Kein Vormarsch ist so schwer wie der zurück zur Vernunft. *(Bertolt Brecht)*
Verstand sieht jeden Unsinn, Vernunft rät, manches davon zu übersehen. *(Wieslaw Brudzinski)*
Die Vernunft ist des Herzens größte Feindin. *(Casanova)*
Vernunft annehmen kann niemand, der nicht schon welche hat. *(Marie von Ebner-Eschenbach)*
Die Vernunft ist nur der durch die Fantasie erweiterte Verstand. *(Franz Grillparzer)*
Für die bloße Ratio sieht die Welt immer zweidimensional aus. *(Hermann Hesse)*
Die Vernunft ist das Gleichgewichtsorgan des Geistes. *(Hans Lohberger)*
Fast nie kommt der Mensch aus Vernunft zur Vernunft. *(Charles de Secondat Montesquieu)*

realistisch

Realismus,
Echtheit,
Tatsache,
Ursprünglichkeit

Synonyme
nüchtern, trocken, sachlich, lebensnah, wirklichkeitsnah; echt, prosaisch. **realistisch sein,** mit beiden Beinen auf der Erde stehen, auf dem Boden der Tatsachen stehen, den Tatsachen ins Gesicht sehen.
echt, natürlich, ungekünstelt, rein, ursprünglich, genuin, originell, urwüchsig, urchig *(schweiz.)*, unverfälscht, *(wie)* aus dem Leben gegriffen, typisch, waschecht, in Reinkultur *(ugs.)*, aufrichtig, organisch, rein, ursprünglich. Antonym: nicht unecht.
prosaisch, nüchtern, trocken, fantasielos; amusisch, realistisch, unoriginell.
Realismus, Echtheit, Tatsache, Ursprünglichkeit.
Echtheit, Authentizität, Ursprünglichkeit.
Tatsache, Gegebenheit, Entität, Größe, Tatbestand, Sachlage, Sachverhalt, Umstand, vollendete Tatsache, Fait accompli, Hasenpfeffer *(schweiz.)*, Faktizität, Faktum, Fakt, Realität, Wirklichkeit, Sosein; Ereignis · *gespeicherte:* Daten *(Sg.: Date)*.
Ursprünglichkeit, Natürlichkeit, Echtheit, Ungekünsteltheit, Reinheit, Jungfräulichkeit, Originalität, Unverfälschtheit, Unverbrauchtheit, Urwüchsigkeit, Spontaneität.

Wortbilder
Gutachten, Richter, Wissenschaftler, Zahlen, Kopf, Denker, einfarbig, Kühle, Eis, Quadrat.

Assoziationen
Wirklichkeit, ehrlich, objektiv, Original, Gutachten, unverfälscht, Wahrheit, Fakten, Natürlichkeit, Mathematik.

Werbetexte
Vertrauen ist gut — Fakten sind besser.
Das Original.
Originalpreis.

Zitate
Realität ist die Illusion, die aus Mangel an Alkohol entsteht. *(Sprichwort oder Redensart aus Irland)*
Der Weg zur Wirklichkeit geht über Bilder. *(Elias Canetti)*
Kunst, die nur die Realität widerspiegelt, ist langweilig. *(Funny van Dannen)*
Man bedarf der Utopie, damit die Wirklichkeit nicht verdorrt. *(Michael Ende)*
Die Wirklichkeit ist Satire. *(Elke Heidenreich)*
Träume sind Wirklichkeiten, die nicht enden wollen, und Wirklichkeiten sind Träume, die zu Ende sind. *(Hans Lohberger)*
Ich glaube, dass nichts abstrakter, unwirklicher sein kann als das, was wir tatsächlich sehen. *(Giorgio Morandi)*
Der „Alte vom Rhein" hat über weite Strecken anders geredet als gedacht. Doch vorherrschend blieb sein robuster Realismus. *(Willy Brandt)*
Ohne Idealismus ist Komik nicht denkbar, ohne Realismus nicht ausführbar. *(Martin Kessel)*
Die Sentimentalität der Engländer ist humoristisch und zart, der Franzosen populär und weinerlich, der Deutschen naiv und realistisch. *(Johann Wolfgang von Goethe)*

Ein Realist ist ein Mensch, der den richtigen Abstand zu seinen Idealen hat.

(Truman Capote)

sauber

Sauberkeit, Reinheit, Fleckenlosigkeit, Makellosigkeit

Synonyme
rein, reinlich, fleckenlos, gesäubert, gereinigt, hygienisch, blitzsauber, pieksauber, blitzblank, proper, wie geleckt; hübsch, keimfrei, stubenrein; säubern, waschen; beschmutzen.
Antonym: schmutzig.
keimfrei, steril, aseptisch; sauber; Desinfektion; desinfizieren.
Sauberkeit, Reinheit, Fleckenlosigkeit, Makellosigkeit.
Antonym: Unsauberkeit.

Wortbilder
Wasser, Wäsche, Waschmittel, strahlendes Weiß, Badezimmer, Waschmaschine, Bergsee, Fenster, Seife, Meer.

Assoziationen
Luft, Hygiene, Unschuld, Charakter, sterilisiert, Aroma, Aussehen, frisch, Geruch, geschniegelt, klar.

Historische Werbetexte
Der Duft nach Sauberkeit und Frische. *(1934)*
Ist das Haus auch noch so klein, sauber muss es dennoch sein! *(1953)*
Das strahlendste Weiß meines Lebens. *(1963)*
Weißer geht's nicht. *(1963)*

Werbetexte
Lupenrein.
Taufrisch.
Erfrischt herrlich.
Traumhafte Frische.
Zurück zur Frische des Lebens.
Klarer Favorit.
Klare Preise.
Klar.
Eine glatte Eins.
Glatt unterbewertet.

Zitate
Sauberkeit des Leibes ist ein Zeichen einer ehrbaren Seele. *(Sprichwort oder Redensart aus Deutschland)*
Bad', wasche dich,/wenn's schicket sich;/Gesund dich's hält/und kost't kein Geld. *(Achim von Arnim)*
Rein durch das Leben zu gehen ist unmöglich. Aber sich zu reinigen ist möglich und höchstes Ziel. *(Jakob Bosshart)*
Viele Frauen polieren täglich voll Hingabe den Käfig, in dem sie sitzen. *(Sigrid Burger)*
Ja, Reinlichkeit macht viel Mühe, doch später macht sie auch Pläsier. *(Wilhelm Busch)*
Reinlichkeit kommt gleich nach der Gottseligkeit, aber es gibt Leute, die auch die Gottseligkeit unausstehlich machen. *(Charles Dickens)*
Wer sich wäscht, dem siehet man keinen Makel an. *(Christoph Lehmann)*
Die Seife ist ein Maßstab für den Wohlstand und die Kultur der Staaten. *(Justus Freiherr von Liebig)*
Wasser, Luft und Reinlichkeit sind die Hauptartikel meines Arzneibuches. *(Napoleon I.)*
Was unrein, ist ein Gräuel für den Reinen. *(Sprichwort oder Redensart aus Persien)*
Sauberkeit ist Arbeit, nicht Genuss. *(Carl Ludwig Schleich)*

Reinlichkeit ist die Schwester der Gottseligkeit.

(Joseph Spillmann)

Kompass für den konservativen Sprachstil

Hier erhalten Sie Anregungen, mit welchen Wörtern Sie grüne Werte vermitteln können.

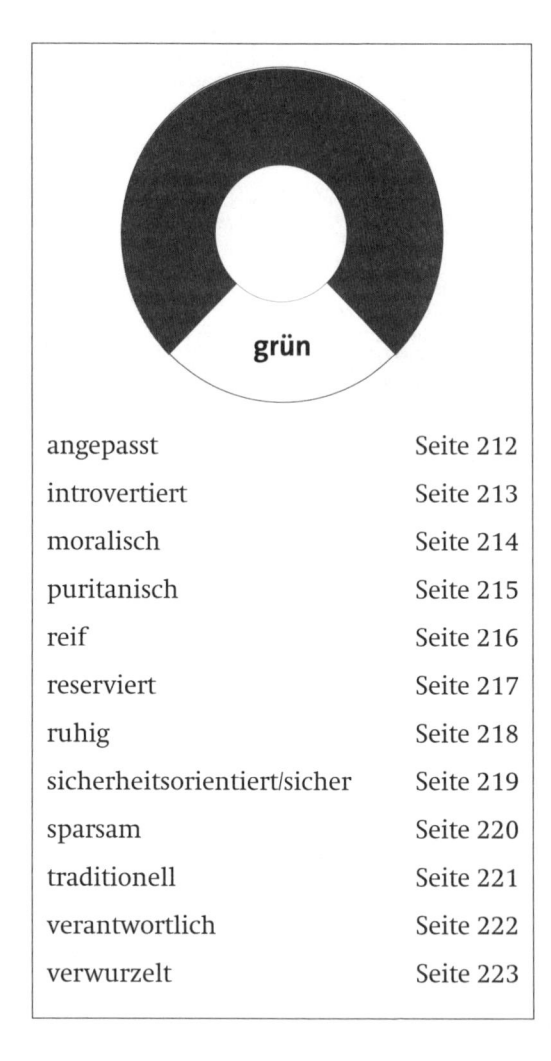

angepasst	Seite 212
introvertiert	Seite 213
moralisch	Seite 214
puritanisch	Seite 215
reif	Seite 216
reserviert	Seite 217
ruhig	Seite 218
sicherheitsorientiert/sicher	Seite 219
sparsam	Seite 220
traditionell	Seite 221
verantwortlich	Seite 222
verwurzelt	Seite 223

„Grüne" Adjektive!

A
abgelegen
abgestuft
abgetragen
abgewöhnen
abhängig
achtbar
adäquat
adelig
adlig
ähneln
ähnlich
akkurat
aktenkundig
akzeptabel
allenthalben
allerorts
allesamt
allezeit
allgemein
allseits
alltäglich
alltags
alphabetisch
alsbald
alt
altadelig
altbekannt
altbewährt
altehrwürdig
alteingeführt
alteingesessen
älter
alternierend
altertümlich
althergebracht
altüberliefert
anbaufähig
andauernd
anderswo
anderweitig
anekdotisch
anerkannt
anerkennend
anerzogen
anfangs
angeblich
angeboren
angebracht
angehören
angelernt
angemessen
angenommen
angeordnet
angepasst
angesagt
angeschlossen
angesehen
angestammt
angewiesen
angezeigt
annähernd
annehmbar
anpassungsfähig
ansässig
anspruchsvoll
anständig
anstandslos
antik
antiquarisch
arbeitsam
artig
aufgegliedert
aufmerksam
aufrecht
aufrichtig
ausdauernd
auserwählt
ausführlich
ausgearbeitet
ausgebucht
ausgedient
ausgegoren
ausgelastet
ausgenommen
ausgereift
ausgesucht
ausgewählt
ausgewogen
ausreichend
außerordentlich

B
barock
bäuerlich
bauernschlau
beachtenswert
bedacht
bedächtig
bedenklich
befangen
beförderlich
befrackt
befremdend
befremdet
befugt
beglaubigt
begnadet
begütert
beharrend
beharrlich
beheimatet
beiläufig
beiliegend
beispielgebend
beispielhaft
beizeiten
bekannt
bekanntlich
belegbar
bemerkbar
bemerkenswert
benannt
berechtigt
beschreibend
bestanden
beständig
bestätigt
beste
bestehend
bestenfalls
bestmöglich
bestsituiert
betagt
betriebsam
betucht
bevollmächtigt
bewährt
bewandert
beweisbar
beweisfähig
bezeugt
bienenfleißig
bierernst
bleibend
bodenständig
brauchbar
brav
bravourös
bruchstückhaft
buchstäblich
bürgerlich

C
chronisch
chronologisch

D
dauerhaft
dauernd
defensiv
denkwürdig
dezent
diamanten
didaktisch
diensteifrig
diskret
diszipliniert
dörflich
durchführbar

E
ebenbürtig
echt
edel
edelmütig
ehemalig
ehrbar
ehrenhaft
ehrenwert
ehrwürdig
eigentümlich
eingeführt
eingehend
eingeschränkt
eingesessen
eingeweiht
eingewurzelt
einheimisch
einmütig
emsig
enthaltsam
erbaulich
erblich
erfahren
ergänzend
erholsam
erkenntlich
erlaubt
erledigt
erlesen
erpicht
erprobt
erstrebenswert
erträglich
erwachsen
erwiesen
erwünscht
etabliert

209

ewig
exemplarisch

F
fachmännisch
fad
fadenscheinig
fähig
fahl
fassbar
fehlbar
fehlhaft
filzig
firm
folgenreich
folgenschwer
folgerichtig
förderlich
formelhaft
formell
formidabel
förmlich
formlos
fraglich
fragwürdig
fremd
fremdländisch
fromm
fundiert
fürstlich

G
galant
gangbar
gängig
gänzlich
geachtet
gebeten
geboren
geboten
gebraucht
gebügelt
gebührend
gebührenfrei
gebührlich
gebündelt
gebunden
gebürtig
gedeckt
gedehnt
gedeihlich
gediegen
geeignet
gefahrvoll
gefasst
gefragt

gegeben
gegenwärtig
gegliedert
geheim
gehoben
geläufig
gelegen
gelinde
gemächlich
gemischt
gemustert
geneigt
genormt
gentlemanlike
gepflegt
gerecht
gesamthaft
geschaffen
geschäftlich
geschätzt
geschichtlich
gesetzlich
gesetzmäßig
gesichert
gestanden
gestiefelt
gestrig
getrost
gesund
gesundheitlich
getreu
getreulich
gewählt
gewandt
gewichtig
gewiegt
gewogen
gewöhnlich
gewohnt
gezwungen
glaubwürdig
gleichaltrig
gleichmäßig
gleichrangig
gratis
grauhaarig
grauköpfig
graziös
greifbar
griesgrämig
grüblerisch
grundfalsch
grundgütig
grundlegend
grundsätzlich
grundverkehrt

gültig
günstig

H
haftbar
haftpflichtig
halbamtlich
haltbar
handschriftlich
handverlesen
hausgemacht
häuslich
heikel
heilig
heimatlich
heimatliebend
herbstlich
herkömmlich
herzoglich
hinderlich
historisch
hochadelig
hochanständig
hochbetagt
höflich
homogen

I
insgeheim

J
jährlich

K
kaiserlich
kariert
kennerisch
keusch
kirchlich
klassifiziert
klassisch
kleidsam
knorrig
königlich
konventionell
krisenfest
kulant
kultiviert

L
landläufig
ländlich
landschaftlich
langatmig
langjährig
langsam

langweilig
langwierig
laufend
legendär
lehrhaft
literarisch
löblich
loyal

M
majestätisch
mangelhaft
manierlich
mannigfach
mannigfaltig
maulwurfsgrau
mausgrau
mausig
meisterhaft
meisterlich
methodisch
missverständlich
mittelalterlich
monatlich
moralisch
mustergültig
musterhaft

N
nachhaltig
nachweislich
naheliegend
namentlich
namhaft
nebensächlich
nennenswert
neumodisch
nichtamtlich
nobel
nonchalant
normal
normwidrig
nostalgisch
notdürftig
notgedrungen
nötig
nuanciert

O
obligatorisch
offiziell
ohnegleich
ordentlich
original

P
pädagogisch
passend
passiv
pendent
pflegeleicht
pfleglich
pflichtbewusst
phrasenhaft
planvoll
possenhaft
preisgekrönt
prekär
primär

Q
qualitativ
qualitätvoll

R
rechtlich
rechtmäßig
rechtschaffen
redlich
regelmäßig
regelrecht
regulär
reif
reiflich
reihenweise
renommiert
repräsentativ
reserviert
respektabel
respektvoll
rhythmisch
ritterlich
ruhig
rühmlich
ruhmreich

S
sachgerecht
sachkundig
sachverständig
sagenumwoben
saisonal
saugfähig
schematisch
schemenhaft
schlicht
schriftlich
schützend
selten
senil
separat
seriös
sicherheitsorientiert
sinngleich
sittlich
sittsam
skeptisch
solid
solide
solvent
sorgfältig
sorgsam
spärlich
sparsam
spartanisch
staatlich
städtisch
stagnierend
stattlich
stilvoll
stimmfähig
stimmig
strukturiert
studiert
stufenweise

T
täglich
tapfer
traditionell
trefflich
treffsicher
trist
tüchtig
tugendhaft

U
überaltert
überfällig
übergeordnet
überliefert
überreif
übersät
überschlägig
üblich
umfassend
umgehend
umsetzbar
umständlich
unabänderlich
unabdingbar
unabkömmlich
unablässig
unangebracht
unangepasst
unartig
unauffällig
unaufgefordert
unaufhörlich
unbefugt
unbemerkt
unberechtigt
ungeachtet
ungeeignet
ungleichmäßig
ungültig
ungünstig
uni
unnachahmlich
unschädlich
unscheinbar
unterordnend
unüblich
unverbindlich
unverfälscht
unwiederbringlich
ur
uralt
urkundlich
ursprünglich
urwüchsig

V
veraltet
verbindlich
verborgen
verbrieft
verbürgt
verdient
verehrt
vergänglich
vergleichbar
vergriffen
verhalten
verhältnismäßig
verkaufsoffen
verlässlich
vermeintlich
verpflichtend
verschlossen
verschwiegen
versiert
verstaubt
vertraulich
vertraut
verwachsen
verwandt
verwurzelt
vollreif
voluminös
vorbeugend
vorbildlich
vornehm
vorrangig
vorsichtig
vorsintflutlich
vorsorglich
vorübergehend
vorzüglich

W
wahlberechtigt
wahrscheinlich
wandelbar
weitschweifig
welk
weltbekannt
weltberühmt
wertbeständig
wirksam
wohlartikuliert
wohlerzogen
wohlfeil
wohlgegliedert
wohlhabend
wohlverdient
wohlweislich
würdevoll
würdig

Z
zeitgenössisch
zeitgerecht
zurückweisend
zuständig
zuverlässig
zuvorkommend
zweckdienlich
zweckmäßig

angepasst

Konformismus, *(Angleichung)* Kleinbürgertum, Ja-Sager, Mitläufer

Synonyme
etabliert, übereinstimmend; konform gehen, billigen.
etabliert, angepasst, konform, zum Establishment gehörend, verbürgerlicht, bürgerlich; verbürgerlichen.
übereinstimmend, zusammenfallend, kongruent, konvergierend, konvergent, gleich, gleichartig, homogen, identisch, analog, analogisch *(schweiz.)*, homolog, konform, parallel, einheitlich, einhellig, äquipollent; einträchtig, fugenlos, geistesverwandt, gemäß, gleichartig, homo-, kongruent, symmetrisch, synonym; gleichen.
konservativ, bürgerlich, bourgeois, rechts; rückschrittlich.
Konformismus, Angleichung.
Bürgertum, dritter Stand *(hist.)*, bürgerliche Gesellschaft, Establishment, Großbürgertum, Bourgeoisie, Kleinbürgertum, Mittelstand, Mittelschicht; Gesellschaftsschicht, Kaste, Konservativer, Oberschicht.
Ja-Sager, Angepasster, Mitläufer, Erfüllungsgehilfe *(abwertend),* Erfüllungspolitiker *(abwertend),* Verzichtpolitiker *(abwertend);* Anhänger, Denunziant, Linientreuer.

Wortbilder
Chamäleon, Kleidung, Tiere, Gummi, Büro, Farben, Frau, Jugendliche, Pflanzen, Wasser.

Assoziationen
kompromissbereit, integrieren in eine Gruppe, Unterordnung, Akzeptanz, Chef, Kollegen, mit dem Strom schwimmen, Mode, sich der Umgebung anpassen.

Werbetexte
Das gibt der Zahnarzt seiner Familie.
Da weiß man, was man hat.
Seit Jahren erfolgreich im Einsatz.
Danach richtet man sich.
Ein Liebhaberstück: unauffällig.
Ein Prototyp des einfachen Geschmacks.
Keine Ausnahmeerscheinung.
In vielen Häusern zu Hause.
Mach Sie's doch wie alle anderen.
Bei allen beliebt.
Darauf vertrauen Millionen.
Auch ganz in Ihrer Nähe.

Zitate
Anhänger: Ein Mitläufer, der noch nicht alles erhalten hat, worauf er rechnet. *(Ambrose Gwinnett Bierce)*
Ja, verzeihlich ist der Großen/Übermut und Tyrannei,/Denn zu groß und niederträchtig/Ist des Deutschen Kriecherei. *(August Heinrich Hoffmann von Fallersleben)*
Lügen, heucheln, schmeicheln, intrigieren, sich anpassen. Der Arschkriecher ist jemand, der lügt und heuchelt, obwohl er die Wahrheit kennt. *(Alphons Silbermann)*
Wenn du unter Fremden bist, singe nicht allein, sondern mit im Chor. *(Sprichwort oder Redensart aus Afrika)*
Wenn du ins Wasser gesprungen bist, so benimm dich wie ein Fisch. *(Sprichwort oder Redensart aus Afrika)*
Wenn ein Baum sich zu beugen versteht, wird er nie vom Winde gebrochen. *(Sprichwort oder Redensart aus Afrika)*
Du musst klein sein, willst du kleinen Menschen gefallen. *(Ludwig Börne)*
Der weise Mann fügt sich den Verhältnissen, wie das Wasser sich der Form des Gefäßes fügt. *(Sprichwort oder Redensart aus China)*
Um ein tadelloses Mitglied einer Schafherde sein zu können, muss man vor allem ein Schaf sein. *(Albert Einstein)*
Anpassung: Die Stärke der Schwachen. *(Wolfgang Herbst)*
Tu, was deine Nachbarn tun, oder ziehe weg. *(Sprichwort oder Redensart aus Marokko)*
Man kann nicht erwarten, dass ein rundlicher Mann gleich in ein viereckiges Loch passt. Man muss ihm Zeit geben, sich anzupassen. *(Mark Twain)*

introvertiert

Introversion, Verschlossenheit, Menschenscheu, Eigensinn

Synonyme
unzugänglich, verschlossen, finster, trotzig, aufsässig, widersetzlich, unbotmäßig, aufmüpfig, widerspenstig, widerborstig, kratzbürstig, störrisch, renitent, fest, unnachgiebig, unversöhnlich, intransigent, radikal, kompromisslos, unerbittlich, eigensinnig, starrsinnig, starrköpfig, halsstarrig, rechthaberisch, dialogunfähig, verbohrt, orthodox, doktrinär, obstinat, steifnackig, dickköpfig, dickschädelig, unbequem, hart gesotten, unbelehrbar, ungehorsam, unfolgsam, bockbeinig *(ugs.)*, bockig *(ugs.)*, eisern, verstockt, stur *(ugs.)*, sturheil *(ugs.)*, stützig *(veraltet, südd., österr.)*, verhalten, distanziert, kühl, unterkühlt, frostig, unnahbar, spröde, spröd, herb, verkniffen, kontaktarm, kontaktschwach, menschenscheu, schizothym, ungesellig, menschenfeindlich, misanthropisch, unempfänglich, zugeknöpft, unaufgeschlossen, verständnislos, nicht gesellig; ängstlich, aufrührerisch, beharrlich, frech, gefühlskalt, herrisch, passiv, selbstständig, streng, unbarmherzig, verschlossen.
Introversion, Introvertiertheit, Verschlossenheit.
Verschlossenheit, Unzugänglichkeit, Zugeknöpftheit, Ungeselligkeit, Unnahbarkeit, Distanziertheit, Kühle, Frostigkeit, Sprödigkeit, Verhaltenheit,
Introvertiertheit, Kontaktarmut, Kontaktschwäche, Menschenscheu; Eigensinn.

Wortbilder
Wald, Schlafen, Nacht, Kirche, lesen, allein sein, Strand, Spaziergang, Berg, Dunkelheit.

Assoziationen
Stille, Einsamkeit, Konzentration, Ausgeglichenheit, Herbst, Nerven, Ruhe, Erholung, Müdigkeit, Schüchternheit, Schweigen.

Werbetexte
Einsame Klasse.
Bleiben Sie wählerisch.
Auf den Leib geschrieben.
Aus Freude am Schönen.
Ein Einzelfall.
Ein Einzelstück.
Ein Kleinod.
Man spricht nicht darüber.
Nicht von dieser Welt.
Von Insidern bevorzugt.
Wir haben, was Sie suchen.
Wir haben, was Sie wollen.
Geheim.
Geheimtipp.
Das Leben ist schon schwer genug.

Zitate
Einsamkeit ist der Weg, auf dem das Schicksal den Menschen zu sich selber führen will. *(Hermann Hesse)*
Leben ist Einsamsein. Kein Mensch kennt den andern. Jeder ist allein. *(Hermann Hesse)*
Damit man das Leben leben kann, muss es geradezu mit Einsamkeit durchtränkt sein. *(Eugène Ionesco)*
Um den Einsamen schleichen Gespenster. *(Jean Paul)*
Der Adler fliegt allein, der Rabe scharenweise/Gesellschaft braucht der Tor, und Einsamkeit der Weise. *(Friedrich Rückert)*
Der Einsame ist nur der Schatten eines Menschen. *(George Sand)*
Das Heimtückische am Fernsehen ist: Es unterdrückt die Einsamkeit. *(Woody Allen)*
Und Gott der Herr sprach: Es ist nicht gut, dass der Mensch allein sei; ich will ihm eine Gehilfin machen, die um ihn sei. *(1. Mose 2, 18)*
Lang allein sein macht so ungerecht. *(Ingeborg Bachmann)*
Nie fühlt man sich einsamer als in großer Gesellschaft. *(Herbert Eulenberg)*
Ehrlich sein: einsam sein. *(Max Frisch)*
Schüchternheit ist eine Art Furcht vor sich selbst. *(Walter Hilsbecher)*
Bist du schüchtern, so wirst du keine Kinder haben. *(Jüdisches Sprichwort oder jüdische Redensart)*
Ein schüchterner Hund wird selten fett. *(Sprichwort oder Redensart aus Schweden)*

moralisch

Moral,
Disziplin,
Sittlichkeit,
Pflicht-Ethik

moralisch, sittlich; Moralische Katerstimmung; einen Moralischen kriegen, deprimiert (werden).
sittlich, moralisch, ethisch, in engherziger Weise: sittenstreng, puritanisch, moralinsauer *(iron.)*; anständig.
anständig, grundanständig, unbescholten, tugendhaft, züchtig, sittsam, nicht anstößig; angemessen, angesehen, artig, ehrenhaft, lauter, sittlich, zurückhaltend.
anständig sein, auf dem Pfad der Tugend wandeln *(geh.).*
anständig bleiben, die Ehre bewahren, jemandem keine Schande machen; ziemen *(sich).*
Moral, Disziplin, Sitte; doppelte Moral, Beurteilung; jemandem Moral predigen, schelten.
Sitte, Gesittung, Lebensform, Sittlichkeit, Moral, Ethik, Sollensethik, deontologische Ethik, Pflichtethik, Verantwortungsethik, Strebensethik, Individualethik; Benehmen, Freiheit, Pflichtbewusstsein, Selbsterfahrung.

Wortbilder
älterer Herr, Schlips, Pfarrer, Arzt, ernste Miene, Fliege, aufrechter Gang, erhobener Zeigefinger, hoch gesteckte Haare, Pomade.

Assoziationen
Beamte, Politiker, ernst, korrekt, Sauberkeit, altmodisch, Distanz, ganz förmlich, Geradlinigkeit, ordentlich.

Werbetexte
Anständige Preise.
Bei uns wird Anstand noch großgeschrieben.
Unanständiges können wir uns nicht leisten.
Bleiben Sie anständig.
Tugendhaft verarbeitet.
Ein artiger Preis.
Für artige Kinder.
Nach strengen Maßstäben für Sie ausgewählt.
Ehrensache.
Qualität: unsere oberste Disziplin.

Zitate
Moral ist der ständige Kampf gegen die Rebellion der Hormone. *(Federico Fellini)*
Moral kommt mit der traurigen Weisheit des Alters, wenn die Neugier verflogen ist. *(Graham Greene)*
Die Moral sinkt mit der Sonne. *(Hans Kasper)*
Der Zustand der gesamten menschlichen Moral lässt sich in zwei Sätzen zusammenfassen: „We ought to. But we don't." *(Kurt Tucholsky)*
Moral ist einfach die Haltung, die wir gegen Leute einnehmen, von denen wir persönlich nicht erbaut sind. *(Oscar Wilde)*
Erst kommt das Fressen, dann kommt die Moral. *(Bertolt Brecht)*
Kunst, die moralisiert, ist keine Kunst. *(Gerhart Hauptmann)*
Der Humor hat, wie die Moral, seine ewigen Wahrheiten. *(Mark Twain)*
Es genügt nicht, ein anständiger Mensch zu sein. Man muss es auch zeigen. *(Honoré de Balzac)*
Von allen Lastern ist Anstand das kostspieligste. *(Lion Feuchtwanger)*
Anständigkeit ist der Trost, der einem nach schlechten Geschäften bleibt. *(Helmar Nahr)*
Anständigkeit ist die Verschwörung der Unanständigkeit mit dem Schweigen. *(George Bernard Shaw)*

Unter Moral verstehen Banker vor allem Zahlungsmoral.

(Hans Weinrich)

puritanisch

Puritanismus *(einfach, spartanisch)*, Einfachheit, Selbstbeschränkung, Enthaltsamkeit

Synonyme
sittlich, moralisch, ethisch, in engherziger Weise: sittenstreng, puritanisch, moralinsauer *(iron.)*; anständig, spartanisch, bescheiden.
bescheiden, genügsam, bedürfnislos, anspruchslos, eingeschränkt, einfach, spartanisch; ängstlich, artig, einfach, enthaltsam, sich zurückhalten, Zurückhaltung üben, von Luft und Liebe leben.
Puritanismus, Bescheidenheit, Einfachheit, Genügsamkeit, Selbstbescheidung, Selbstbeschränkung, Anspruchslosigkeit, Zufriedenheit, Bedürfnislosigkeit, Eingeschränktheit, Schüchternheit, Zurückhaltung; Angst, Besitzlosigkeit, Enthaltsamkeit, Entsagung, Passivität, Verschwiegenheit.
Untertreibung, Understatement, Litotes; Bescheidenheit.

Wortbilder
Kleidung, grauer Anzug, dunkle Farben, grau, Kerzenlicht, Kleinwagen, glattes Haar, graue Maus.

Assoziationen
Zurückhaltung, ruhiger Mensch, unauffällig, Understatement, Einfachheit der Kleidung, klassischer Schnitt, Reinheit, unaufdringlich, ungewürzt.

Werbetexte
Schlichtheit mag anderen Schimpfwort sein, für uns ist sie ein Anspruch.
Lieber mehr Technik einfach als einfach mehr Technik.
Einfach einfach.
Einfach Sony.
Ganz einfach.
Eine für alles.
Damit Sie auf keine Kosten kommen.
Einheitspreis.
Flohmarkt-Preis.
Hier spielen die Preise die kleinste Rolle.
Kleingeld willkommen.

Zitate
Simplex sigillum veri. (Schlichtheit ist das Siegel des Wahren.) *(Herman Boerhaave)*
Das Wahre, Gute und Vortreffliche ist einfach und sich immer gleich, wie es auch erscheine. *(Johann Wolfgang von Goethe)*
Einfachheit ist das Resultat der Reife. *(Friedrich von Schiller)*
Schönheit besteht in Harmonie, die immer eng mit Schlichtheit verbunden ist. *(Giacomo Girolamo Casanova)*
In der Beschränkung zeigt sich erst der Meister ... *(Johann Wolfgang von Goethe)*
Alles Große und Edle ist einfacher Art. *(Gottfried Keller)*
Natura enim simplex. (Die Natur ist einfach.) *(Sir Isaac Newton)*

Wer's nicht einfach und klar sagen kann, der soll schweigen und weiter arbeiten, bis er's klar sagen kann.

(Sir Karl Raimund Popper)

reif

Reife,
Entwicklung,
Wachstum,
Erfahrung

Synonyme
ausgereift, gereift, halbreif, vollreif, pflückreif, überreif, notreif, nicht unreif; abgelagert, geschlechtsreif, mürbe, volljährig.
reif sein, *in Bezug auf Käse:* durch sein *(ugs.),* laufen *(ugs.),* Beine kriegen *(salopp)*.
Reife, Entwicklung, Entwicklungsprozess, Entfaltung, Reife, Wachstum, *Beschleunigung des Jugendlichen:* Akzeleration, *Verzögerung des Jugendlichen:* Spätentwicklung; Entwicklungsphase, Fortschritt, Pubertät.
eine Entwicklung nicht aufhalten können, das Rad der Geschichte lässt sich nicht zurückdrehen; gedeihen, verstärken, wandeln *(sich);* unkindlich.

Wortbilder
Früchte, Apfel, ältere Menschen, Autos, Wein, Birne, Gemüse, Orange, Pflaume, Bananen.

Assoziationen
Technik, Idee, erwachsen sein, Erfahrung, durchdacht, Pläne, überreif, alt, Endzustand, marktgerecht.

Werbung
Aus Erfahrung gut.
An Universitäten getestet.
Auf diese Steine können Sie bauen.
Bewährt — Begehrt.
Das gibt der Zahnarzt seiner Familie.
Da weiß man, was man hat.
In der Praxis bewährt.
Klinisch getestet.
Mit Jubiläumsgarantie.
Oft kopiert, doch nie erreicht.
Praxiserprobt.
Qualität im Dauertest.
Seit Jahren erfolgreich im Einsatz.
Seit Jahren unverändert.
Es war schon immer etwas teurer, einen besonderen Geschmack zu haben.
Erfahrung inbegriffen.
Kompetente Beratung.
Anerkannter Kundendienst.

Zitate
Reife ist Voraussetzung für ein tiefes Gefühl, wie es das Leiden ist. *(Marcel Reich-Ranicki)*
Der Fünfzigjährige ist angelangt im Reich der Reife, zumindest hat er den Türgriff der Pforte in der Hand. *(Wolf Wondratschek)*
Einfachheit ist das Resultat der Reife. *(Friedrich von Schiller)*
Die Erfahrungen sind die Samenkörner, aus denen die Klugheit emporwächst. *(Konrad Adenauer)*
Die Maske des Erwachsenen heißt „Erfahrung". *(Walter Benjamin)*
Die Erfahrung lässt sich ein furchtbar hohes Schulgeld bezahlen, doch sie lehrt wie niemand sonst! *(Thomas Carlyle)*

Erfahrung ist ein langer Weg und eine teure Schule. *(Sprichwort oder Redensart aus Deutschland)*
Der kennt das Wasser am besten, der es durchwatet hat. *(Sprichwort oder Redensart aus Dänemark)*
Years know more than books. (Jahre wissen mehr als Bücher.) *(Sprichwort oder Redensart aus Großbritannien)*
Wir glauben, Erfahrungen zu machen, aber die Erfahrungen machen uns. *(Eugène Ionesco)*
Die Erfahrung läuft dem Menschen nach — vergebens —, er ist schneller. *(Robert Lembke)*
Wenn man genug Erfahrung gesammelt hat, ist man zu alt, um sie auszunutzen. *(William Somerset Maugham)*

Erfahrung ist immer eine Parodie auf die Idee.

(Johann Wolfgang von Goethe)

reserviert

Reserviertheit, Passivität, Bescheidenheit, Zurückhaltung

Synonyme
passiv, zurückhaltend, untätig, inaktiv, reserviert, teilnahmslos, still; faul, unzugänglich.
passiv sein, inaktiv sein, *(Probleme u. a.)* aussitzen *(iron.)*; zögern.
faul, arbeitsscheu, tatenlos, untätig, müßig, bequem, stinkfaul *(salopp, abwertend)*, nicht fleißig; träge.
faul sein, vor Faulheit stinken *(salopp, abwertend)*; faulenzen.
unzugänglich, verschlossen, finster, trotzig, aufsässig, widersetzlich, unbotmäßig, aufmüpfig, widerspenstig, widerborstig, kratzbürstig, störrisch, renitent, fest, unnachgiebig, unversöhnlich, intransigent, radikal, kompromisslos, unerbittlich, eigensinnig, starrsinnig, starrköpfig, halsstarrig, rechthaberisch, dialogunfähig, verbohrt, orthodox, doktrinär, obstinat, steifnackig, dickköpfig, dickschädelig, unbequem, hart gesotten, unbelehrbar, ungehorsam, unfolgsam, bockbeinig *(ugs.)*, bockig *(ugs.)*, eisern, verstockt, stur *(ugs.)*, sturheil *(ugs.)*, stützig *(veraltet, südd., österr.)*, verhalten, distanziert, kühl, unterkühlt, frostig, unnahbar, spröde, spröd, herb, verkniffen, kontaktarm, kontaktschwach, menschenscheu, introvertiert, schizothym, ungesellig, menschenfeindlich, misanthropisch, unempfänglich, zugeknöpft, unaufgeschlossen, verständnislos, nicht gesellig; ängstlich, aufrührerisch, beharrlich, frech, gefühlskalt, herrisch, passiv, selbstständig, streng, unbarmherzig, verschlossen.
Reserviertheit, Passivität, Tatenlosigkeit, Inaktivität, Untätigkeit, Reserviertheit, Zurückhaltung; Bescheidenheit, Teilnahmslosigkeit.

Wortbilder
Krawatte, Anzug, Bank, Manager, ernste Miene, Notar, Richter, Büroeinrichtung, Butler, Nadelstreifenanzug.

Assoziationen
Zurückhaltung, Auftreten, ruhiger Mensch, unauffällig, Understatement, Atmosphäre, Gehabe, Unauffälligkeit, Ausdrucksweise, Stille, Einfarbigkeit.

Werbetexte
Ohne Worte.
Auslese.
Wertbeständig.
Allein.
Anders.
Ausschließlich.
Edel.
Geheimtipp.
Ein König.
Ein Meisterwerk.
Ein Schatz.
Ein Vorbild.
Eine Rarität.
Einsame Klasse.
Einzigartig.
Nicht für alle.
Noblesse.
Nirgendwo sonst.
Piecknobel.
Prestige.
Rar.
Seltenheit.
Sonderstellung.
Unbeschreiblich.

Zitate
Im Herbst unseres Lebens fallen auch die Blätter, die wir vor dem Mund haben. *(Robert Lembke)*
Viel von sich reden kann auch ein Mittel sein, sich zu verbergen. *(Friedrich Nietzsche)*
Wir lieben Menschen, die frisch heraus sagen, was sie denken. Vorausgesetzt, sie denken dasselbe wie wir. *(Mark Twain)*
Offenheit verdient immer Anerkennung. *(Otto von Bismarck-Schönhausen)*
So stur wie hier die Eichen wachsen, so stur sind auch die Niedersachsen. *(Sprichwort oder Redensart aus Deutschland)*
Wenn die Esel nicht wären, könnte man die menschliche Sturheit mit nichts vergleichen. *(Michail Genin)*
Eine gewisse allgemeine Geselligkeit lässt sich ohne das Kartenspiel nicht mehr denken. *(Johann Wolfgang von Goethe)*

ruhig

Ruhe,
Stille,
Frieden,
Schweigen

Synonyme
geruhsam, ruhevoll, geruhig, bedächtig, still, friedsam *(geh., veraltend)*, fried(e)voll *(geh.)*, cool *(Jargon)*, gemessen, würdevoll, bedachtsam, mit Bedacht, besonnen, sicher, überlegen, abgeklärt, beherrscht, gezügelt, gesetzt, kaltblütig, ohne mit der Wimper zu zucken, ausgeglichen, harmonisch, bedacht, gelassen, gleichmütig, stoisch, gefasst, in *(aller)* Ruhe, gemach, gemächlich, ohne Überstürzung/Übereilung, nur keine Hast!, so schnell schießen die Preußen nicht!, nur nicht hudeln! *(landsch.)*, ein alter Mann ist *(doch)* kein D-Zug! *(scherzh.)*, eile mit Weile!, immer mit der Ruhe *(und dann mit 'nem Ruck)*!, seelenruhig, in aller Seelenruhe/Gemütsruhe, nicht aufgeregt, nicht lebhaft, nicht leise, nicht nervös, nicht unbesonnen; allmählich, behutsam, beschaulich, dickfellig, friedlich, geistesgegenwärtig, klug, langsam, planmäßig, schwermütig, selbstbewusst, tolerant, umsichtig, unbesorgt.
ruhig bleiben, an sich halten, sich zusammennehmen/beherrschen/bändigen/mäßigen/zurückhalten/bezähmen/zügeln/im Zaum halten/in der Hand haben, sich nicht aus dem Gleichgewicht/aus der Ruhe bringen lassen, sich in der Gewalt haben, keine Miene verziehen, Herr sein über sich, ein Mann sein, sich am Riemen reißen *(ugs.)*, die Nerven behalten, nicht die Nerven verlieren, Ruhe/kaltes Blut bewahren, nur ruhig Blut!, nur keine Aufregung!; beruhigen, schweigen.
Ruhe, Stille, im geschäftlichen, politischen oder journalistischen Bereich: Flaute, Sommerloch, Saure-Gurken-Zeit, vom Arzt verordnete: Bettruhe; Gesetztheit, Mittagsruhe, Schlaf.
Stille, Ruhe, Friede(n), Schweigen, Stillschweigen, Lautlosigkeit, Geräuschlosigkeit, Totenstille, Grabesstille; Muße.
Gelassenheit, Fassung, Gefasstheit, Haltung, Selbstbeherrschung, Beherrschung, Beherrschtheit, Gleichmut, Kaltblütigkeit, Unempfindlichkeit, Ausgeglichenheit, *(stoische)* Ruhe, Seelenfrieden, Seelenruhe, Gemütsruhe, Bierruhe *(salopp)*, Contenance; Dickfelligkeit, Geistesgegenwart, Übereinstimmung.

Wortbilder
Wald, Schlaf, schlafen, Kirche, Nacht, Wasser, lesen, Friedhof, Natur, Bett, See, Abend, allein sein, alte Menschen, Strand, Bretagne, Kind, Meer, Baum, Landschaft, Spaziergang.

Assoziationen
Stille, Musik, Urlaub, Einsamkeit, Konzentration, Windstille, Idylle, Leben, Ausgeglichenheit, beruhigen, Beruhigung.

Werbetexte
Still-leben.
Zum Einschlafen.
Zum Gähnen.
Ein Kleinod.
Ganz in Ruhe ausprobieren.
Pssssssst!
Nicht weitersagen.

Zitate
Auch das Leben verlangt ruhige Blätter im Kranz. *(Johann Wolfgang von Goethe)*
Wenn man die Ruhe nicht in sich selbst findet, ist es zwecklos, sie anderswo zu suchen. *(François de La Rochefoucauld)*
Ein Augenblick der Seelenruhe ist besser als alles, was du sonst erstreben magst. *(Sprichwort oder Redensart aus Persien)*
Ruhe ist Glück, wenn sie ein Ausruhen ist. *(Ludwig Börne)*
Wer sein Herz dem Ehrgeiz öffnet, verschließt es der Ruhe. *(Sprichwort oder Redensart aus China)*
Arbeit, Müßigkeit und Ruh, schließt dem Arzt die Türe zu. *(Sprichwort oder Redensart aus Deutschland)*
Ruhe ist in der Regel entspannend; Stille aber kann leicht bedrohlich wirken. *(Rainer Guski)*

sicherheitsorientiert

Sicherheit,
Geborgenheit,
Schutz,
Garantie

Synonyme
Sicherheit, Geborgenheit, Schutz, Selbstbewusstsein, Weltgewandtheit; in Sicherheit bringen, retten; sich in Sicherheit bringen, fliehen; sich in Sicherheit wiegen, sicher; mit Sicherheit, wahrlich; Kaution, Bürgschaft, Garantie, Gewähr, Haftung, Mängelhaftung, Währschaft *(schweiz.)*, Pfand, Unterpfand, Faustpfand; Bürge, Hinterlegung, Leihgebühr, Rückgabe, Unterpfand.
Geborgenheit, Sicherheit, Gesichertheit, Gesichertsein, Behütetheit, Behütetsein, Beschütztsein, Beschirmtsein.
Schutz, Hut *(geh.)*, Obhut, Geborgenheit, Sicherheit, Sicherung, Abschirmung, Deckung, Beschützung, Beschirmung, Schutz und Schirm, Datenschutz, Personenschutz, Objektschutz, Umweltschutz, Strahlenschutz, Lärmschutz; Bewacher, Geborgenheit, Geleit, Hilfe, Prellbock, Sicherheitsgurt; bewachen; sicher.

Wortbilder
Auto, Sicherheitsgurt, Tresor, Haus, Kondome, Polizei, Schlösser, Familie, Geld, Alarmanlage.

Assoziationen
Versicherung, fester Boden, Technik, ABS, Frieden, Medizin, Strom, Versicherungspolice, abgesichert, Alter.

Werbetexte
Dem Menschen Sicherheit.
Reden ist Silber — Schweigen ist Sicherheit.
Bringen Sie sich in Sicherheit.
Sichern Sie Ihr Eigentum.
Achten Sie beim Einkauf auf dieses Zeichen.
Amtlich getestet.
An Universitäten getestet.
Auf diese Steine können Sie bauen.
Auf Herz und Nieren geprüft.
Auf uns ist Verlass.
Bei uns wird Sicherheit großgeschrieben.
Darauf können sie Häuser bauen.
Marken-Qualität.
Mit Echtheitszertifikat.
Mit Einzelstück-Kontrolle.
Mit Erfolgs-Garantie.
Mit Exklusiv-Garantie.
Mit Fachgeschäftsgarantie.
Mit Geld-zurück-Garantie.
Mit Gütepass.
Mit Gütesiegel.
Mit lebenslänglicher Garantie.
Mit Vollgarantie.
Nur echt mit diesem Zeichen.
Offizieller Lieferant.
Seit 1880.
Seit Jahren erfolgreich im Einsatz.
Seit Jahren unverändert.
Sieger im Qualitätstest.
Wir bürgen mit unserem guten Namen.
Wissenschaftlich bewiesen.

Zitate
Die bestverschlossene Tür ist die, welche man offen lassen kann. *(Sprichwort oder Redensart aus China)*
Doppelt genäht hält besser. *(Sprichwort oder Redensart aus Deutschland)*
Ein Anker ist gut, zwei sind besser. *(Michail Sergejewitsch Gorbatschow)*
Es gibt keine absolute Sicherheit, nur mehr oder weniger Unsicherheit. Mit ihr lässt sich's leben. *(Josef Maier)*
No hay cosa segura en esta vida. (Es gibt nichts Sicheres in dieser Welt.) *(Sprichwort oder Redensart aus Spanien)*
Wer keinen Zaun hat, hat keine Feinde. *(Sprichwort oder Redensart aus Burundi)*
Es hat nicht jeder Abgrund ein Geländer. *(Sprichwort oder Redensart aus Deutschland)*
Das Misstrauen ist die Mutter der Sicherheit. *(Sprichwort oder Redensart aus Frankreich)*
Vorsicht ist die Einstellung, die das Leben sicher macht, aber selten glücklich. *(Samuel Johnson)*
Geld: Zerbrechlichste aller Illusionen von Sicherheit. *(Ron Kritzfeld)*
Sicher ist, dass nichts sicher ist. Selbst das nicht. *(Joachim Ringelnatz)*

sparsam

Sparsamkeit, Erparnis, Kostendämpfung, Wirtschaftlichkeit

Synonyme
haushälterisch, wirtschaftlich, ökonomisch, häuslich *(schweiz.)*, nicht freigebig; engherzig, geizig.
sparsam sein, auf den Pfennig sehen, mit dem Pfennig rechnen; erübrigen, haushalten, sparen; Einsparung, Geizhals, Vermögen, Wirtschaftlichkeit.
geizig, filzig *(ugs.)*, knauserig *(ugs.)*, knick(e)rig *(ugs.)*, knickig *(ugs., landsch.)*, knickstiebelig *(salopp)*, kniepig *(ugs., landsch.)*, schäbig *(abwertend)*, pop(e)lig *(ugs., abwertend)*, schofel *(ugs., abwertend)*, netig *(ugs., landsch.)*, gnietschig *(ugs., landsch.)*, hartleibig *(veraltend)*, schmafu *(ugs., österr.)*, sparsam, nicht freigebig; engherzig, habgierig, sparsam.
geizig sein, den Pfennig dreimal/zehnmal herumdrehen/umdrehen/rumdrehen *(ugs.)*, die Hand auf die Tasche/den Beutel halten *(ugs.)*, nichts rausrücken *(ugs.)*, geizen, am Geld hängen *(ugs.)*, am Geld kleben *(salopp, abwertend)*, auf dem Geld/auf seinem Geldsack sitzen *(salopp, abwertend)*, ein Knickstiebel/Pfennigfuchser sein *(salopp, abwertend)*, der ist krumm *(wenn er sich bückt) (ugs., berlin.)* · in Bezug auf Essen: jemandem die Bissen in den Mund zählen.
Sparsamkeit, Einsparung, Ersparung, Kostendämpfung, Sparmaßnahme, Ersparnis; sparen; sparsam.

Geiz, Sparsamkeit, Knauserei *(abwertend)*, Knickrigkeit *(abwertend)*, Pfennigfuchserei *(abwertend)*; Geizhals, Habgier.
Geizhals, Geizkragen *(ugs.)*, Knauser *(ugs.)*, Knicker *(ugs.)*, Knickstiebel *(ugs., bes. berlin.)*, Pfennigfuchser *(ugs.)*, Rappenspalter *(schweiz.)*; Geiz, Mann.
Vermögen, Privatvermögen, Geld, Kapital, Reichtum, Schatz, Mammon, Millionen, Finanzen, Groschen *(ugs.)*, gesamtes des zahlungsunfähigen Schuldners: Konkursmasse; Besitz, Etat, Geld, Schatz, Staatskasse, Wertpapier, Zahlungsmittel.

Wortbilder
Sparbuch, Sparschwein, Mutter mit vielen Kindern, alte Frau strickt Strümpfe, Tresor, Geldberg, Donald Duck, Arbeit, Schweiß.

Assoziationen
Beharrlichkeit, Ausdauer, durchhalten, fleißig, Geduld haben, Hartnäckigkeit, langwierig, Reserve, Stehvermögen, warten.

Werbung
Das sind Preise! Die sparen eine Menge Geld.
Die Sparmaschine.
Ein *(Produktbezeichnung)*, wie es im Sparbuch steht.
Mehr für den Euro. Mehr für weniger. Mehr sparen als zahlen.
Wenn Sie schon sparen, dann aber in Saus und Braus.
Bei uns können Sie sich mit den gesparten Parkgebühren was Hübsches kaufen.
Wer sparen will, muss investieren.

Nicht alle, die sparen, werden reich. Aber fast alle, die nicht sparen, bleiben arm.

Zitate
Wenn du in der Jugend nicht sammelst, was willst du im Alter finden? *(Sirach 25, 5)*
Sparsamkeit ist eine gute Einnahme. *(Marcus Tullius Cicero)*
Auf Sparen folgt Haben. *(Sprichwort oder Redensart aus Deutschland)*
Sparen ist die richtige Mitte zwischen Geiz und Verschwendung. *(Theodor Heuss)*
Einen Teil sollst du ausgeben, einen Teil sollst du weggeben, einen Teil sollst du sparen. *(Sprichwort oder Redensart aus Persien)*
Sparsamkeit ist eine Tugend, die man vor allem an den Vorfahren schätzt. *(Werner Schneyder)*
Reich wird man nicht durch das, was man verdient, sondern durch das, was man nicht ausgibt. *(Henry Ford)*

traditionell

Synonyme
traditionell, herkömmlich, althergebracht, hergebracht, altehrwürdig, ehrwürdig, überliefert, überkommen, altererbt, ererbt, traditionell, klassisch, konventionell, altüblich, üblich, altüberliefert, nach *(alter)* Väter Sitte *(geh., veraltet)*; altmodisch, erhaben, formell, geschichtlich, rückschrittlich, überlebt, üblich; Tradition.
üblich, gewöhnlich, gebräuchlich, alltäglich, gewohnt, landläufig, verbreitet, weit verbreitet, eingewurzelt, tief verwurzelt, normal, usuell, regulär, regelmäßig, gängig, bevorzugt, nicht unüblich, nicht außergewöhnlich; allgemein, eingeführt, herkömmlich, nötig, phrasenhaft, verbindlich.
in der üblichen Weise, auf die Tippeltappeltour *(ugs.)*.
üblich werden, sich einbürgern, zur Gewohnheit werden, in Fleisch und Blut übergehen, zur zweiten Natur werden, Sitte werden.
Tradition, Überlieferung, Geschichte, Historie; Abkunft, Tradierung.
Brauch, Sitte, Regel, Brauchtum, Gebräuche, Althergebrachtes, Herkommen, Mode, Übung, Tradition, Konvention, Zeremonie, Zeremoniell, Protokoll, Vorschrift, Etikette, Förmlichkeit, Form, Angewohnheit, Gewohnheit, Gepflogenheit, Usance, Usus.

Wortbilder
Trachten, Familie, Lederhose, Fest, Hochzeit, Kirche, Bayern, Familienfeier, Oldtimer, Fahnen.

Assoziationen
Musik, Geburtstag, altmodisch, Brauchtum, konservativ, Politiker, Verhaltensmuster, Adel, altbacken.

Werbetexte
Bei *(Firma)* hat die Zukunft eine große Vergangenheit.
Der Name ist von gestern. Alles andere von übermorgen.
Wie damals, wie gestern, wie heute ...
Ihr größtes Kapital für die Zukunft. Unsere Vergangenheit.
Mit Jubiläumsgarantie.
Mit lebenslänglicher Garantie.
Mit Markengarantie.
Qualität: Ehrensache.
Seit 1880.
Seit Jahren unverändert.
Wertbeständig.
Wir bürgen mit unserem guten Namen.
Davor zieht man den Hut.
Dazu kann man „Sie" sagen.
Von hohem Rang.
Von Rang und Namen.

Zitate
Tradition besitzt für mich nur einen Wert, wenn sie uns beim Zusammenleben hilft. *(Hans Apel)*
Tradition ... kann nicht vererbt werden ... wer ihrer teilhaft werden möchte, muss sie sich mit großer Mühe selbst erwerben. *(T. S. Eliot)*
Tradition gleicht den Laternen, die den Weg erhellen. Nur Betrunkene klammern sich an ihnen fest. *(Sprichwort oder Redensart aus Großbritannien)*
Tradition und Fortschritt: Der Fluss bleibt bestehen, auch wenn seine Wasser fließen. *(Ernst R. Hauschka)*
Eine Tradition selber zu schaffen ist viel schwieriger, aber auch großartiger, als sie in den Rechten und Formen einer verjährten Gesinnung zu suchen und zu pflegen. *(Theodor Heuss)*
Tradition ist gesiebte Vernunft des gesamten Volkes aus einem Jahrhundert in das andere. *(Ricarda Huch)*
Tradition heißt nicht, Asche zu verwahren, sondern eine Flamme am Brennen zu halten. *(Jean Jaurès)*
Folgten wir nur der Tradition, lebten wir noch immer in Höhlen, folgten wir nur dem Fortschritt, wäre dies bald wieder der Fall. *(Leszek Kolakowski)*
Ein tiefer Sinn wohnt in den alten Bräuchen ... *(Friedrich von Schiller)*
Tradition ist bewahrter Fortschritt, Fortschritt ist weitergeführte Tradition. *(Carl Friedrich Freiherr von Weizsäcker)*

verantwortlich

Arbeitsethos, Pflichtbewusstsein, Verantwortung, Zuverlässigkeit

Synonyme
verantwortungsbewusst, verantwortungsvoll, zuverlässig; Antonym: unbesonnen, unzuverlässig.

Pflichtbewusstsein, Pflichtgefühl, Verantwortungsgefühl, Verantwortung, Verantwortungsbewusstsein, Verantwortlichkeit, Zuverlässigkeit, Werksittlichkeit, Arbeitsethos, Ethos, Gewissenhaftigkeit; Aufrichtigkeit, Glaubwürdigkeit, Sitte.

Wortbilder
Vater, Ärmelschoner, grauer Anzug, Mittelscheitel, Büro, Hausfrau, Lehrer, Nickelbrille, oberster Knopf geschlossen, Polizist.

Assoziationen
Pünktlichkeit, Disziplin, Verlässlichkeit, Ehemann, treu, Beruf, etwas ordnungsgemäß erfüllen, Versprechen einlösen, ehrlich, sicher, Gründlichkeit, Ordnung.

Anzeigentexte
Qualität ist unsere Pflicht.
Verantwortung steht im Mittelpunkt.
Auf Herz und Nieren geprüft.
Auf uns ist Verlass.
Billiges können wir uns nicht leisten.
Seriöse Beratung.
Dafür legen wir die Hand ins Feuer.
Darauf können Sie Häuser bauen.
Darauf können Sie sich verlassen.
i. O. (in Ordnung).
Mit Echtheitszertifikat.
Mit Geld-zurück-Garantie.
Nach strengen Maßstäben für Sie ausgewählt.
Nehmen Sie uns beim Wort.
Versprochen ist versprochen.
Wir halten unser Versprechen.
Zuverlässig wie ein Uhrwerk.

Zitate
Der Tücht'ge sieht in jedem Soll ein Muss! *(Franz Grillparzer)*
Pflicht heißt nur eins: Sie muss getan werden. *(Ernest Hemingway)*
Es klingt so kalt und spitz und stechend: Pflicht – Pflicht. *(Henrik Ibsen)*
Der Mensch tut lieber mehr als seine Pflicht – als seine Pflicht. *(Jean Paul)*
Die Menschen sind dazu verdammt, entweder Sklaven der Pflicht oder Sklaven der Macht zu sein. *(Joseph Joubert)*
Wir sind nicht auf der Welt, um glücklich zu werden, sondern um unsere Pflicht zu erfüllen. *(Immanuel Kant)*
Unsere Pflichten – das sind die Rechte auf uns. *(Friedrich Nietzsche)*
Ein Mensch sagt – und ist stolz darauf – /Er geh in seinen Pflichten auf./Bald aber, nicht mehr ganz so munter,/Geht er in seinen Pflichten unter. *(Eugen Roth)*
Stetes Pflichtbewusstsein ist die wahre Krone des Charakters. *(Samuel Smiles)*
Pflicht ist, was man von andern erwartet ... *(Oscar Wilde)*
Die Pflicht ruft, die Versuchung wispert. *(Rolf Haller)*
Religion ist die Erkenntnis aller unsrer Pflichten als göttliche Gebote. *(Immanuel Kant)*
Kein Mensch muss müssen ... *(Gotthold E. Lessing)*
Seine Pflichten nie versäumen, ist mehr als große Dinge träumen. *(Sprichwort oder Redensart aus Deutschland)*
Wo nicht im Herzen wohnt die Pflicht, da helfen auch Gesetze nicht. *(Sprichwort oder Redensart aus Deutschland)*
Seine Pflicht erkennen und tun, das ist die Hauptsache. *(Friedrich der Große)*
Wenn man von den Leuten Pflichten fordert und ihnen keine Rechte zugestehen will, muss man sie gut bezahlen. *(Johann Wolfgang von Goethe)*
Tu deine Pflicht, ich werde meine tun. *(Johann Wolfgang von Goethe)*

verwurzelt

Verwurzelung, Heimat, Gewohnheit, Normalität

Synonyme
tief verwurzelt, üblich, gewöhnlich, gebräuchlich, alltäglich, gewohnt, landläufig, verbreitet, weit verbreitet, eingewurzelt, tief verwurzelt, normal, usuell, regulär, regelmäßig, gängig, bevorzugt, nicht unüblich, nicht außergewöhnlich; allgemein, eingeführt, herkömmlich, nötig, phrasenhaft, verbindlich, in der üblichen Weise, auf die Tippeltappeltour *(ugs.)*.
üblich werden, sich einbürgern, zur Gewohnheit werden, in Fleisch und Blut übergehen, zur zweiten Natur werden, Sitte werden.
üblich sein, gang/*(schweiz.)* gäng und gäbe sein, im Schwange sein; Regel, Üblichkeit.

Wortbilder
Bauer, Bäuerin, Wälder, Dörfer, Bauernhaus, Sonne, Ernte, grüne Wiesen, alte Leute, Bach, Landstraße.

Assoziationen
Ruhe, gute Landluft, Idylle, Stallgeruch, bäuerlich, Umwelt, altertümlich, althergebracht, heile Natur, unberührt.

Werbung
Direkt-ab-Bauernhof-Preis.
Nur echt mit diesem Zeichen.
Seit 1880.
Seit Jahren unverändert.
Wertbeständig.
Wie aus dem vorigen Jahrhundert.
Seit Generationen.
Zurück zur Frische des Lebens.
Immer am billigsten.
Immer für Sie da.
Ein Geschenk, das immer wieder Freude macht.

Zitate
Der Menschen Naturen gleichen sich; es sind ihre Gewohnheiten, die sie voneinander trennen. *(Sprichwort oder Redensart aus China)*
Consuetudo quasi altera natura. (Die Gewohnheit ist gleichsam eine zweite Natur.) *(Marcus Tullius Cicero)*
Gewohnheit ist König über den Verstand. *(Sprichwort oder Redensart aus Deutschland)*
Alte Gewohnheiten legen sich nicht so leicht ab wie alte Hemden. *(Sprichwort oder Redensart aus Deutschland)*
Die Menschen sind sich ziemlich ähnlich, wenn sie geboren werden, aber durch ihre Gewohnheiten entfernen sie sich immer mehr voneinander. *(Konfuzius)*
Die Gewohnheit ist ein Seil. Wir weben jeden Tag einen Faden und schließlich können wir es nicht mehr zerreißen. *(Heinrich Mann)*
Eine Angewohnheit kann man nicht aus dem Fenster werfen. Man muss sie die Treppe hinunterboxen, Stufe für Stufe. *(Mark Twain)*
Gewohnheiten sind zuerst Spinnweben, dann Drähte. *(Sprichwort oder Redensart aus Spanien)*
Gewohnheiten sind die Fingerabdrücke des Charakters. *(Alfred Polgar)*

Die meisten leben in den Ruinen ihrer Gewohnheiten.

(Jean Cocteau)

Kompass für den erlebnisreichen Sprachstil

Hier erhalten Sie Anregungen, mit welchen Wörtern Sie gelbe Werte vermitteln können.

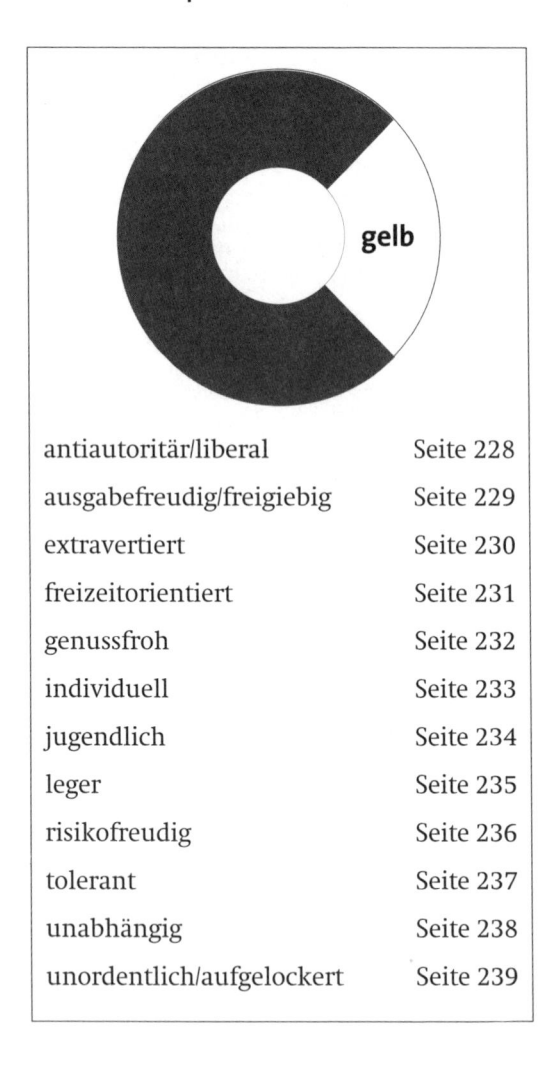

gelb

antiautoritär/liberal	Seite 228
ausgabefreudig/freigiebig	Seite 229
extravertiert	Seite 230
freizeitorientiert	Seite 231
genussfroh	Seite 232
individuell	Seite 233
jugendlich	Seite 234
leger	Seite 235
risikofreudig	Seite 236
tolerant	Seite 237
unabhängig	Seite 238
unordentlich/aufgelockert	Seite 239

„Gelbe" Adjektive!

A
abenteuerlich
abenteuerlustig
abgelöst
abgemacht
abnormal
abstrakt
absurd
abwechselnd
abwechslungsreich
abwegig
adleräugig
affenartig
affig
agil
ahnungslos
aktuell
albern
allerlei
anders
angeheitert
angeknackst
angestrahlt
arglos
atemlos
auffallend
auffällig
aufgedreht
aufgeheitert
aufgekratzt
aufgelegt
aufgelockert
aufgeschlossen
aufgeweckt
aufmunternd
augenblicklich
ausdrucksvoll
ausgedacht
ausgefallen
ausgeflippt
ausgeflogen
ausgelassen
ausgelatscht
ausgeleiert
ausgetüftelt
aussichtsreich

B
babyleicht
baff
banal
banausisch
bannig

bärig
beduselt
beeindruckend
beflügelt
befreit
begeisternd
begeistert
behämmert
bekloppt
belebt
beliebig
belustigt
berühmt
beschwingt
beschwipst
bestechend
betütert
bildlich
bizarr
blendend
blindgläubig
blindlings
blitzartig
blitzend
blöd
brandneu
brisant
bunt
buntscheckig

C
chaotisch
cool
curry

D
dekoriert
doll
doof
draufgängerisch
drauf sein
dusslig
dynamisch

E
effektvoll
egal
eindrucksvoll
einerlei
einfallsreich
einhellig
erfinderisch
erfreulich

erneuert
erstaunlich
erstaunt

F
fabelhaft
facettenreich
famos
farbenfreudig
farbenfroh
farbenprächtig
farbig
faszinierend
fesselnd
fetzig
feuchtfröhlich
fidel
fiktiv
findig
fipsig
fix
fixfertig
flapsig
flatterhaft
flexibel
flink
flippig
flockig
flott
flügge
forsch
fortschrittlich
frappant
frech
frei
freigiebig
freiheitlich
freisinnig
freiweg
freiwillig
freizügig
frivol
froh
fröhlich
funkelnagelneu
funkelnd
fusselig
fusslig
futsch
futschikato

G
gammelig
gefeiert
geflügelt
gehupft
geil
gelungen
genussfroh
gepfeffert
gesalzen
gespannt
getigert
geweckt
glänzend
grell
grenzenlos
groggy
großartig
grotesk

H
happy
hellwach
herausfordernd
herrlich
high
himmelweit
hirnverbrannt
humorvoll
hundekalt
hundemüde

I
idealistisch
ideenreich
idiotensicher
illustriert
imposant
improvisiert
impulsiv
individualistisch
individuell
infantil
inhaltsreich
initiativ
intuitiv
ironisch
irr
irre

J
jubelnd
jugendlich
jung

K
keck
kess
kindisch
kindlich
klapperig
kleckerweise
klitzeklein
knalleng
knallig
knallrot
knickerig
komisch
kopflos
kopfüber
kreativ
kringelig
kunterbunt
kurzweilig

L
lachhaft
läppisch
larifari
lässig
lauthals
lax
lebendig
lebensdurstig
lebensfroh
lebensgierig
lebenshungrig
lebenslustig
lebensmunter
lebhaft
leger
leichtfertig
leichtfüßig
leichtgläubig
leichtsinnig
lichtdurchflutet
live
locker
lustig

M
meschugge
mickerig
mickrig
modern

modisch
mordsmäßig
muckerhaft
mühelos
muksch
munter

N
naiv
narrensicher
närrisch
naseweis
neu
neuartig
neugierig
nigelnagelneu

O
offen
oll
optimistisch
originell
out
overdressed

P
paletti
pampig
pappig
patschig
perplex
pfiffig
pfundig
phänomenal
phantasievoll
phantastisch
picobello
planlos
plemplem
plötzlich
poppig
positiv
prima
proper
proppenvoll
putzmunter
pyramidal

Q
quabbelig
quatschig

R
rasant
redefreudig

redelustig
rege
revolutionär
riesig
risikofreudig
rotzfrech
rotzig
ruhelos

S
sagenhaft
salopp
sauglatt
saukalt
saumüde
sauwohl
schillernd
schimmernd
schlaksig
schmissig
schnurz
schrill
schwunghaft
schwungvoll
sehenswert
sensationell
sichtbar
skurril
snobistisch
sommerlich
sommersprossig
sommertrocken
sonnenklar
sonnig
sorgenfrei
sorglos
spaßig
spektakulär
spielend
spleenig
spontan
sporadisch
spottbillig
spottwenig
spritzig
sprühend
steinreich
sternenhell
sternenklar
sternhell
sternklar
stinknormal
strahlend
strubbelig
struppig

sturmfrei
super
superklug
supermodern

T
taff
tappig
tapsig
tierisch
tolerant
toll
tollkühn
tollpatschig
topfit
trickreich
turbulent

U
überdreht
überraschend
überrascht
überspannt
überstürzt
ulkig
ultramodern
umwerfend
unabhängig
unbändig
unbedarft
unbefangen
unbegrenzt
unbekümmert
unbesehen
unbesonnen
unbesorgt
unbewusst
unentschlossen
unentwegt
unerfahren
unersättlich
unerschrocken
ungebunden
ungefähr
ungeniert
ungewöhnlich
ungezählt
ungezügelt
ungezwungen
unglaublich
universal
universell
unkompliziert
unkonventionell
unordentlich

unsinnig
unüberlegt
unverblümt
unverdorben
unverdrossen
unverhüllt
unwillkürlich
unwissend
utopisch

V
vage
verblüffend
verdreht
verdutzt
vergammelt
vergnüglich
vergnügt
vernarrt
verrückt
versponnen
verstreut

vielseitig
visuell
voreilig
vorhersehbar
vorlaut
vorwitzig

W
wagemutig
waghalsig
wahllos
wahnsinnig

wechselhaft
wendig
wirr
witzig
wurschtegal

Z
zapplig
zerstreut
zopfig
zufällig
zwanglos

antiautoritär

Antiautorität, Selbstbestimmung, Zwanglosigkeit, Selbstverwirklichung

Synonyme
freiheitlich, liberal, antiautoritär, repressionsfrei, ohne Zwang, nicht repressiv; ungezwungen.
Freiheit, Unabhängigkeit, Ungebundenheit, Bewegungsfreiheit, Ungezwungenheit, Selbstbestimmung, Zwanglosigkeit, Meinungsfreiheit, Gedankenfreiheit, Freiraum, Selbstverwirklichung, *in Bezug auf Informationen:* Redefreiheit, Pressefreiheit, *im religiösen Bereich:* Bekenntnisfreiheit, Glaubensfreiheit; Autonomie, Bewegungsfreiheit.

Wortbilder
Kleidung, Unterhaltung, Essen, Party, junge Leute, bunte Farben, junge Eltern, spielende Kinder, Turnschuhe, weite Hosen.

Assoziationen
locker, unkompliziert, frei, lockerer Umgang, flockig, Lebensart, offen, ohne feste Grenzen, sorglos, Unordnung, unverbindliches Verhalten.

Werbetexte
Aussuchen nach Lust und Laune, Geschmack und Geldbeutel.
Bei uns ist täglich Wahltag.
Hier findet jeder, was er sucht.
Die Preise stehen Kopf.
Ein Vergnügen, das vor dem Preis nicht Halt macht.
Okay-Preis.
Feel free.
Machen Sie doch, was Ihnen passt.
Yabadabadoo!
Abhängigkeit ist keine gute Voraussetzung für unabhängige Lösungen.
Die Unabhängigkeitserklärung auf Rädern.
Wir sind unabhängig, wir handeln unabhängig, wir machen unabhängig.
Die Freiheit erfahren.
Canada — Die Freiheit ist noch nicht ausverkauft.
Locker vom Hocker.

Zitate
Wer lächelt, statt zu toben, ist der Stärkere. *(Sprichwort oder Redensart aus Japan)*
Vielleicht erscheint man niemals so ungezwungen, als wenn man eine Rolle zu spielen hat. *(Oscar Wilde)*
Freiheit ist nicht möglich ohne Autorität (sonst wird sie zum Chaos) — und Autorität nicht ohne Freiheit. *(Stefan Zweig)*
Nichts in der Welt wird so gefürchtet wie der Einfluss von Männern, die geistig unabhängig sind. *(Albert Einstein)*
Wenn man reich ist, kann man sich den Luxus leisten, anderen zu missfallen. *(Aldous Leonard Huxley)*
Das Reich der Freiheit beginnt erst da, wo das Arbeiten, das durch Not und äußere Zweckmäßigkeit bestimmt ist, aufhört. *(Karl Marx)*
Vermögen verleiht — unabhängig von seinen Erträgen — eine größere Freiheit und Unabhängigkeit und erhöht die Chancen zu selbstverantwortlicher Entfaltung. *(Alois Oberhauser)*
Der Gegensatz zur Hierarchie ist nicht das Chaos, sondern die Autonomie. *(Hans A. Pestalozzi)*
Privilegien aller Art sind das Grab der Freiheit und Gerechtigkeit. *(Johann Gottfried Seume)*
Nur im Auto kann ein Mensch der total organisierten Gesellschaft noch eigene Entschlüsse fassen und sein eigener Herr sein. *(Helmut Schmidt)*
Publizität ist der Puls der Freiheit. *(August Ludwig von Schlözer)*
Auf den Bergen ist Freiheit! *(Friedrich von Schiller)*

ausgabefreudig

Ausgabefreude, Freigebigkeit, Großzügigkeit, Verschwendung

Synonyme
spendabel, freigebig. **freigebig**, großzügig, generös, hochherzig, large *(schweiz.)*, nobel, honorig, splendid, gebefreudig, weitherzig, verschwenderisch, verschwendungssüchtig *(abwertend)*, spendabel *(ugs.)*, nicht geizig, nicht sparsam; entgegenkommend, üppig. **freigebig sein**, sich nicht lumpen lassen *(ugs.)*, eine milde/offene Hand haben; verschwenden; Gastfreundschaft, Großzügigkeit.

Wortbilder
Villa, Kleidung, Auto, Schmuck, Möbel, Restaurant, Geld, Gold, Menschen, Swimmingpool.

Assoziationen
Urlaub, Lebensart, Weltreise, Freiheit, Fröhlichkeit, glücklich, Highsociety, Kunst, Luxusartikel, Vergnügen

Werbetexte
Tanzen Sie aus der Reihe. Lust auf Neues? Alles, was das Herz begehrt. Auswahl, die Laune macht. Wenn Sie aus dem Vollen schöpfen wollen. Da wird sogar das Zahlen zur Freude. Das große Preisvergnügen. Freu-Dich-Preis. Freudenpreis. Stürzen Sie sich in das Abenteuer. Ein Vergnügen, das vor dem Preis nicht Halt macht.

Zitate
Wer gerne gibt, fragt nicht lange. *(Sprichwort oder Redensart aus Deutschland)*
Geben ist Sache des Reichen. *(Johann Wolfgang von Goethe)*
Lässige Hand macht arm ... *(Sprüche 10, 4 – Bibel)*
Wer sein Geld nicht kann lassen liegen, der kaufe Tauben, dann sieht er's fliegen. *(Sprichwort oder Redensart aus Deutschland)*
In der Armut ist der einzige Trost die Verschwendung. Im Reichtum der einzige Trost die Sparsamkeit. *(Oscar Wilde)*
Nur der ist froh, der geben mag. *(Johann Wolfgang von Goethe)*
Prahle nicht allzu sehr, denn es könnte jemand zuhören, der dich bereits als Kind gekannt hat. *(Sprichwort oder Redensart aus China)*
Wer angibt, hat mehr vom Leben. *(Sprichwort oder Redensart aus Deutschland)*
Gemalte Blumen duften nicht. *(Sprichwort oder Redensart aus Deutschland)*
Je kleiner der Mann, desto größer die Worte. *(Horst Wolfram Geißler)*
Die wirksamste Form der Angabe ist das Understatement. *(N. N.)*
Der Angeber kauft zuerst die Sporen und dann das Pferd. *(Sprichwort oder Redensart aus Litauen)*

Manche Menschen wollen immer glänzen, obwohl sie keinen Schimmer haben.

(Heinz Erhardt)

extravertiert

Extraversion,
Geselligkeit,
Kontaktfreude,
Dialogfreude

Synonyme
gesellig, soziabel, kontaktfähig, kontaktfreudig, kommunikationsfreudig, kommunikationsfähig, umgänglich, extrovertiert, entgegenkommend, friedfertig, menschlich; herausgehen *(aus sich)*. Antonym: selbstbezogen, unzugänglich.

Wortbilder
Fest, Party, Spiele, zusammen essen gehen, Unterhaltung, Gespräch, lachen, reden, große Runde mit Leuten, Tanzball.

Assoziationen
Freunde, Einladung, Studentenclique, fröhlich, Gesellschaft, Gesellschaftsspiele, lockere Stimmung, Sportkreis, Sportverein, Vereinsleben.

Werbetexte
Sie werden freudig erwartet.
Wichtige Mitteilung: Uns gibt es.
Überall auf der Welt zu Hause.
Die Party steigt. Die Preise fallen.
Unsere Serviceleute sind schneller als die Feuerwehr.
Wir lassen Sie nicht im Regen stehen.
Bringt Freude ins Haus — außer bei Nachbars.
Darum wird man Sie beneiden.
Stürzen Sie sich in das Abenteuer.
Festhalten, Freunde, der Feierabend geht los.
Join the Club!

Willkommen im Club.
Zugreifen! — Bevor es andere tun.
Es wird alles anders bleiben.
Hier können Sie aufschneiden.

Zitate
Eine gewisse allgemeine Geselligkeit lässt sich ohne das Kartenspiel nicht mehr denken. *(Johann Wolfgang von Goethe)*
Der Geselligkeit und Gastfreundschaft gibt kein anderes Volk sich verschwenderischer hin. *(Publius Cornelius Tacitus)*
Das echte Gespräch bedeutet: aus dem Ich heraustreten und an die Türe des Du klopfen. *(Albert Camus)*
Nichts ist so verworren, dass ein Gespräch es nicht löste! *(Euripides)*
Was ist herrlicher als Gold? Das Licht! Was ist erquicklicher als Licht? Das Gespräch! *(Johann Wolfgang von Goethe)*
Die gute Unterhaltung besteht nicht darin, dass man selbst etwas Gescheites sagt, sondern dass man etwas Dummes anhören kann. *(Wilhelm Busch)*
Für eine erfolgreiche gesellschaftliche Konversation sind Gedanken bloß hinderlich. *(André Maurois)*
Es ist so traurig, sich allein zu freuen! *(Gotthold Ephraim Lessing)*
Freude lässt sich nur voll auskosten, wenn sich ein anderer mitfreut. *(Mark Twain)*
Mach andern Freude! Du wirst erfahren, dass Freude freut. *(Friedrich Theodor Vischer)*

Geteilte Freud' ist doppelt Freude.

(Christoph August Tiedge)

freizeitorientiert

Freizeit,
Nichtstun,
Feierabend,
Privatvergnügen

Synonyme
Freizeit, Muße.
Muße, Ruhe, Zeit, Freizeit, Otium, *(süßes)* Nichtstun, Dolcefarniente; Beschaulichkeit, Feierabend, Lebensweise, Stille.
Freizeitbeschäftigung, Liebhaberei.
Liebhaberei, Freizeitbeschäftigung, Privatvergnügen, Privatinteresse, Lieblingsbeschäftigung, Steckenpferd, Hobby, Passion, Leidenschaft; Anstrengung, Arbeit, Beruf, Liebhaber.

Wortbilder
Sonne, Strand, Meer, Swimmingpool, schwimmen, blauer Himmel, Eis essen, kurze Hosen, Wasser, Blumen, Bikini, braun gebrannt, grillen.

Assoziationen
Urlaub, Hitze, Sommer, Spaß, schönes Wetter, Flirts, frisch, lustig, anziehend, Energie, Freunde, Frohsinn.

Werbetexte
Abschalten und es sich schmecken lassen.
Bringt Freude ins Haus — außer bei Nachbars.
Die Belohnung am Ende eines anstrengenden Tages.
Ein Jungbrunnen.
Erfrischt herrlich.
Es gibt jeden Tag mindestens einen Grund, *(Markenname)* zu trinken.
Feel free.
Freitagabend in *(Name einer Stadt)*. Aber ein Gefühl wie in der Toscana.
Freut euch des *(Tätigkeit)*.
Je mehr je fröhlicher.
Lernen Sie jemanden kennen, der *(Zigarettenmarke)* raucht — vielleicht springt ein Funke über.
Life. Style.
Machen Sie doch, was Ihnen passt.
Man versehe mich mit Luxus. Auf alles Notwendige kann ich verzichten.
Raus aus dem Trott. Rein in den *(Firmenname)*.
Sag einfach *(Produktbezeichnung)*. Und plötzlich ist es (etwas Angenehmes, Wünschenswertes, z. B. „Sommer").
Stürzen Sie sich in das Abenteuer.

Zitat
Der Unterschied zwischen existieren und leben liegt im Gebrauch der Freizeit. *(Sprichwort oder Redensart aus Amerika)*
Es gibt Millionen von Menschen, die sich nach Unsterblichkeit sehnen — die aber nicht wissen, was sie an einem verregneten Sonntagnachmittag anfangen sollen. *(Maurice Chevalier)*
Früher sind die Menschen für die Freiheit auf die Barrikaden gestiegen. Jetzt tun sie es für die Freizeit. *(Werner Finck)*
Die schönste Hälfte der Zeit. *(Irving Fisher)*
Ruhe ist Glück, wenn sie ein Ausruhen ist. *(Ludwig Börne)*
Zwanghaftes Arbeiten allein würde die Menschen ebenso verrückt machen wie absolutes Nichtstun. Erst durch die Kombination beider wird das Leben erträglich. *(Erich Fromm)*
Es gibt kein Land und kein Volk, das dem Zeitalter der Muße und des Überflusses ohne Furcht entgegensehen könnte. *(John Maynard Keynes)*
Wir sind zu lange dazu erzogen worden, nach Leistung zu streben; wir haben nicht gelernt, wie man das Dasein genießt. *(John Maynard Keynes)*
Sechs Stunden sind genug für die Arbeit: die andern sagen zum Menschen: Lebe! *(Lukian)*
Die Erholung ist die Würze der Arbeit. *(Plutarch)*
Wir haben immer mehr Freizeit und immer weniger Zeit füreinander. *(Walter Scheel)*
Muße ist die Kunst, wirklich nichts zu tun, wenn man nichts tut. *(Anton Schnack)*
Wer keine Muße kennt, lebt nicht. *(Sprichwort oder Redensart aus Sizilien)*
Nirgends strapaziert sich der Mensch mehr als bei der Jagd nach Erholung. *(Laurence Sterne)*

genussfroh

Genuss,
Genussfreude,
Sinnenlust *(Hedonismus)*

Synonyme
hedonistisch, genießerisch, genießerisch, genüsslich, genussvoll, geschmäcklerisch, genussfreudig, sinnenfreudig, hedonistisch, genussfroh, genussreich, genusssüchtig *(abwertend)*, schwelgerisch; essen. Genussfreude **Schwelgerei**, Völlerei *(abwertend)*, Genusssucht *(abwertend)*, Genussgier *(abwertend)*; Labsal, Lust.

Wortbilder
Essen, Wein, trinken, rauchen, Schokolade, Frauen, Getränke, Restaurant, Torte, Champagner.

Assioziationen
Urlaub, gutes Buch lesen, Musik hören, genießen, beim Essen schmatzen, faulenzen, Musik, Reisen, schlemmen, Zeit haben.

Werbetexte
Ein Hochgenuss.
Abschalten und es sich schmecken lassen.
Man versehe mich mit Luxus. Auf alles Notwendige kann ich verzichten.
Atemberaubend.
Zum Zungenschnalzen.
Auswahl, die Laune macht.
Genussgeheimnis.
Genuss ohne Reue.

Zitate
Es ist besser, Genossenes zu bereuen, als zu bereuen, dass man nichts genossen hat. *(Giovanni Boccaccio)*
Wahrer Reichtum besteht nicht im Besitz, sondern im Genießen. *(Ralph Waldo Emerson)*
Es ist eine schwere Krankheit, ein Leben, das so kurz ist und nicht zweimal kommt, nicht zu genießen. Glücklich, die an Seelenwanderung glauben. *(Ferdinando Galiani)*
Armselig ist der Mensch, der nicht zu genießen versteht. *(Michel de Montaigne)*
In dem Maße, als die Genüsse zunehmen, nimmt die Empfänglichkeit für sie ab: Das Gewohnte wird nicht mehr als Genuss empfunden. *(Arthur Schopenhauer)*
Lasst uns das Leben genießen, solange wir es nicht begreifen. *(Kurt Tucholsky)*
Wer nicht genießt, wird ungenießbar. *(Konstantin Wecker)*
Ich habe nie das Glück gesucht. Wer braucht Glück? Ich habe den Genuss gesucht. *(Oscar Wilde)*
Denn es ziemt des Tags Vollendung/Mit Genießern zu genießen. *(Johann Wolfgang von Goethe)*
Carpe diem! (Ergreife/genieße den Tag/Augenblick!) *(Horaz)*
Die meisten Dinge, die uns Vergnügen bereiten, sind unvernünftig. *(Charles de Montesquieu)*
Es ist leichter, einer Begierde ganz zu entsagen, als in ihr Maß zu halten. *(Friedrich Nietzsche)*
Est quaedam fiere voluptas. (Weinen ist eine Art Genuss.) *(Ovid)*
Manches Vergnügen besteht darin, dass man mit Vergnügen darauf verzichtet. *(Peter Rosegger)*

Der allein ist weise, der im Sparen zu genießen, im Genuss zu sparen weiß.

(Christoph Martin Wieland)

individuell

nonkonformistisch, Nonkonformismus, Individualist, Vorreiter, Querdenker

Synonyme
persönlich, subjektiv, eigenbrötlerisch *(abwertend)*, individualistisch, einzelgängerisch, intraindividuell, *nicht nur individuell:* interindividuell.
selbstständig, eigenständig, eigenlebig *(schweiz.)*, frei, ungebunden, unbehindert, ungehindert, unabhängig, für sich allein, absolut, souverän, schrankenlos, uneingeschränkt, unumschränkt, unbeschränkt, eigenmächtig, übergeordnet, autonom, autark, emanzipiert, unangepasst, unbequem, nonkonformistisch, eigenwillig, nicht unselbstständig; aufgeklärt, eigenmächtig, schöpferisch, unbedingt, unbeliebt, unzugänglich.
selbstständig werden, sich loslösen/lösen/losmachen von, sich freischwimmen, sich freischreiben, loskommen von, abnabeln, die Nabelschnur durchschneiden/durchtrennen; Aussteiger.
selbstständig sein, freie Bahn/Hand haben, unabhängig/nicht eingeschränkt sein, sein eigener Herr sein, auf eigenen Füßen/Beinen stehen, privatisieren.
Nonkonformismus, Individualismus, Einzelgängertum, Eigenbrötelei *(abwertend)*, Nonkonformismus; Einzelgängertum.
Außenseiter, Einzelgänger, Eigenbrötler, Kauz, Original, Sonderling, Individualist, Subjektivist,

Nonkonformist, Außenstehender, Mauerblümchen, Outsider, Outcast, Dropout, Aussteiger, Freak, Ausgeflippter, Marginalexistenz, Paria, Ausgestoßener, Geächteter, Verfemter, Asozialer, Unterprivilegierter, Entrechteter · Randsiedler, Randgruppe; Einzelgänger, Ketzer, Nichtfachmann, Optimist; ausschließen.
Schrittmacher, Wegbereiter, Vorreiter, Denkplaner, Vordenker, Querdenker, Scout *(Jargon)*, Vorkämpfer, Avantgardist, Avantgarde, Trendsetter, Protagonist, Bahnbrecher, Wegebahner *(schweiz.)*, Vorbereiter, Vorbild, Pionier; Abgesandter, Berater, Gönner, Gründer, Reformer, Spitzenreiter, Vorangegangener.

Wortbilder
Kleidung, Autos, Frisur, Wohnung, Künstler, Sport, Essen, Schmuck, Bilder, Einrichtung.

Assoziationen
Geschmack, Persönlichkeit, Mode, modisch, Freizeit, Charakter, der Einzelne, Meinung, Musik, selbstbewusst, Kreativität.

Werbetexte
Das Gesicht in der Menge.
Immer eine persönliche Entscheidung.
Anders.
Anders als alle anderen.
Es wird alles anders bleiben.
Kluge Köpfe kann man nicht über einen Kamm finanzieren.
Aus dem Rahmen fallend.
Außergewöhnlich.
Außerordentlich.
Das andere XY.

Das besondere Etwas.
Das nackte Wunder.
Die Ausnahme.
Eine Ausnahmeerscheinung.

Zitate
In jedermann ist etwas Kostbares, das in keinem anderen ist. *(Martin Buber)*
Jedenfalls ist es besser, ein eckiges Etwas zu sein als ein rundes Nichts. *(Christian Friedrich Hebbel)*
Gegen den Strom der Zeit kann zwar der Einzelne nicht schwimmen, aber wer Kraft hat, hält sich und lässt sich von demselben nicht mit fortreißen. *(Johann Gottfried Seume)*
Jeder Jeck ist anders. *(Sprichwort oder Redensart aus Köln)*
==Stil ist die persönlichste Art, sich zu unterscheiden.== *(N. N.)*
Der Sozialismus ist eine Reaktion gegen das Individuellwerden. *(Friedrich Nietzsche)*
Man muss den Leuten nur ein bisschen verrückt vorkommen, dann kommt man schon weiter. *(Wilhelm Raabe)*

jugendlich

Jugend,
Generation,
Lebensalter,
Kindlichkeit

Synonyme
juvenil, jung, kindlich, pueril, knabenhaft, jungenhaft, mädchenhaft; jung, kindisch.
jung, jünger, jung an Jahren, halbwüchsig, blutjung, unfertig, unreif, unerfahren, grün. Antonym: alt.
jung sein, noch das ganze Leben vor sich haben.
noch sehr jung sein, noch die Eierschalen hinter den Ohren haben, noch nicht trocken/noch feucht hinter den Ohren sein, kaum flügge sein; erwachsen, jugendlich.
Jugendlich, Jugend, Generation, Lebensalter; seit frühester Jugend, klein.
Infantilität, Infantilismus, Kindlichkeit, Unentwickeltheit, Puerilismus; Albernheit.
Anfänger, Anfängerin, Neuling, Novize, Novizin, Debütant, Debütantin, Greenhorn, Newcomer, Grünschnabel *(abwertend),* Kiekindiewelt *(ugs.),* Unerfahrener.
Anfänger sein, noch feucht/noch nicht trocken hinter den Ohren sein; *(noch nicht)* erwachsen *(sein),* jung; Jüngster, Schulanfänger, Schüler.

Wortbilder
junge Leute, Teenager, sportliche Kleidung, Jeans, Schule, Sport, junge Mädchen, Diskothek, lange Haare, bunte Farben, Sweatshirt.

Assoziationen
fröhliche Leute, bunte Mode, gestylte ältere Frau, dynamisch, Jugend, Modetrends, ohne Falten, viele Unternehmungen, Freundesclique, spontan.

Werbetexte
Absolut neu.
Aufbruch in ein neues Zeitalter.
Brandaktuell.
Das Allerneueste.
Die Neuen sind da.
Die neue Generation.
Eine Entdeckung.
Eine neue Dimension.
Eine neue Idee.
Endlich!
Es tut sich was.
Kein Wunschtraum mehr.
Lust auf Neues?
Mit der Zeit.
Morgen ist es so weit.
Kommen Sie auch.
Feiern Sie mit.
Neu gebacken.
Neuartig.
Neue Serie.
Neuentwicklung.
Neuerscheinung.
Neueste Nachricht.
Neues Verfahren.
Noch nie da gewesen.
Taufrisch.
Top aktuell.
Uraufführung.

Zitate
Ich habe überhaupt keine Hoffnung mehr in die Zukunft unseres Landes, wenn einmal unsere heutige Jugend die Männer von morgen stellt. Unsere Jugend ist unerträglich, unverantwortlich und entsetzlich anzusehen. *(Aristoteles)*
Hat der Fuchs noch Zähne, geht er nicht ins Kloster. *(Sprichwort oder Redensart aus Bulgarien)*
Die Jugend wäre eine noch viel schönere Zeit, wenn sie erst später im Leben käme. *(Charlie Chaplin)*
Welches größere und bessere Geschenk können wir dem Staate darbringen, als wenn wir die Jugend unterrichten und erziehen? *(Marcus Tullius Cicero)*
Was bei der Jugend wie Grausamkeit aussieht, ist meistens Ehrlichkeit. *(Jean Cocteau)*
Auch der Teufel war schön, als er jung war. *(Sprichwort oder Redensart aus Frankreich)*
In seiner Jugend glaubt jeder, dass die Welt eigentlich erst mit ihm angefangen habe und dass alles eigentlich um seinetwillen da sei. *(Johann Wolfgang von Goethe)*
Die Jugend verachtet die Folgen; darauf beruht ihre Stärke. *(Martin Kessel)*
Es ist besser, ein junger Maikäfer als ein alter Paradiesvogel zu sein. *(Mark Twain)*
Jugend ist etwas sehr Wertvolles, nur weiß man es nicht, wenn man jung ist. *(André Maurois)*

leger

Lässigkeit, Natürlichkeit, Nonchalance, Saloppheit

Synonyme
informell, informativ, ungezwungen.
ungezwungen, zwanglos, natürlich, angstfrei, locker, flockig, lässig, ungehemmt, unbefangen, gelöst, burschikos, nonchalant, large *(schweiz.)*, ungeniert, unzeremoniell, hemdsärmelig *(ugs.)*, frei, nachlässig, salopp, formlos, informell; freiheitlich, hemmungslos, lustig, nachlässig.
Ungezwungenheit, Lässigkeit, Natürlichkeit, Nonchalance, Zwanglosigkeit, Freiheit, Gelöstheit, Unbefangenheit, Ungeniertheit, Burschikosität, Saloppheit, Hemdsärmeligkeit *(abwertend)*.

Wortbilder
Kleidung, Unterhaltung, Gespräch, Essen, Haare, Sport, Bewegungen, Hand am Colt, Hocker.

Assoziationen
Locker vom Hocker, Verbindung, leicht, Leichtigkeit, Beziehung, ausgeglichen sein, bequem, frei, Freizeit.

Werbetexte
Strengstens erlaubt!
Hopsasa!
Hands up.
Auweia!
Alles paletti.
An alle Höhlenbewohner. *(Wohnbaugenossenschaft)*
Überall wird nur mit Wasser gekocht. Die Frage ist nur, mit welchem.
Schwarzer Tag. Für die Konkurrenz.
Zugreifen! – Bevor es andere tun.
Willkommen im Club.
Und ab!
Über Geschmack sollten Sie streiten.
Nix wie hin.
Nicht verpassen!
Kaufs in Tuben!
Auch nicht schlecht ...
First the good news!

Zitate
Locker vom Hocker. *(Sprichwort oder Redensart aus Deutschland)*
Vielleicht erscheint man niemals so ungezwungen, als wenn man eine Rolle zu spielen hat. *(Oscar Wilde)*
Einem fröhlichen Menschen schmeckt alles wohl, was er isst. *(Bibel)*
Den Vogel, der am Morgen singt, frisst am Abend die Katze. *(Sprichwort oder Redensart aus Deutschland)*
Sauer macht lustig. *(Sprichwort oder Redensart aus Deutschland)*
Wer schaffen will, muss fröhlich sein. *(Theodor Fontane)*
Ein froher Wirt macht frohe Gäste. *(Sprichwort oder Redensart aus den Niederlanden)*
Die besten Ärzte der Welt sind Dr. Diät, Dr. Ruhe und Dr. Fröhlich. *(Jonathan Swift)*

Nichts hindert uns mehr, natürlich zu sein, als das Bestreben, so zu erscheinen. *(François de La Rochefoucauld)*
In puris naturalibus. (In reiner Natürlichkeit) *(Thomas von Aquin)*

Wenn wir schön sind, sind wir ungeputzt am schönsten.

(Gotthold Ephraim Lessing)

risikofreudig

Risikofreude, Unverzagtheit, Wagemut, Draufgängertum

Synonyme
mutig, tapfer, heldenhaft, heldenmütig, todesmutig, heroisch, mannhaft, beherzt, herzhaft, unverzagt, unerschrocken, furchtlos, couragiert, kühn, wagemutig, waghalsig, verwegen, draufgängerisch, kämpferisch, tollkühn, risikofreudig, abenteuerlustig, vermessen, nicht feige; frech, streitbar, zielstrebig.
mutig sein, das Herz auf dem rechten Fleck haben, ohne Furcht und Tadel sein, die Gefahr verachten, der Gefahr trotzen/ins Auge sehen *(oder:)* schauen/ nicht achten, weder Tod noch Teufel fürchten, sein Herz in die Hand/in beide Hände nehmen, sich ein Herz fassen, die Zähne zusammenbeißen, keine Angst *(haben)*; Draufgänger, Held, Mut.
Risikofreude, Risikobereitschaft, Mut.
Mut, Tapferkeit, Kühnheit, Beherztheit, Herzhaftigkeit, Furchtlosigkeit, Unerschrockenheit, Unverzagtheit, Schneid, Courage, Risikobereitschaft, Zivilcourage, Mumm *(ugs.)*, Nipf *(ugs., österr.)*, Tollkühnheit, Wagemut, Bravour, Draufgängertum.

Wortbilder
Fallschirmspringen, Dunkelheit, Aktienkurse, Wildwasserfahrt, Bergsteigen, Feuer, tauchen, Angriff eines Tiers, Geisterbahn.

Assoziationen
Gefahren, etwas Neues, Mut, fremdes Land, Frau erobern, Abenteuer, experimentieren, Überlebenstraining, verrückte Ideen, ohne Plan.

Werbetexte
Ohne Risiko und Nebenwirkungen.
Warnung!
Vorsicht!
SOS!
Hoffentlich trifft Sie der Blitz. (Fotokameras)
Heute ist Freitag der 13.
Du lebst nur einmal.
Aufgepasst!
Stürzen Sie sich in das Abenteuer.

Zitate
Risiko ist die Bugwelle des Erfolges. *(Carl Amery)*
Leute, die jedes Risiko scheuen, gehen das größte Risiko ein. *(George Frost Kennan)*
Wer nichts riskiert, gewinnt auch nichts. *(Robert Louis-Dreyfus)*
Wer nichts wagt, der darf nichts hoffen. *(Friedrich von Schiller)*
Wer wagt, gewinnt. *(Sprichwort oder Redensart aus Deutschland)*
Dimidium facti, qui coepit, habet. (Frisch gewagt ist halb gewonnen.) *(Horaz)*

Restrisiko ist das Risiko, das uns den Rest gibt.

(N. N.)

tolerant

Toleranz, Duldsamkeit, Nachgiebigkeit, Liberalität

Synonyme
duldsam, verständnisvoll, einsichtig, aufgeschlossen, weitherzig, freizügig, nachsichtig, schwach *(abwertend)*, versöhnlich, nicht engherzig; aufgeklärt, entgegenkommend, geduldig, gütig, nachsichtig, ruhig, unterwürfig.
tolerant sein, ein Auge zudrücken, Verständnis/ ein Einsehen haben.
aufgeklärt, vorurteilsfrei, vorurteilslos, freisinnig, liberal, lax *(abwertend)*, wissend, erfahren, unterrichtet, eingeweiht, esoterisch; klug, modern, selbstständig, tolerant, unparteiisch; billigen.
entgegenkommend, verbindlich, freundlich, liebenswürdig, nett, anständig, tak *(ugs., österr.)*, großzügig, konziliant, großmütig, leutselig, gönnerhaft, wohl wollend, wohl gesinnt, gut gesinnt, wohlsinnig *(schweiz.)*, huldvoll, huldreich, jovial, wohl meinend, kulant, nicht engherzig; freigebig, gefällig, gesellig, gütig, höflich, lustig, sympathisch.
Toleranz, *(repressive Toleranz)* Duldsamkeit.
Duldsamkeit, Toleranz, Nachgiebigkeit, Großzügigkeit, Großmut, Hochherzigkeit, Liberalität, weiche Welle · *bemängelte:* Laxheit *(abwertend); Nachlässigkeit als Mittel der politischen Unterdrückung angewandte:* repressive Toleranz; Duldung, Erfahrung, Freundlichkeit.

Wortbilder
junge Leute, Kinder, Frauen, Frisur, ausgeflipptes Outfit, New York, Parlament, Nina Hagen, Yuppie, abstrakte Bilder.

Assoziationen
Klischee, Aussehen, Ansichten, Lebensart, Harmonie, moderne Ansichten, Musik, Presse, Politik, Ideen.

Werbetexte
Davon kann man sich eine Scheibe abschneiden.
Es tut sich was.
Für jeden etwas.
Hier findet jeder, was er sucht.
Je mehr je fröhlicher.

Zitate
Leben und leben lassen. *(Sprichwort oder Redensart aus Deutschland)*
Das eindruckvollste Beispiel von Toleranz ist eine Goldene Hochzeit. *(N. N.)*
Das Einzige, was noch schwieriger ist, als ein geordnetes Leben zu führen: es anderen nicht aufzuzwingen. *(Marcel Proust)*
Intelligenz ist die Fähigkeit, seine Umgebung zu akzeptieren. *(William Faulkner)*
Toleranz ist die Tugend des Mannes, der keine Überzeugungen hat. *(Gilbert Keith Chesterton)*
Toleranz ist das unbehagliche Gefühl, der andere könne am Ende vielleicht doch Recht haben. *(Robert Lee Frost)*
Die echte Toleranz kommt erst mit den grauen Haaren. *(Sir Alec Guinness)*

Solange du dem anderen sein Anderssein nicht verzeihen kannst, bist du noch weit ab vom Wege der Weisheit.

(Sprichwort oder Redensart aus China)

unabhängig

Unabhängigkeit, Freiheit, Daseinsfreude, Lebenswille

Synonyme
selbstständig, unabhängig machen, selbstständig (machen).
selbstständig, eigenständig, eigenlebig *(schweiz.)*, frei, ungebunden, unbehindert, ungehindert, unabhängig, für sich allein, absolut, souverän, schrankenlos, uneingeschränkt, unumschränkt, unbeschränkt, eigenmächtig, übergeordnet, autonom, autark, emanzipiert, unangepasst, unbequem, nonkonformistisch, eigenwillig, nicht unselbstständig; aufgeklärt, eigenmächtig, schöpferisch, unbedingt, unbeliebt, unzugänglich; Schrittmacher.
ungezwungen, zwanglos, natürlich, angstfrei, locker, flockig, leger, lässig, ungehemmt, unbefangen, gelöst, burschikos, nonchalant, large *(schweiz.)*, ungeniert, unzeremoniell, hemdsärmelig *(ugs.)*, frei, nachlässig, salopp, formlos, informell; freiheitlich, hemmungslos, lustig, nachlässig; Freiheit, Ungezwungenheit. Antonym: ängstlich, verlegen; Zwang.
Unabhängigkeit, Autonomie, Selbstbestimmung, Selbstbestimmungsrecht, Selbstverwaltung, Eigengesetzlichkeit, Selbstbefreiung, Mündigwerden, Unabhängigkeit; Freiheit, Mitbestimmung.
Freiheit, Unabhängigkeit, Ungebundenheit, Bewegungsfreiheit, Ungezwungenheit, Selbstbestimmung, Zwanglosigkeit, Meinungsfreiheit, Gedankenfreiheit · Freiraum, Selbstverwirklichung, *in Bezug auf Informationen:* Redefreiheit, Pressefreiheit, *im religiösen Bereich:* Bekenntnisfreiheit, Glaubensfreiheit; Autonomie, Bewegungsfreiheit; freiheitlich, ungezwungen. Antonym: Zwang.

Wortbilder
Vögel, Himmel, weites Meer, Weltraum, springen, Flugzeug, Wildtiere, irgendwo allein sein, Landschaft, Kinder.

Assoziationen
Freiheit, ungebunden, Politik, Reisen, keine Grenzen, Selbstverwirklichung, Luft, frisch, fröhlich, Gefühl, Junggesellenleben.

Werbetexte
Abhängigkeit ist keine gute Voraussetzung für unabhängige Lösungen. *(1988)*
Die Unabhängigkeitserklärung auf Rädern. *(1990)*
Wir sind unabhängig, wir handeln unabhängig, wir machen unabhängig. *(1995)*
Vreiheit. – die nehm ich mir. *(Visa-Card)*

Zitate
Nichts in der Welt wird so gefürchtet wie der Einfluss von Männern, die geistig unabhängig sind. *(Albert Einstein)*
Der einzige Wert liegt darin, dass es unabhängig macht. Und es gibt kein größeres Glück als Unabhängigkeit. Darin liegt für mich der einzige Wert des Geldes. *(Mario Adorf)*
Für manches unterentwickelte Land ist das Geschenk der völligen Unabhängigkeit so sinnvoll wie ein Rasiermesser in der Hand eines Kindes. *(Baron William Maxwell Aitken Beaverbrook)*
Wenn man reich ist, kann man sich den Luxus leisten, anderen zu missfallen. *(Aldous Leonard Huxley)*
Das Reich der Freiheit beginnt erst da, wo das Arbeiten, das durch Not und äußere Zweckmäßigkeit bestimmt ist, aufhört. *(Karl Marx)*
Vermögen verleiht – unabhängig von seinen Erträgen – eine größere Freiheit und Unabhängigkeit und erhöht die Chancen zu selbstverantwortlicher Entfaltung. *(Alois Oberhauser)*
Der Gegensatz zur Hierarchie ist nicht das Chaos, sondern die Autonomie. *(Hans A. Pestalozzi)*
Der große Vorteil des Reichtums liegt darin, dass man sich keine Ratschläge mehr anzuhören braucht. *(Artur Phleps)*

unordentlich

Unordnung, Nachlässigkeit, Schludrigkeit, Flüchtigkeit

Synonyme
nachlässig, unordentliches Arbeiten, schlampig *(emotional)*, schlampert *(landsch.)*, schludrig *(emotional)*, oberflächlich, flüchtig, unordentlich, huschelig, larifari, liederlich, ungenau, überhapps *(österr.)*, so nebenher; unachtsam, unbesonnen, ungeordnet.
nachlässig sein, es nicht so genau nehmen, fünf grade sein lassen, schlampen *(emotional)*, schlampern *(österr.)*; schludern *(emotional)*.
nachlässig werden, die Zügel schleifen lassen.
unachtsam, achtlos, unbedacht, gleichgültig, sorglos, gedankenlos; nachlässig, unbesonnen.
unbesonnen, unüberlegt, ohne Sinn und Verstand, planlos, ziellos, wahllos, unbedacht, unvorsichtig, impulsiv, gedankenlos, leichtsinnig, leichtfertig, fahrlässig, nicht ruhig; nachlässig, unachtsam, unverzeihlich.
unbesonnen sein, mit dem Feuer spielen, eine leichte Ader haben; Erregung, Unbesonnenheit.
ungeordnet, unaufgeräumt.
ungeordnet sein, etwas ist in Unordnung/durcheinander, bei jemandem herrscht Unordnung, das ist der reinste Saustall *(salopp)*, bei jemandem liegt der Kamm bei der Butter *(ugs., abwertend)*, bei jemandem liegt alles herum wie Kraut und Rüben *(ugs., abwertend)*; nachlässig.

Wortbilder
Fetzenjeans, lange Haare, vergammeltes Auto, nach einer Party, Slipper, ausgetretene Schuhe, Bartstoppeln, Knitterstoffe, lose Krawatte, unaufgeräumtes Zimmer.

Assoziationen
Chaos, ausgeflippt, Auftreten, Haltung, cool, Übermut, Bequemlichkeit, Laissez faire, verrückt, Schlaksigkeit.

Werbetexte
Alkoholiker werden nur halb so alt, dafür sehen sie alles doppelt.
Liebe Aktionäre: Letztes Jahr waren wir kurz vor dem Abgrund. Jetzt sind wir bereits einen Schritt weiter.
Lieber eine ausgefallene Frisur als ausgefallene Haare.
Neurotiker bauen Luftschlösser, Psychopathen wohnen darin und Psychiater kassieren die Miete.
Schlechte Wetteraussichten bis Donnerstag.
Der Osterhase bekommt nasskalte Pfoten — Eiersuche abgeblasen.
Und ihr Rosenkavalier? Sitzt in einem Café. Mit einer anderen.
Wenn eine Dame in den Pool fällt, bleibt keine Zeit, erst die Uhr abzulegen. *(Wasserdichte Uhr)*
Wer will es einem Analphabeten verübeln, dass er keine Texte mag?

Zitate
Ein unordentlicher Mensch verliert immer nur einen Handschuh. *(N. N.)*
Wo nichts am rechten Platz liegt, da ist Unordnung. Wo am rechten Platz nichts liegt, ist Ordnung. *(Bertolt Brecht)*
Die Ordnung ist die Lust der Vernunft, aber die Unordnung ist die Wonne der Phantasie. *(Paul Claudel)*
Der Politiker will Ordnung, der Künstler Unordnung. Er muss in einem unordentlichen Milieu leben, sonst kann er nicht schöpfen. *(Michel Tournier)*

Kompass für den emotionalen Sprachstil

Hier erhalten Sie Anregungen, mit welchen Wörtern Sie rote Werte vermitteln können.

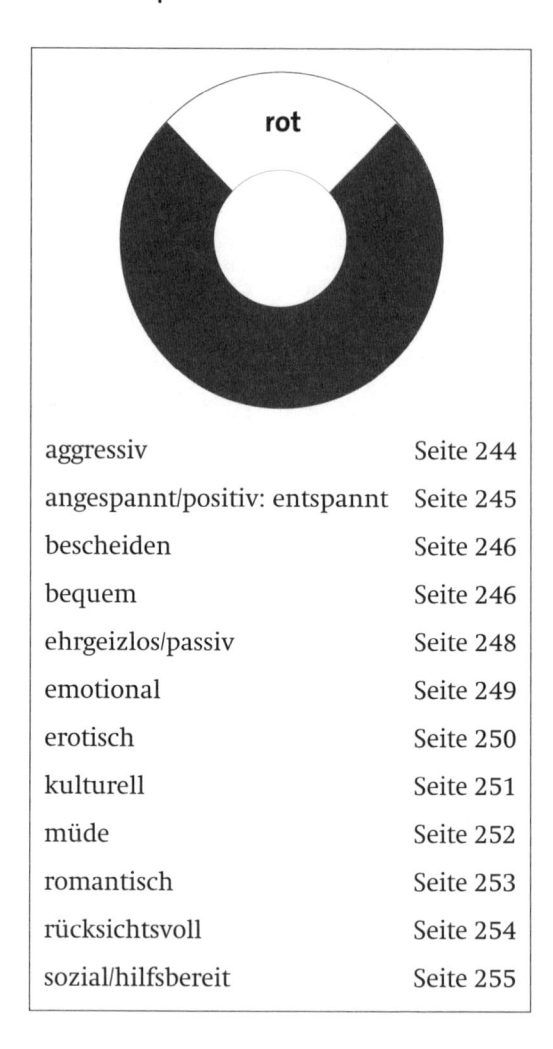

rot

aggressiv	Seite 244
angespannt/positiv: entspannt	Seite 245
bescheiden	Seite 246
bequem	Seite 246
ehrgeizlos/passiv	Seite 248
emotional	Seite 249
erotisch	Seite 250
kulturell	Seite 251
müde	Seite 252
romantisch	Seite 253
rücksichtsvoll	Seite 254
sozial/hilfsbereit	Seite 255

„Rote" Adjektive!

A
abgearbeitet
abgehetzt
abgeschlafft
abgeschlagen
aggressiv
allabendlich
allein
allerliebst
amüsant
angenähert
angenehm
angeschlagen
angespannt
angezogen
angstbebend
angsterfüllt
anhänglich
anregend
anreizend
ansprechend
anstrengend
anziehend
apart
appetitlich
ärgerlich
aromatisch
ästhetisch
attraktiv
aufgebracht
aufgeregt
aufgewühlt
aufopfernd
aufregend
aufreibend
aufreizend
ausgelaugt
ausgemergelt
ausgepumpt
ausgezogen
autogen

B
backig
bange
bärbeißig
barbusig
barfuß
barfüßig
bauchig
beängstigend
bedauerlich
bedauernswert
bedrängt
bedroht
bedrückend
bedrückt
begehrenswert
begehrlich
begehrt
begierig
beglückend
beglückt
behaglich
beherzt
behilflich
behütet
behutsam
bekömmlich
beleidigt
beliebt
bequem
berauschend
berauscht
beruhigt
besäuselt
beschämend
beschaulich
beschönigend
beschwörend
beseelt
besinnlich
bestürzend
bestürzt
betäubt
betörend
betrübt
bettreif
bewegt
bewundernswert
bezaubernd
beziehungsreich
bittersüß
bloßfüßig
blumig
blutjung
bommelig
bommlig
brenzlig
brühwarm
bürgernah

C
charmant

D
dankbar
delikat
dickleibig
dicklich
drall
dramatisch
drollig
drückend
duftend
duftig
duldsam
dünnhäutig
durchgeschwitzt
durchnässt
durstig

E
eifersüchtig
eiförmig
einfühlend
einfühlsam
einschneidend
eirund
emotional
empfänglich
empfindlich
empfindsam
empört
entblößt
entflammt
entsetzt
enttäuscht
entzückend
entzückt
entzündet
erbittert
erdrückend
erhitzt
erleichtert
erlöst
ermattet
ermüdend
erregbar
erregt
erschlagen
erschreckend
erschütternd

F
familiär
fassungslos
faul
faustdick
federnd
fein
feinfühlig
feingliedrig
feinsinnig
fesch
feuchtwarm
feuer
feurig
fieberhaft
fiebrig
flauschig
formschön
fraulich
freundlich
freundschaftlich
friedevoll
friedlich
friedliebend
friedsam
friedvoll
fruchtbar
fruchtig
fuchsteufelswild
fühlbar
furchtbar
fürsorglich
fußmüde

G
gastfreundlich
gebogen
geborgen
gebräunt
gedämpft
gedankenvoll
gedrängt
gefährlich
gefühlsbetont
gefühlsselig
gefühlstief
gefühlvoll
geheimnisvoll
geheuer
geisterbleich
geisterhaft
gekränkt
gelaunt
geliebt
gelockt
gemeinsam
gemeinschaftlich

241

gemütlich
gemütvoll
genießerisch
genussfreudig
genüsslich
genussreich
genusssüchtig
genussvoll
gerädert
gereizt
gertenschlank
gerührt
geruhsam
geschmackig
geschmackvoll
geschmeidig
gesellig
gespensterhaft
gespenstisch
gestalterisch
getrübt
gewagt
gliederlahm
glimpflich
glücklich
glühend
glut
glutvoll
gutherzig
gütig
gutmütig
gutwillig

H
harmonisch
hauchfein
hauchzart
hauteng
heilfroh
heilsam
heimelig
heißblütig
heiß geliebt
herzhaft
herzig
herzlich
herzzerreißend
hilfreich
hilfsbedürftig
hilfsbereit
himmlisch
hitzig
hoffnungsfroh
hübsch
hüllenlos
hungrig

I
idyllisch
inbrünstig
innig
instinktiv
intim
irdisch

K
kerngesund
kitzlig
klebrig
klitschig
knautschig
knusperig
knusprig
kokett
komfortabel
konfus
köstlich
kribblig
krötig
kulinarisch
kulturell
kuschelig

L
launenhaft
launisch
lauschig
lauwarm
lebensbejahend
lebensgefährlich
lebensnah
lecker
leidend
leidenschaftlich
leidgeprüft
leise
lieb
liebebedürftig
liebenswert
liebenswürdig
liebestoll
liebevoll
lieblich
lindernd
lukullisch

M
mädchenhaft
märchenhaft
matschig
matt
mäuschenstill
menschlich

merkwürdig
mild
milde
mimosenhaft
missgelaunt
missgestimmt
misslaunig
mitfühlend
mitleidig
mitmenschlich
mitreißend
mollig
müde
mühevoll
mühsam
mühselig
mulmig
mümmeln
mürbe
musisch
mysteriös

N
nachgiebig
nackt
naschhaft
naturbelassen
naturrein
naturverbunden
nervenschwach
nervös
nett
niedlich

O
ohnmächtig
ohrenbetäubend
ohrenzerreißend

P
packend
partnerschaftlich
peinlich
persönlich
pflaumenweich
pikant
possierlich
prickelnd
pudelnackt
pudelnass
pudelwohl
pummelig
putzig

Q
quälend
quälerisch

R
rassig
regsam
reizbar
reizend
reizsam
reizvoll
reumütig
romantisch
rührend
rührselig
rund
rundlich

S
sacht
samten
samtweich
sanft
satt
sauer
sauersüß
schade
schamhaft
scharf
schaurig
scheu
schläfrig
schlummernd
schmackhaft
schmerzhaft
schmerzlich
schmerzvoll
schnuckelig
schnuddelig
schön
schonungsvoll
schreckhaft
schrecklich
schüchtern
schuldbewusst
schwabbelig
schwächlich
schwärmerisch
schweißgebadet
schwindlig
schwitzig
schwül
seelenruhig
seelenvoll
seelisch
sehnsüchtig

sehnsuchtsvoll
seidenweich
selbstlos
seltsam
sensibel
sensitiv
sentimental
sexuell
sexy
signal
sinnenfreudig
sinnenhaft
sinnlich
skandalös
sorgenschwer
sorgenvoll
sozial
spannend
speiübel
spektakulös
splitterfasernackt
splitternackt
sprachlos
spürbar
stillvergnügt
stressig
süchtig
süffig
sündig
süß
süßlich
sympathisch

T
tastbar
teigig
theatralisch
tiefgründig

tiefsinnig
todesdüster
todmüde
todunglücklich
träge
tränenselig
träumerisch
traurig
treuherzig
trübselig
trübsinnig

U
übellaunig
überanstrengt
überempfindlich
überfordert
überirdisch
übermüde
übernächtigt
übernatürlich
übersinnlich
übersüß
überwältigend
überwältigt
umschwärmt
umsichtig
unangenehm
unbefriedigend
unbegreiflich
unbehaglich
unbeherrscht
unbequem
unerträglich
unglücklich
unglückselig
unheimlich
unsagbar

unsäglich
unsterblich
untrennbar
untreu
unwiderstehlich
unwohl
unzufrieden
urlaubsreif

V
verärgert
verführerisch
verinnerlicht
verletzlich
verliebt
verlockend
verschämt
verschlafen
versonnen
verträglich
verträumt
verwöhnt
verwunderlich
vollblütig

W
wabbelig
warm
warmherzig
wehleidig
wehmütig
weiblich
weich
weichherzig
weichlich
weitherzig
wellig
wesenhaft

wesensgleich
wetterfühlig
willkommen
wohlig
wohlklingend
wohllautend
wohlmeinend
wohlriechend
wohlschmeckend
wohlsinnig
wohltätig
wohltuend
wunderlich
wundersam
wunderschön
wünschenswert
würzig
wütend
wutentbrannt
wutschnaubend

Z
zaghaft
zahm
zänkisch
zart
zartfühlend
zartgliedrig
zärtlich
zauberhaft
zierlich
zimperlich
zitterig
zornig
zufrieden
zwischenmensch-
lich

aggressiv

Aggressivität, Streitbarkeit, Angriffslust, Streitsucht

Synonyme
streitbar, aggressives Fahren/Fahrverhalten, streitsüchtig, händelsüchtig, zanksüchtig, angriffslustig, kriegerisch, kämpferisch, engagiert, kampfesfreudig, kampflustig, kampfbereit, kombattant, militant, aggressiv, herausfordernd, angriffig *(schweiz.)*, ostentativ, provokant, provokatorisch, provokativ, martialisch, grimmig, furios, hitzig, leidenschaftlich, offensiv; kampfbereit, mutig, provozierend, spöttisch, unverträglich; eintreten *(für)*.
Aggressivität, Streitbarkeit, Angriffslust, Angriff, Kampfbereitschaft, Okkupation, Streitsucht.

Wortbilder
Wildtiere, Haare, Frauen, stürmisches Meer, Kinder, Löwe, Dschungel, Wasserfall, Sturm, Pferde.

Assoziationen
Jugend, frei, ungestüm, Ausgelassenheit, Durcheinander, Rage, toben, verrückt, abstrakte Kunst, Abwechslung.

Werbetexte
Über Geschmack sollten Sie streiten.
Aua!
Autsch!
Bitte sachlich bleiben.
Donnerwetter!
Hände weg!
Jetzt knallt's.
Jetzt schlägt's *(Zahl)*.
Jetzt werden Sie mich aber kennenlernen.
Kein Pardon.
Persönliche Warnung!
Schluss jetzt.
So ein Mist.
Vergessen Sie's!
Frechheit!
Warnung!

Zitate
Aggression gewinnt ihre Wirkung allein aus der Begegnung mit der Angst. *(Carsten Bresch)*
In jedem Menschen steckt ein Wespennest. *(Sprichwort oder Redensart aus Japan)*
Lachen ist die menschlichste Art der Aggression. *(N. N.)*
Schmeichelei ist Aggression auf Knien. *(Gerhard Branstner)*
Wenn der eine nicht will, können zwei nicht miteinander streiten. *(Sprichwort oder Redensart aus Spanien)*
Streite dich nicht mit der Matte, auf der du schlafen willst. *(Sprichwort oder Redensart aus dem Sudan)*
Wer in einem Streit zuerst still ist, stammt aus gutem Hause. *(Sprichwort oder Redensart aus Tschechien)*
Wer mit dem Kaminkehrer ringt, wird schwarz, unabhängig davon, ob er gewinnt oder verliert. *(Sprichwort oder Redensart aus Amerika)*
Zank ist der Rauch der Liebe. *(Ludwig Börne)*
Am Abend schimpf nicht mit deiner Frau, sonst musst du alleine schlafen. *(Sprichwort oder Redensart aus China)*
Es ist Unsinn, Türen zuzuschlagen, wenn man sie angelehnt lassen kann. *(James William Fulbright)*
Es hat keinen Sinn, mit Männern zu streiten, sie haben ja doch immer Unrecht. *(Zsa Zsa Gabor)*
Im Ehestand muss man sich manchmal streiten, denn dadurch erfährt man was voneinander. *(Johann Wolfgang von Goethe)*

angespannt

Hektik, Stress, Anspannung, Aktivität

Synonyme
hektisch, aufgeregt, erregt, nervös, neurasthenisch, nervenschwach, gereizt, ruhelos, unruhig, ungeduldig, unstet, bewegt, fahrig, tumultuarisch, turbulent, fiebrig, schusslig *(ugs.)*, huschlig *(ugs.)*, zapplig *(ugs.)*, kribblig *(ugs.)*, fickrig *(ugs., landsch.)*, nicht ruhig; ängstlich, ärgerlich, bewegt, empfindlich, erwartungsvoll, fleißig, lebhaft, unaufmerksam, unbeherrscht.
hektisch sein, außer sich/ aufgelöst/außer Fassung/ *(ugs.)* ganz aus dem Häuschen/ein Nervenbündel sein, Herzklopfen/Lampenfieber haben, jemandem schlägt das Herz bis zum Hals, den Kopf/die Nerven verlieren, kopflos sein, durchdrehen *(ugs.)*, mit jemandem gehen die Nerven durch, jemandem brennen/gehen die Sicherungen durch *(salopp)*; Angst *(haben)*, pfuschen.
stressig, beschwerlich.
beschwerlich, aufreibend, nervenaufreibend, aufregend, ermüdend, anstrengend, arbeitsintensiv, arbeitsreich, arbeitsaufwändig, streng *(schweiz.)*, strapaziös, mühevoll, mühsam, strub *(schweiz.)*, mühselig; hinderlich, langweilig, schwierig.
Hektik, Stress, Anstrengung, Managerkrankheit.
Anstrengung, Arbeit, Heidenarbeit *(ugs.)*, Mordsarbeit *(emotional)*, Sauarbeit *(derb)*, Mistarbeit *(derb)*, Dreck(s)arbeit *(ugs.)*, Scheißarbeit *(derb)*, Anspannung, Kraftanstrengung, Kraftaufwand, Kraftakt, Aktivität, Mühsal, Mühe, Bemühung, Strapaze, Mühseligkeit, G(e)frett *(südd., österr.)*, Gfrött *(südd., österr.)*, Mühewaltung *(gespreizt)*, Beschwerlichkeit, Beschwerde, Beschwer *(veraltend)*, Beschwernis, Belastung, Belastungsprobe, Zerreißprobe, Stress, Eustress *(positiv)*, Disstress *(negativ)*, Plackerei, Knorz *(schweiz.)*, Schinderei, Schufterei *(ugs.)*, unnötige: Kraftvergeudung, Kraftverschwendung, *für die Augen (aufgrund einer Kleinheit)*: Augenpulver *(ugs.)*; Arbeit, Last; anstrengen *(sich)*; beschwerlich.
Managerkrankheit, Nervosität, Stress; Krankheit; umweltgeschädigt.

Wortbilder
Manager, Menschengewühl, Wühltisch beim Schlussverkauf, klingelndes Telefon, Weckerklingeln, Terminkalender, rasende Reporter, Vielredner.

Assoziationen
Gefühlsausbruch, Temperament, Lärm, Diskussionen, Wortgefechte, nervös, schreien, Berufsleben, impulsiv, laut.

Werbetexte
Der beste Zeitpunkt: jetzt.
Höchste Zeit!
Worauf warten Sie noch?
SOS!
Um Himmels willen!
Wo haben Sie denn dieses Kleid her?
Keine Zeit. Schluss jetzt.
Hoppla!
Endlich.
Nicht verpassen!
Nichts wie hin.

Zitate
Verdünnte Zeit. *(Max Frisch)*
Hektik weist auf ein krankes Gemüt. *(Lucius Annaeus Seneca)*
Wer gestresst ist, macht etwas falsch. Den amüsiert seine Arbeit nicht. *(Karl Lagerfeld)*
Hierzulande muss man überarbeitet wirken, um ernst genommen zu werden. *(Karl Otto Pöhl)*
Gott schuf die Zeit, von Eile hat er nichts gesagt. *(Sprichwort oder Redensart aus Deutschland)*
Das waren noch glückliche Zeiten, als man nach dem Kalender lebte. Jetzt lebt man nach der Uhr. *(Sacha Guitry)*
Der beste Schutz gegen die Managerkrankheit ist eine gute Sekretärin. *(Ferdinand Sauerbruch)*
Es ist, als führe ich ein Leben auf der Überholspur. *(Donald Trump)*.

bequem

Bequemlichkeit, Annehmlichkeit, Komfort, Gemütlichkeit

Synonyme
behaglich, faul, mühelos; bequem sein, nützlich (sein); sich's bequem machen, ausziehen.

behaglich, bequem, angenehm, komfortabel, wohnlich, heimelig, heimisch, lauschig; gemütlich.

faul, arbeitsscheu, tatenlos, untätig, müßig, bequem, stinkfaul *(salopp, abwertend)*, nicht fleißig; träge.

faul sein, vor Faulheit stinken *(salopp, abwertend)*; faulenzen.

mühelos, ohne Mühe, einfach, unkompliziert, leicht *(zu handhaben)*, idiotensicher, narrensicher, kinderleicht, puppenleicht, babyleicht, ring *(südd., schweiz.)*, kommod *(österr.)*, bequem, mit Leichtigkeit/Bequemlichkeit, unschwer, spielend, unproblematisch, nicht schwierig.

Bequemlichkeit, Annehmlichkeit, Behaglichkeit, Komfort; Gemütlichkeit.

Gemütlichkeit, Behaglichkeit, Wohnlichkeit, Heimeligkeit, Traulichkeit, Trautheit, Lauschigkeit; Bequemlichkeit.

Wortbilder
Bett, Kaminfeuer, Wohnzimmer, Sofa, Bettdecke, Familie, in der Sonne liegen, plaudern, Spaziergang, Fernsehen, Badewanne.

Assoziationen
warm, etwas Warmes trinken, draußen kalt, gut gegessen, Ruhe, Feierabend, schönes Wetter, sich wohlfühlen, nette Leute, Stimmung.

Werbetexte
Noch bequemer geht es nicht.
Prädikat: sehr bequem.
Bequemlichkeit inbegriffen.
Qualität von ihrer bequemsten Seite.
Aus Freude am Bequemen.
Ein Traum von Komfort.
Eine Gala der Behaglichkeiten.
Maßgeschneidert.
Setzt Ihrem Gefühl neue Maßstäbe.
Spürbare Sonntagsklasse.
Fühlenswert.

Zitate
Man soll das Brett bohren, wo es am dünnsten ist. *(Sprichwort oder Redensart aus Amerika)*
Steh nie, wenn du sitzen kannst, sitz nie, wenn du liegen kannst. *(Sprichwort oder Redensart aus Arabien)*
Wer sich auf seinen Lorbeeren ausruht, trägt sie an der falschen Körperstelle. *(Heiner Geißler)*
Bequemlichkeit ist das Einzige, was uns unsere Zivilisation geben kann. *(Oscar Wilde)*
Faulheit — das ist, wenn jemand mit dem Cocktail-Shaker in der Hand auf das nächste Erdbeben wartet. *(Danny Kaye)*

> Das Leben ist eine Nuss. Sie lässt sich zwischen zwei weichen Kissen nicht knacken.
>
> *(Arthur Miller)*

bescheiden

Bescheidenheit, Einfachheit, Genügsamkeit, Zufriedenheit

Synonyme
genügsam, bedürfnislos, anspruchslos, eingeschränkt, einfach, spartanisch; ängstlich, artig, einfach, enthaltsam.
bescheiden sein, sich zurückhalten, Zurückhaltung üben, von Luft und Liebe leben; Bescheidenheit, Untertreibung.
einfach sein, eine graue Maus sein *(ugs., abwertend)*.
enthaltsam, abstinent, mäßig, maßvoll, gemäßigt, entsagend, asketisch; bescheiden, nüchtern, zurückhaltend.
Bescheidenheit, Einfachheit, Genügsamkeit, Selbstbescheidung, Selbstbeschränkung, Anspruchslosigkeit, Zufriedenheit, Bedürfnislosigkeit, Eingeschränktheit, Schüchternheit, Zurückhaltung; Angst, Besitzlosigkeit, Enthaltsamkeit, Entsagung, Passivität, Verschwiegenheit.
Enthaltsamkeit, Enthaltung, Abstinenz, Askese; Antialkoholiker, Entsagung, Entwöhnung, Prohibition.

Wortbilder
ältere Menschen, Bauernhof, Bauernbrot, Missionare, Mutter, Natur, Senner, Bergsteiger, Holzfäller, Ureinwohner.

Assoziationen
glücklich sein, Ausgeglichenheit, Partnerschaft, Ruhe, Harmonie, Dankbarkeit, Lebensabend, Gelassenheit, kein Streit, Wohlbefinden.

Werbetexte
Billiges können wir uns nicht leisten.
Noch bescheidener geht es nicht.
Zurückhaltung, der Sie vertrauen können.
Understatement hat einen Namen.
Enthaltsamkeit ist käuflich.
Abstinenz von seiner schönsten Seite.
Warum sich nach anderen richten?
Das Opium der Entsagung.
Ein Filetstück der Enthaltung.
Ein Kleinod für Askesen.
Ein Leckerbissen zur Entwöhnung.
Ein Meisterwerk der Selbstbeschränkung.
Ein Prototyp der spürbaren Einfachheit.

Zitate
Bescheidenheit ist der Anfang aller Vernunft. *(Ludwig Anzengruber)*
Falsche Bescheidenheit ist die schicklichste aller Lügen. *(Nicolas Chamfort)*
Die Bescheidenheit, die zum Bewusstsein kommt, kommt ums Leben. *(Marie von Ebner-Eschenbach)*
Bescheidenheit ist der Zaun der Weisheit. *(Jüdische Redensart)*
Übertriebene Bescheidenheit ist auch Eitelkeit. *(August von Kotzebue)*
Die Bescheidenheit müsste die Tugend derer sein, denen die anderen fehlen. *(Georg Christoph Lichtenberg)*
Mea parvitas, tenuitas. (Meine Wenigkeit.) *(Valerius Maximus)*
Denke bescheiden, fühle stolz. *(Sprichwort oder Redensart aus Bulgarien)*
Wissen macht bescheiden. *(Sprichwort oder Redensart aus Deutschland)*
Die bescheidenen Menschen wären die berufenen Politiker, wenn sie nicht so bescheiden wären. *(Ernst R. Hauschka)*

Wirf deinen Lendenschurz nicht fort, wenn du ein neues Kleid bekommen hast.

(Sprichwort oder Redensart aus dem Kongo)

ehrgeizlos

Ambitionslosigkeit, Müßiggang, arbeitsscheu, Faulheit

Synonyme
faul, arbeitsscheu, tatenlos, untätig, müßig, bequem, stinkfaul *(salopp, abwertend)*, nicht fleißig; träge.
faul sein, vor Faulheit stinken *(salopp, abwertend)*; faulenzen; Faulenzer.
Ambitionslosigkeit, Faulheit, Faulenzerei *(abwertend)*, Trägheit, Müßiggang, Arbeitsscheu, mangelnde Arbeitsmoral, chronische Tachinose *(scherzh., österr.)*. Faulenzer *(abwertend)*, Faulpelz *(abwertend)*, Faultier *(abwertend)*, Faulsack *(abwertend)*, Nichtstuer *(abwertend)*, Müßiggänger, Tagedieb *(abwertend)*, Tagdieb *(oberd.)*, Tachinierer *(österr.)*; Faulheit, Mensch, Versager; faulenzen; faul.

Wortbilder
Bett, Schlaftabletten, Schnecke, schlafen, Schlafender, Schaukelstuhl, dunkle Zimmer, Liege, Filzpantoffel, Zigaretten, Abend.

Assziationen
Feierabend, abschalten, Entspannung, Erholung, gleichmäßiges Leben, Rente, Ruhe, schnurrende Katze, Urlaubsstimmung, sich selbst trösten.

Werbetexte
Was wollen Sie mehr?
Warum mehr bezahlen.
Sie parken vor der Türe.
Das Leben ist schon schwer genug.
Du sollst nicht schwer schleppen.
Ganz einfach.
Im Handumdrehen.
Man hat ja schon genug am Hals.
So einfach wie Blinzeln.
Take it easier.
Abschalten und es sich schmecken lassen.
Freitagabend in (Name einer Stadt). Aber ein Gefühl wie in der Toscana.
Zum Einschlafen.
Zum Gähnen.

Zitate
Wenn der Gärtner schläft, pflanzt der Teufel Unkraut. *(Deutsche Bauernregel)*
Faule Leute wollen alles auf einmal schaffen. *(Sprichwort oder Redensart aus China)*
Faulheit ist die Furcht vor bevorstehender Arbeit. *(Marcus Tullius Cicero)*
Faul wie die Sünde. *(Sprichwort oder Redensart aus Deutschland)*
Die Arbeit ist etwas Unnatürliches. Die Faulheit allein ist göttlich. *(Anatole France)*
Der Faule denkt, Hände und Füße wären ihm geliehen. *(Sprichwort oder Redensart aus Georgien)*
Faulheit ist die Mutter aller Erfindungen. *(Curt Goetz)*
Faulheit ist der Hang zur Ruhe ohne vorhergehende Arbeit. *(Immanuel Kant)*
Faulheit kennt kein Rückenweh. *(Sprichwort oder Redensart aus Russland)*
Am Abend werden die Faulen fleißig. *(Sprichwort oder Redensart aus Deutschland)*
Für den Fleißigen hat die Woche sieben Heute. Für den Faulen hat sie sieben Morgen. *(Sprichwort oder Redensart aus Deutschland)*

Lebenskünstler sind Menschen, die sich einer gewissen Faulheit befleißigen.

(Werner Mitsch)

emotional

Emotion,
Gemütsbewegung,
Stimulation,
Sensibilität

Synonyme
gefühlsbetont, emotional, emotionell, affektiv, expressiv, irrational; ausdrucksvoll, empfindsam, gefühlsmäßig.
ausdrucksvoll, ausdrucksstark, expressiv, mit Ausdruck, bilderreich, dichterisch, poetisch, hymnisch, rednerisch, rhetorisch, metaphorisch; gefühlsbetont, geziert, hochtrabend.
empfindsam, sentimental, gemütvoll, gemüthaft, sinnenhaft, gefühlstief, gefühlvoll, innerlich, verinnerlicht, beseelt, seelenvoll, überschwänglich, schwärmerisch, exaltiert *(abwertend)*, überspannt *(abwertend)*, gefühlsselig, rührselig, tränenselig, gefühlsduselig *(salopp, abwertend)*, schmalzig *(abwertend)*, lyrisch, romantisch; bewegt, empfindlich, gedankenvoll, gefühlsbetont, reizbar, weinerlich.
gefühlsmäßig, triebmäßig, eingegeben, intuitiv, instinktiv; angeboren, gefühlsbetont.
Emotion, Erregung, Aufregung, Gemütsbewegung, Aufgeregtheit, Emotion, Affekt, Exaltation, Überreizung, Überspannung, Überspanntheit, Hysterie, Aufruhr, die kochende Volksseele, Stimulierung, Stimulation, Irritation, *unnötige:* blinder Alarm, *über etwas Geringfügiges:* Sturm im Wasserglas, *vor einer Reise:* Reisefieber, *vor einem öffentlichen Auftritt als Künstler o. Ä.:* Lampenfieber; Ärger, Begeisterung, Getue, Lampenfieber, Leidenschaft, Lust, Temperament, Unrast.
Empfindsamkeit, Sensibilität, Innerlichkeit, Gemütstiefe, Gemüthaftigkeit, Sensitivität, Überempfindlichkeit, Verletzlichkeit, Verletzbarkeit, Empfindlichkeit, Feinfühligkeit; Achillesferse, Rührseligkeit, Verwundbarkeit, Zimperlichkeit.
Gefühlsleben, Innenleben, Seelenleben; Gefühl.

Wortbilder
streicheln, Kuss, Kinder, Pärchen, Frauen, Haut, Umarmung, Mutter und Kind, Augen, Berührung, Hände.

Assoziationen
weich, Zärtlichkeit, Freundschaft, Geborgenheit, Musik, Stimmung, freundlich, Fürsorge, lieb, Liebkosung.

Anzeigentexte
Freitagabend in ... Aber ein Gefühl wie in der Toscana.
Hallo, Süßer.
Zum Fest der Liebe.
Von Herzen.
Für den Kopf. Von Herzen.
Dankeschön.
Wann sehen wir uns?
Schön, dass Sie kommen.
Harmonie in ...
Ein Hochgenuss.
Schön, dass wir uns heute begegnet sind.
Wir lassen Sie nicht im Regen stehen.
Schön, dass Sie fragen.
So macht Kaufen Freude.
Unwiderstehlich.

Zitate
Musik ist die beste Möglichkeit, Emotionen zu transportieren. *(István Szabó)*
Wenn ihr's nicht fühlt, ihr werdet's nicht erjagen ... *(Johann Wolfgang von Goethe)*
Gefühle sind Sprungbretter im Hindernislaufen des Denkens. *(Hans Lohberger)*
Die Vernunft formt den Menschen, das Gefühl leitet ihn. *(Jean-Jacques Rousseau)*
Der Verstand irrt, das Gefühl nie. *(Robert Schumann)*
Das Leben ist eine Komödie für die, die denken, und eine Tragödie für die, die fühlen. *(Jane Austen)*
Die Vernunft ist des Herzens größte Feindin. *(Giacomo Girolamo Casanova)*
Des Künstlers Gefühl ist sein Gesetz. *(Caspar David Friedrich)*
Die Vernunft ist grausam, das Herz ist besser. *(Johann Wolfgang von Goethe)*
Das Leben einer Frau bewegt sich in Gefühlskurven. Auf Linien des Verstandes verläuft das Leben eines Mannes. *(Oscar Wilde)*

Was man „Herz" nennt, liegt weit tiefer als der vierte Westenknopf.

(Georg Christoph Lichtenberg)

erotisch

Erotik, Anziehungskraft, Zuneigung, Sympathie

Synonyme
sexuell, geschlechtlich, erotisch.
anziehend, attraktiv, anmutig, geschmeidig, lieblich, charmant, bestrickend, berückend, aufreizend, toll *(ugs.)*, doll *(salopp)*, bezaubernd, betörend, dämonisch, gewinnend, sympathisch, liebenswert, angenehm, lieb · *in erotisch-sexueller Hinsicht:* sexy, knackig, sinnlich, lasziv; adrett, begehrt, geschmackvoll, hübsch, interessant, zugkräftig.
hübsch, gut aussehend, attraktiv, anmutig, graziös, lieblich, charmant, bestrickend, berückend, betörend, gewinnend, angenehm, lieb, niedlich, allerliebst, reizend, entzückend, bezaubernd, süß, herzig, pakschierlich *(ugs., österr.)*, goldig, schön, bildschön, bildhübsch, sauber, hold *(dichter.)*, dufte *(salopp)*, schnieke *(salopp)*.
Liebe, Amor, Eros, Sex, Sexus, Sexualität, Erotik, Minne *(dichter.)*, Liebelei, Liebesspiel, Nächstenliebe, Zuneigung. Gotteseigenschaften; Liebe machen; erste/junge Liebe, *(Liebe auf den ersten Blick)* Zuneigung; Kind der Liebe; jemandes große Liebe sein, bevorzugen; in Liebe, hochachtungsvoll; in Liebe entbrennen/erglühen verlieben *(sich)*; mit Lust und Liebe dabei sein, Arbeitseifer *(zeigen)*; von Luft und Liebe leben, bescheiden.
Zuneigung, Sympathie, Philia, Liebe, Hassliebe, Interesse, Liebesgefühle, Frühlingsgefühle *(scherzh.)*, Strebung, Geschmack, Anhänglichkeit, Attachement, Neigung, Gewogenheit, Wohlgefallen, Gefallen, Gout, Wohlwollen, Verliebtheit, Schwäche für, Faible, unter Jugendlichen: erste/junge Liebe, rasch gefasste: Liebe auf den ersten Blick; Achtung, Anmut, Begeisterung, Familienanhänglichkeit, Freundschaft, Geneigtheit, Leidenschaft, Liebe, Liebelei, Mitgefühl, Neigung, Patriotismus, Tierpflege.

Wortbilder
Pärchen, Kleidung, Körper, Fotos, Buch, Busen, Kuss, Strand, Bett, Augen.

Assoziationen
Liebe, Atmosphäre, sinnlich, Erscheinung, Glück, Genuss, Musik, Ausstattung, keine Beherrschung, Leben.

Werbetexte
Alles Liebe ins Ohr geflüstert.
Als die Lust den Traum einholte.
Cabriolets: Heiße PS und oben ohne.
Ein Charme, der Erotik transportiert.
Das Gefühl, dass mehr daraus werden könnte.
Der Duft, der unter die Haut geht.
Die Venusfalle: Duft macht Lust.
Ein Diamant. Die leidenschaftliche Sprache wortkarger Männer.
Licht macht Lust.
Im Sog der Leidenschaft.
Karibik: Lebensgenuss bis zur Ekstase.
Kurz und sündig.
Kühle Drinks bei heißen Flirts.
Lassen Sie sich berühren von der Leidenschaft dieses Parfüms.
Make-Up to Make Love.
Kann denn Lesen Sünde sein?

Zitate
Auch der Geist kann eine erogene Zone sein. *(Raquel Welch)*
Essen ist die Erotik des Alters. *(Helmut Newton)*
Sex: Das ist der größte Spaß, den ich je gehabt habe, ohne zu lachen. *(Woody Allen)*
Schönheit besteht in Harmonie, die immer eng mit Schlichtheit verbunden ist. *(Giacomo Girolamo Casanova)*
Das Schöne ist weniger, was man sieht, als das, was man träumt. *(Sprichwort oder Redensart aus Flandern)*
Schönheit ist überall ein gar willkommner Gast. *(Johann Wolfgang von Goethe)*
Schönheit ist das, was von der Norm abweicht. *(Hans Werner Henze)*
Schönheit beglückt nicht den, der sie besitzt, sondern den, der sie lieben und anbeten kann. *(Hermann Hesse)*

kulturell

Kultur, Zivilisation, Haltung, Lebensart

Synonyme
zivilisiert.
Lebensart, Lebensweise, Lebensgewohnheit, Lebensstil, Stil, Lebensführung, Lebensgestaltung.
Lebensform, *städtische:* Urbanität · *herrschaftliche:* Feudalität · *luxuriöse:* Dolce Vita, Highlife, *feine:* Savoir-vivre; Oberschicht · *unkonventionelle der Künstler:* Boheme · *altgewohnte lässige:* Schlendrian, Trott; Benehmen, Muße; die bürgerliche Lebensweise aufgeben, aussteigen, ein Aussteiger sein.

Wortbilder
Essen, Theater, Oper, Anzug, Menschen, Bücher, Kleidung, Krawatte, Konzert, Messer und Gabel.

Assoziationen
Benehmen, Sprache, Musik, gute Manieren, Kultur, feines Restaurant, Kunst, Auftreten, Erziehung, fein anziehen.

Werbetexte
Kultur zwischen Orient und Okzident.
Aus Freude am Schönen.
Damit lässt sich Staat machen.
Dazu kann man „Sie" sagen.
Der hochfeine Unterschied.
Eine echte Bereicherung.
Eine Gala.
Eine Sternstunde.
Im Brennpunkt des Interesses.
Man lebt nur einmal.
Nicht von dieser Welt.
Noblesse.
Über alles Lob erhaben.
Unnahbar.
Visitenkarte.
Kommen Sie auch. Feiern Sie mit.
Eine Hommage an ...
Der Ruf eines guten Gastgebers.

Zitate
Kultur ist, aus dem schlechten Geschmack der vielen den guten Geschmack der wenigen zu machen. *(August Everding)*
Sie öffnet Himmel, die noch verschlossen sind. *(August Everding)*
Kleidung ist selbstverständlich ein Ausdruck von Kultur. *(Jil Sander)*
Die Wirtschaft macht das, was ankommt, die Kultur, worauf es ankommt. *(August Everding)*
Muße und Wohlleben sind unerlässliche Voraussetzungen aller Kultur. *(Max Frisch)*
Die europäische Kultur wird so lange leben, wie es Fantasie gibt. *(Rolf Liebermann)*
Einem Land, in dem die Blumen teuer sind, fehlt die Grundlage der Kultur. *(Sprichwort oder Redensart aus China)*
Solange die Werbung bei uns nicht wie im Ausland als Kulturform angesehen wird, so lange wird sie bei uns in dümmlicher Langeweile ersticken. *(Walter Lürzer)*

Mit den ersten Bäumen, die gefällt werden, beginnt die Kultur. Mit den letzten Bäumen, die gefällt werden, endet sie.

(N. N.)

müde

Erschöpfung, Ermüdung, Müdigkeit, Übermüdung

Synonyme
abgespannt, angegriffen, mitgenommen, angeschlagen *(ugs.)*, ausgelaugt, ausgepumpt, abgehetzt, abgearbeitet, kreuzlahm, abgeschafft *(ugs., landsch.)*, erholungsbedürftig, urlaubsreif *(ugs.)*, abgeschlafft *(ugs.)*; abgezehrt, krank, müde, überanstrengt, zermürbt.
erschöpft sein, am Ende/ schachmatt/zerschlagen/ abgeschlagen sein, *(wie)* gerädert/gliederlahm sein *(ugs.)*, fußmüde sein, ab sein *(ugs.)*, erledigt/groggy/kaputt/erschossen/*(fix und)* fertig/erschlagen/geschafft/k. o. sein *(ugs.)*, mit den Nerven runter sein *(salopp)*, am Boden zerstört sein *(ugs.)*, am Sand sein *(salopp, österr.)*, auf dem Zahnfleisch gehen *(ugs.)*.
müde, schlafbedürftig, schläfrig, bettreif, hundemüde *(emotional)*, saumüde *(ugs., emotional)*, übermüde, ermüdet, dösig, ruhebedürftig, todmüde, zum Umfallen müde, übermüdet, übernächtig, übernächtigt, verschlafen, schlaftrunken, unausgeschlafen, halb wach, tramhapert *(ugs., österr.)*; erschöpft.
müde sein, gegen/mit dem Schlaf kämpfen, Schlaf/ einen toten Punkt haben, sich nicht mehr auf den Beinen halten können, im Tran sein, der Bettzipfel winkt, nach dem Bettzipfel schielen, die nötige Bettschwere haben.
Erschöpfung, Erschöpfungszustand, Ermüdung, Müdigkeit, Müde *(schweiz.)*, Übermüdung, Ruhebedürfnis, Mattheit, Mattigkeit, Abgespanntheit, Zerschlagenheit, Abgeschlagenheit, Schlappheit, Ermattung, Erschlaffung, Abspannung, Schwächung, Schwäche, Schwächeanfall, Schwächezustand.

Wortbilder
Bett, Schlaf, schlafen, Massage, Sauna, baden, Sessel, Dusche, Meditation, im Bett liegen, Augen geschlossen.

Assoziationen
Stress, Hektik, abschalten, relaxen, heiß baden, Ruhe, nichts tun, Feierabend, tief Luft holen, Stille.

Werbetexte
Sie sehen aber müde aus.
Totale Entspannung.
Das entspannende Etwas.
Auf dem Gipfel der Müdigkeit?
Keine schlappen Sachen.
Erregend.
Im Mittelpunkt: Ihr Körper.
Immer der Müdigkeit voraus.
Kostbar: Der Schlaf.
Unbeschreiblich ruhig.
Wie ein Siegestor.
In der 90. Minute.
Wie neu geboren.
Für seinen Körper kann man nie zu viel des Guten tun.
Alles, was Ihr Körper begehrt.
Auswahl, die gesund macht.
Du sollst nicht schwer schleppen.
Ein Hochgenuss.
Ein Jungbrunnen.
Erfrischt herrlich.
Psssssssst!

Zitate
Nichts macht so müde, wie nichts tun. *(Sprichwort oder Redensart aus Deutschland)*
Dem ermüdeten Mann ist Wein ja kräftige Stärkung. *(Homer)*
Der Mensch kennt seine Schwäche so wenig wie der Ochse seine Stärke. *(Sprichwort oder Redensart aus China)*
Keine Kette ist stärker als ihr schwächstes Glied. *(Sprichwort oder Redensart aus Deutschland)*
Wer schwach ist, muss Kraut essen. *(Sprichwort oder Redensart aus Deutschland)*
Die Willenskraft der Schwachen heißt Eigensinn. *(Marie von Ebner-Eschenbach)*
Lerne zu leiden, ohne zu klagen. *(Friedrich III.)*
Pathemata — Mathemata. (Leiden sind Lehren.) *(Äsop)*
Der Mensch leidet so tief, dass er das Lachen erfinden musste. *(Friedrich Nietzsche)*

Reife ist Voraussetzung für ein tiefes Gefühl, wie es das Leiden ist.

(Marcel Reich-Ranicki)

romantisch

Romantik, Empfindsamkeit, Gefühlsleben, Rührseligkeit

Synonyme
empfindsam, sentimental, gemütvoll, gemüthaft, sinnenhaft, gefühlstief, gefühlvoll, innerlich, verinnerlicht, beseelt, seelenvoll, überschwänglich, schwärmerisch, exaltiert *(abwertend)*, überspannt *(abwertend)*, gefühlsselig, rührselig, tränenselig, gefühlsduselig *(salopp, abwertend)*, schmalzig *(abwertend)*, lyrisch, romantisch; bewegt, empfindlich, gedankenvoll, gefühlsbetont, reizbar, weinerlich.
bewegt, beeindruckt, gerührt, ergriffen, überwältigt, erschüttert, aufgewühlt; betroffen, empfindsam, schwermütig; erschüttern.
empfindlich, empfindsam, dünnhäutig, überempfindlich, zart besaitet, fein besaitet, verletzbar, verletzlich, feinfühlig, sensibel, allergisch, sensitiv, suszeptibel, reizbar, schwierig, übelnehmerisch, nachtragend, mimosenhaft; aufgeregt, empfindsam, gekränkt, humorlos, reizbar, sensibel, wählerisch, wehleidig, zart; einfühlen *(sich)*.
gedankenvoll, nachdenklich, versonnen, vertieft, *(in Gedanken)* versunken, gedankenverloren, selbstvergessen, entrückt, verträumt, träumerisch; empfindsam, unrealistisch.
gefühlsbetont, emotional, emotionell, affektiv, expressiv, irrational; ausdrucksvoll, empfindsam, gefühlsmäßig; reizbar, leicht erregbar, nervös, ungeduldig, heftig, hitzig; aufgeregt, empfindlich, empfindsam, weinerlich, larmoyant, weich; empfindsam, unleidlich, wehleidig; weinen.
Empfindsamkeit, Sensibilität, Innerlichkeit, Gemütstiefe, Gemüthaftigkeit, Sensitivität, Überempfindlichkeit, Verletzlichkeit, Verletzbarkeit, Empfindlichkeit, Feinfühligkeit; Achillesferse, Rührseligkeit, Verwundbarkeit, Zimperlichkeit.
Gefühlsleben, Innenleben, Seelenleben; Gefühl.
Rührseligkeit, Sentimentalität, Gefühligkeit, Gefühlsduselei, Gefühlsseligkeit, Tränenseligkeit, Larmoyanz, Weinerlichkeit; Empfindsamkeit, Ergriffenheit.
Rührseligkeit bewirken, auf die Tränendrüsen drücken.

Wortbilder
Sonnenuntergang, Schlösser und Burgen, Kerzenlicht, Mondschein, Liebespaar, alte Filme, Sterne, Kamin, Sonnenaufgang, Lagerfeuer, abends am Strand.

Assoziationen
Musik, Urlaub, Liebe, Idylle, Klaviermusik, Dorfidylle, Ehe, Ehemann, erste Begegnung, Freund.

Werbetexte
Bahamas: Wo Winter ein Fremdwort ist.
Den ganzen Tag auf der faulen Haut liegen und am Abend ein bisschen auf der Gitarre klimpern.
Der letzte Bus nach Woodstock.
Dreamgardens.
Ein Land, das die Kamera nicht zur Ruhe kommen lässt.
Ein Paradies für Beachboys.
Einmal ohne Blick auf die Uhr und Termindruck, ohne Hektik, Stress und nervöses Klopfen.
Everybody's Dream.
Fragt man Reiselustige, wo es sich behaglich leben lässt, so antworten viele: in Wien.
Im Grenzbereich des Lebens.

Zitate
Das Wesen der Romantik ist die Ungewissheit. *(Oscar Wilde)*
Die Sentimentalität der Engländer ist humoristisch und zart, der Franzosen populär und weinerlich, der Deutschen naiv und realistisch. *(Johann Wolfgang von Goethe)*
Die Sentimentalität ist das Alibi der Hartherzigen. *(Arthur Schnitzler)*
Scherz ist die drittbeste Tarnung. Die zweitbeste: Sentimentalität. Aber die beste und sicherste Tarnung ... ist immer noch die blanke und nackte Wahrheit. *(Max Frisch)*

rücksichtsvoll

Selbstlosigkeit, (Altruismus) Aufopferung, Uneigennützigkeit, Gutmütigkeit

Synonyme
uneigennützig, altruistisch, edelmütig, großherzig, aufopfernd, idealistisch, unegoistisch. **Selbstlosigkeit**, Altruismus, Aufopferung, Edelmut, Edelsinn, Uneigennützigkeit, Selbstverleugnung, Selbstüberwindung; Demut, Entsagung, Gutmütigkeit; selbstlos.

Wortbilder
Mutter, Hand, Mantel, Eltern, Menschen, Kirche, Schutzdach, Umarmung, Umhüllung, Vogeleltern.

Assoziationen
Freund, Gott, Geborgenheit, Liebe, Vertrauen, Glaube, Härte, Helfer in der Not, Obhut, sich stark für andere machen.

Werbetexte
Auf Sie ist Verlass.
Als ob Sie selber ...
Aus Ihrer Hand ...
Beispielhaft.
Bleiben Sie so, wie Sie sind.
Sie bürgen mit Ihrem guten Namen.
Zuverlässig wie ein Uhrwerk.
Davor zieht man den Hut.
Ein Versprechen.
Ein Vorbild.

Zitate
Rücksicht ist Voraussicht. *(Paul Valéry)*
Denn der Mensch als Kreatur/Hat von Rücksicht keine Spur. *(Wilhelm Busch)*
Die Feigheit tarnt sich am liebsten als Vorsicht oder Rücksicht. *(Sigmund Graff)*
Der brave Mann denkt an sich selbst zuletzt. *(Friedrich Schiller)*
Selbstlosigkeit ist ausgereifter Egoismus. *(Herbert Spencer)*
Ein kluger Egoismus ist übrigens meiner Erfahrung nach häufig mehr wert als dieser sabbernde Altruismus, der ständig auf Dankbarkeit erpicht ist. *(André Heller)*
Edel sei der Mensch,/ Hülfreich und gut! *(Johann Wolfgang von Goethe)*
Selbstaufopferung ist das wirkliche Wunder, aus dem alle anderen Wunder entspringen. *(Ralph Waldo Emerson)*
Die Kerze gibt andern Licht und verzehrt sich selbst. *(Sprichwort oder Redensart aus Großbritannien)*
Selbstaufopferung sollte polizeilich verboten werden. Sie wirkt so demoralisierend auf die Menschen, für die man sich aufopfert. *(Oscar Wilde)*

Es ist schön, für andere zu leben.

(Franz Grillparzer)

sozial

Gemeinschaft, Gemeinnutz, Wohltätigkeit, Menschlichkeit

Synonyme
gemeinnützig, menschlich; soziale Anklage, Gesellschaftskritik; sozialer Roman; sozial schwächer, einkommensschwach; seinen sozialen Tag haben, spendieren, gemeinnützig, sozial, psychosozial, wohltätig; menschlich, human, humanitär, menschenfreundlich, philanthropisch, sozial, mitmenschlich, zwischenmenschlich, mitfühlend, wohltätig; ehrenhaft, gefällig, gemeinnützig, gesellig, gütig, menschlich sein, ein Herz haben für jemanden; Nächstenliebe; humanisieren.

Wortbilder
Menschen miteinander, Familie, Pfleger, Krankenschwester, Altersheim, Pfadfinder, Hilfsorganisationen, Katastrophenhelfer, Arzt, Klosterleute, Kirche.

Assoziationen
Wärme, hilfsbereit, Freundschaft, Sozialfürsorge, hilfsbereite Personen, Gefühle, Menschlichkeit, Rücksichtnahme, Sympathie, Vertrauen, Einfühlsamkeit, warme Gesichter.

Werbetexte
Menschlich währt am längsten. *(Kampagne des Bundesfamilienministeriums, 1997)*
Aus Fürsorge zum eigenen Körper.
Wir passen gut zusammen.

Besser gemeinsam. Gemeinsam besser.
Wir organisieren Gemeinsamkeiten.
Gemeinsam erreichen wir mehr! Arbeiter + Angestellte + Beamte. *(Motto zum Tag der Arbeit, 1977)*
Arbeit für alle. Gerechtigkeit für jeden. Gemeinsam handeln. *(Motto zum Tag der Arbeit, 1988)*

Zitate
Soziale Gerechtigkeit muss sich gerade in Zeiten knapper Kassen beweisen. *(Heiner Geißler)*
Der Mensch muss jeden Tag aufs Neue Mensch werden. *(Tschingis Torekulowitsch Aitmatow)*
Menschlichkeit ist die beste Politik. *(Wilhelm Liebknecht)*
Es kann keiner gerecht sein, der nicht menschlich ist. *(Luc de Clapiers Vauvenargues)*
Man muss auf Nebenmann denken, nicht auf Vordermann. *(Heinz Kühn)*
Geteilte Freud ist doppelt Freude./Geteilter Schmerz ist halber Schmerz. *(Christoph August Tiedge)*

Was die Menschen trennt, ist gering, gemessen an dem, was sie einen könnte.

(Halldór Kiljan Laxness)

Bücher zum Thema von Hans-Peter Förster

Corporate Wording 3.0
Andreas Förster / Hans-Peter Förster
Kommunikation industrialisieren
Strukturiert texten, Inhalte wiederverwenden
Das Standardwerk seit über 20 Jahren
Frankfurt am Main: Frankfurter Allgemeine Buch
ISBN 978-3-95601-046-0

Texten wie ein Profi – Das Handbuch
Über 10.000 Wörter, mit denen Sie überzeugen und überall gut ankommen
Frankfurt am Main: Frankfurter Allgemeine Buch
ISBN 978-3-95601-167-2 (epub)
ISBN 978-3-95601-168-9 (pdf)

Online-Lösungen nach der Methode von Hans-Peter Förster

www.corporate-wording.de
Texter-Lehrgang von Hans-Peter Förster
www.texten-wie-ein-profi.de

Gastbeiträge in Büchern von Hans-Peter Förster

Handbuch Sprache in der Wirtschaft
Markus Hundt, Dorota Biadala (Hg.)
Corporate Wording® — Darstellung eines strategischen und operativen
Konzepts aus der Praxis
New York/Berlin: Walter de Gruyter Verlag

Leitfaden Online-Marketing
Torsten Schwarz (Hg.)
Webdesign — Corporate Wording
Waghäusl: marketing-BÖRSE

Leitfaden Dialog-Marketing
Torsten Schwarz (Hg.)
Das kompakte Wissen der Branche
Waghäusl: marketing-BÖRSE

Jahrbuch Unternehmenskommunikation
Band 3
Berlin: Econ/Handelsblatt

Empfehlenswerte Klassiker rund um die Sprachkultur

Bate, P.
Cultural Change
München: Gerling Akademie Verlag

Flusser, V.
Kommunikologie
Mannheim: Bollmann Verlag

Gaßdorf, D.
Das Zeug zum Schreiben. Eine Sprachschule für Praktiker.
Frankfurt am Main: IMK, 1999

Gerhardt, R./Leyendecker, H.
Lesebuch für Schreiber
Vom richtigen Umgang mit der Sprache und von der Kunst des Zeitungslesens
Frankfurt am Main: Fischer Taschenbuch, 2005

Glunk, F.
Schreib-Art. Eine Stilkunde
München: dtv, 1994

Schätzlein, E./Rothe, I.
Kundenorientiert korrespondieren
Berlin: Cornelsen Verlag

Schneider, W.
Deutsch fürs Leben
Was die Schule zu lehren vergaß
Reinbek: Rowohlt Verlag, 1994

Stemmler, T.
Stemmlers kleine Stil-Lehre
Frankfurt am Main: Insel Verlag

Urban, D.
Pointierte Werbesprache
Geschriebene Texte — gelesene Bilder
Zürich: Orell Füssli, 1995

Nützliche Nachschlagewerke für die Theorie und Praxis

(Siehe auch Seite 190)

Chrystal, D.
Die Cambridge Enzyklopädie der Sprache
Frankfurt/New York: Campus Verlag

Cropp, W.-U.
Sofort das richtige Fremdwort
Frankfurt/Berlin: Eichborn Verlag

Dornseiff
Der deutsche Wortschatz nach Sachgruppen
Berlin/New York: Walter de Gruyter Verlag

Gaede, W.
Abweichen von der Norm
Enzyklopädie kreativer Werbung
München: Wirtschaftsverlag Langen Müller/Herbig

Hofmann, L.
Sprachwissenschaft – Ein Reader
Berlin/New York: Walter de Gruyter Verlag

Hundt, M./Biadala, D. (Hg.)
Handbuch Sprache in der Wirtschaft
Berlin/New York: Walter de Gruyter Verlag

Variantenwörterbuch des Deutschen
Die Standardsprache in Österreich, der Schweiz und Deutschland
wie in Liechtenstein, Luxemburg, Ostbelgien und Südtirol
Berlin/New York: Walter de Gruyter Verlag

Weinberger, A.
Flyer optimal texten, gestalten, produzieren
München: Stiebner

Willberg, H.-P./Forssmann, F.
Lesetypographie
Mainz: Verlag Hermann Schmidt